Benno Janßen
Rainer Karremann

Die Fischerprüfung

4., überarbeitete Auflage

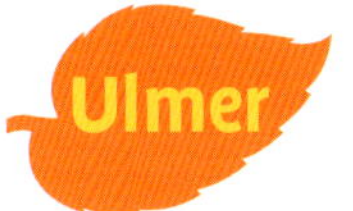

Benno Janßen war Lehrgangsleiter des KFV Tübingen, Ausbildungsbeauftragter des LFV Südwürttemberg-Hohenzollern und Referent für Ausbildung in Baden-Württemberg.
Rainer Karremann war Ministerialrat im Ministerium für Ländlichen Raum, Ernährung und Verbraucherschutz Baden-Württemberg und dort Rechtsreferent.

Bibliografische Information der Deutschen Nationalibliothek
Die Deutsche Nationalbibliothek verzeichnet diese Publikationen in der Deutschen Nationalbibliografie; detaillierte bibliografische Daten sind im Internet über http://dnb.d-nb.de abrufbar.

Wollgrasweg 41, 70599 Stuttgart (Hohenheim)
email: info@ulmer.de
Internet: www.ulmer.de
Lektorat: Werner Baumeister
Herstellung: Thomas Eisele
Einband: Atelier Reichert, Stuttgart
Druck und Bindung: Livonia Print, Riga
Printed in Latvia

ISBN 978-3-8186-0115-7

Vorwort zur 4. Auflage

In den letzten Jahren wurde die Arbeitszeit immer weiter verkürzt. Bei der Suche nach sinnvoller Freizeitbeschäftigung hat auch die Beschäftigung in und mit der Natur eine große Bedeutung erlangt. Bewahrung der Natur durch Naturschutz und Landschaftspflege, Aufenthalt in der Natur beim Wandern oder Fahrradfahren sowie Nutzung der Naturgüter durch Jagd, Fischerei und Ernten der Wildfrüchte sind wichtige Freitzeitbeschäftigungen geworden. Das Angeln war schon immer sehr beliebt, hat aber heute mehr Freunde denn je.

In fast allen Ländern der Bundesrepublik Deutschland ist die staatliche Fischereiprüfung Voraussetzung für die Ausstellung des Fischereischeins, der als Sachkundenachweis seinerseits eine wesentliche Voraussetzung für die Ausübung der Angelfischerei ist. Diese Sachkunde ist unverzichtbar, weil das erfolgreiche Angeln nicht nur die Beherrschung des Angelgeräts und der Angelmethoden erfordert, sondern weil gerade der Angler seiner besonderen Verantwortung für Natur und Umwelt gerecht werden muss. Allen, die diese Prüfung ablegen wollen, sollen für ihre Vorbereitung durch die nachfolgenden fünf Abschnitte – Allgemeine Fischkunde, Gewässerökologie/Lebensräume der Fische, Fischhege, Fanggeräte und deren Gebrauch sowie Rechtsvorschriften/Gesetzeskunde – die für das Bestehen notwendige Kenntnisse vermittelt werden. Für diejenigen, die diese Vorbereitung durch den Lehrgang eines Fischereiverbandes vertiefen (müssen), soll dieses Buch Nachschlagewerk und Wiederholung des im Lehrgang vermittelten Wissens sein.

Der Mitverfasser der bisherigen Auflagen, Herr Biol. Direktor a. D. Josef Deufel, ist am 8. November 2007 verstorben. Sein kenntnisreicher Beitrag in den vergangenen Auflagen, für den wir ihm sehr dankbar waren, bleibt erhalten. Für die überarbeitete 4. Auflage sind wir nunmehr alleinverantwortlich.

Benno Janßen, Rainer Karremann
im Sommer 2017

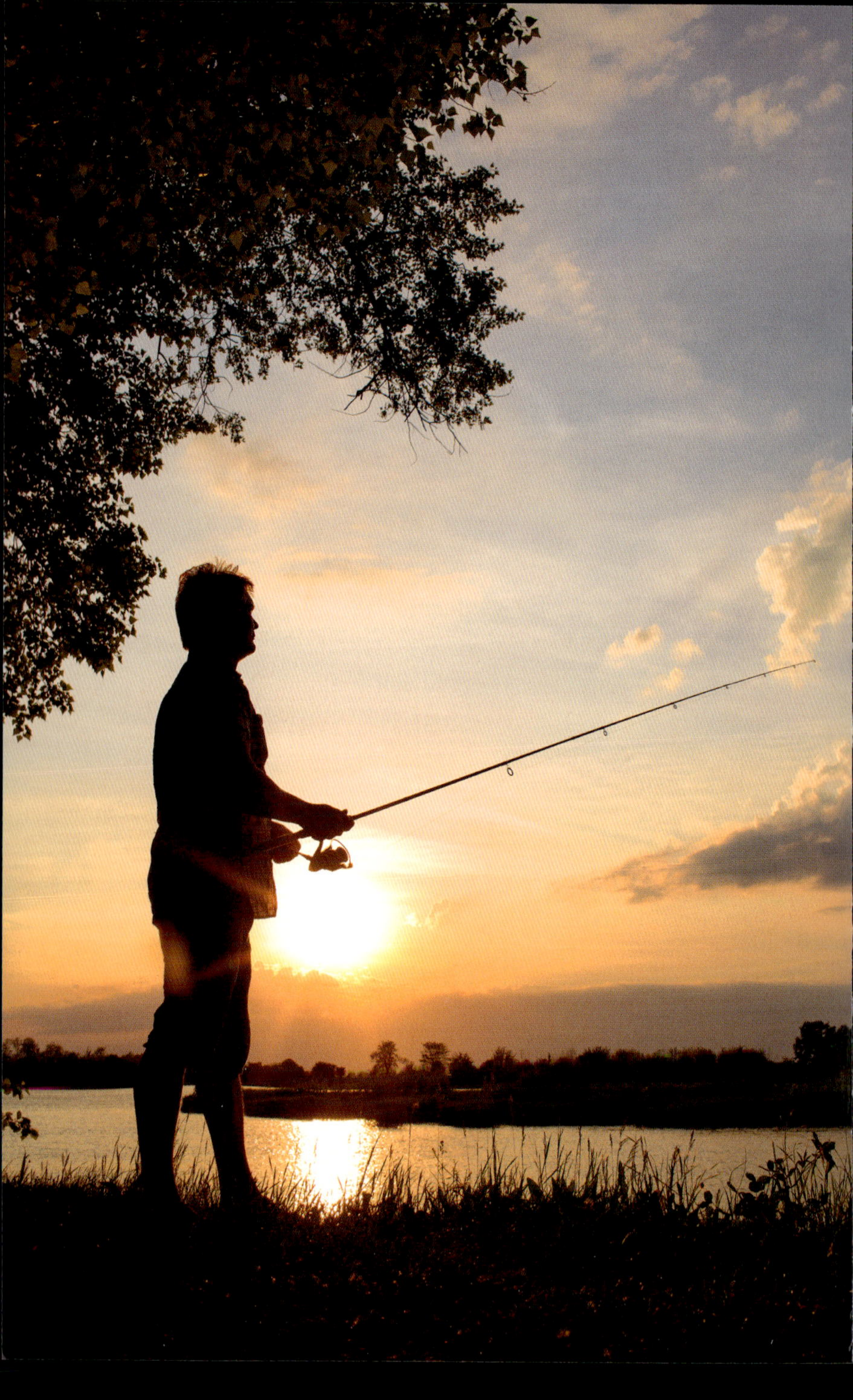

Inhaltsverzeichnis

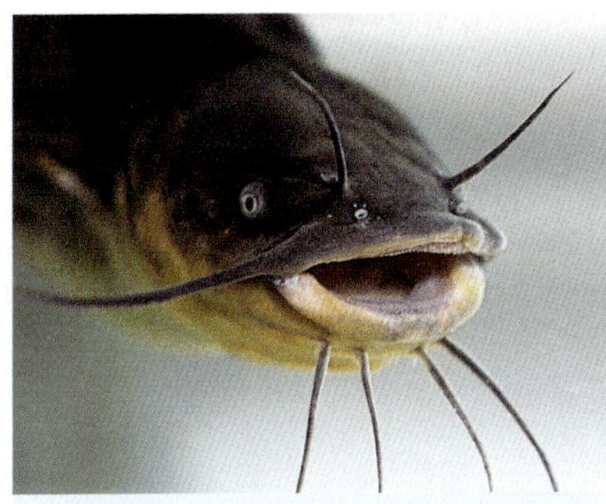

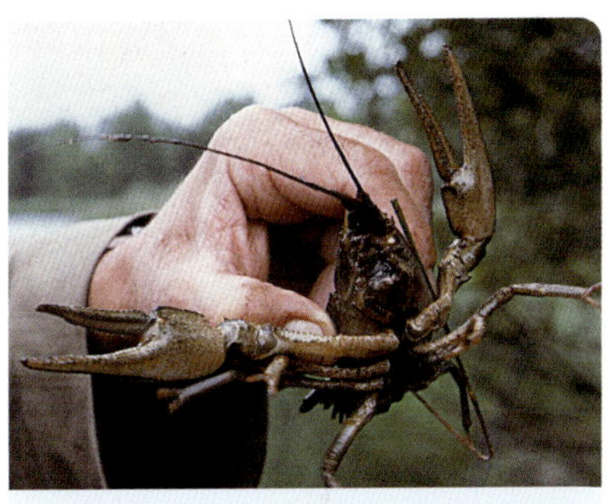

Allgemeine Fischkunde 10

Körperbau und Körperfunktionen 10
Haut und Muskulatur 14
Atmungsorgane und Schwimmblase 17
Ernährungs-, Verdauungs- und Ausscheidungsorgane 19
Blutkreislauf 20
Nervensystem und Sinnesorgane 21
Fortpflanzung 24
Fisch als Lebensmittel 27
Fischkrankheiten 30

Spezielle Fischkunde 36

Die für Angler wichtigsten einheimischen Fischarten 38
Selten auftretende und stark gefährdete Fischarten 61
Kleinfischarten 64
Fremde Fischarten 71
Andere Tiere, die ebenfalls dem Fischereigesetz unterliegen 72
Seefische 77
Fischartenschutz – Ursachen der Gefährdung 78

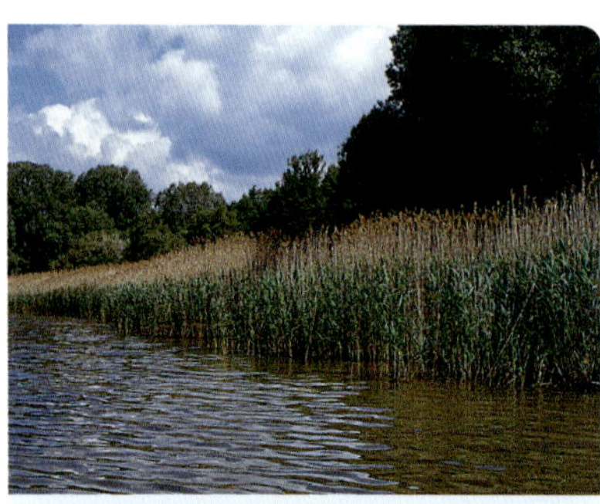

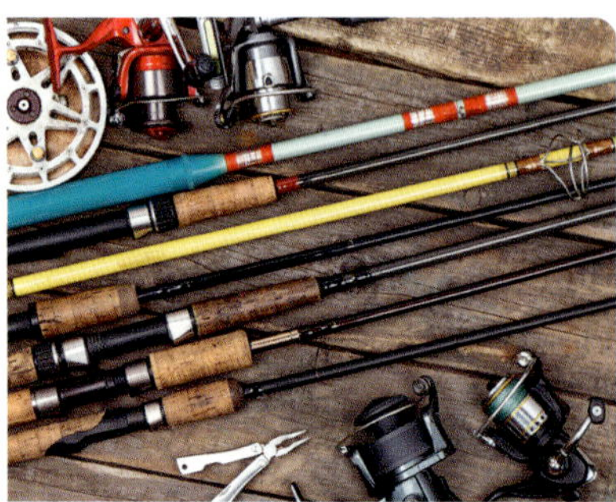

Gewässerökologie und Fischhege 83

Gewässerökologie – Lebensräume der Fische 83
Fischhege – Gewässerpflege 105

Fanggeräte und deren Gebrauch 114

Die Angelrute 114
Die Angelrollen 120
Die Angelschnur 124
Die Vorfächer 127
Die Knoten 128
Die Angelhaken 131
Die Bissanzeiger (Posen) 136
Die Bleie 138
Wirbel und Einhänger 140
Die Köder 140
Einführung in die Angeltechnik 146
Wichtiges und notwendiges Zubehör 151
Nützliches Zubehör 152
Behandlung gefangener Fische 152

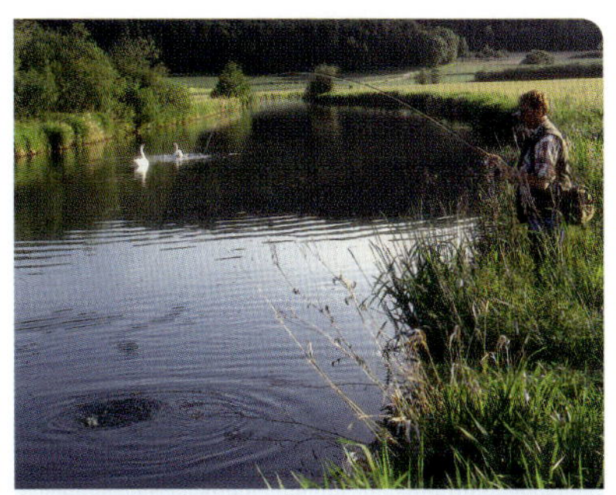

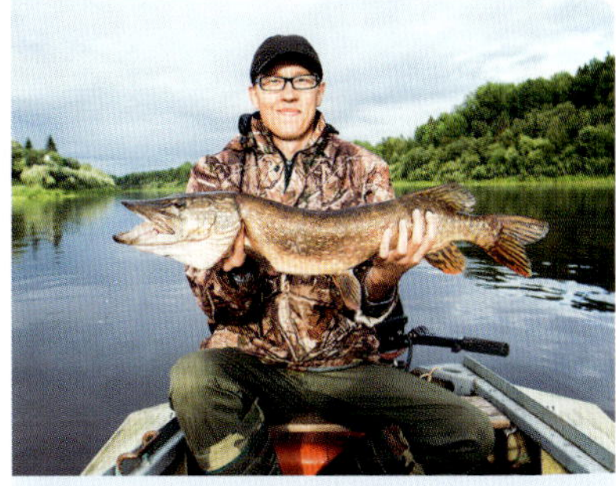

Rechtsvorschriften, Gesetzeskunde 155

Rechtsvorschriften 156
Das Recht zur Ausübung der Fischerei 158
Wie werden das Fischereirecht und die Fischbestände geschützt? 162
Übertragung des Fischereirechts auf einen Dritten 170
Ausübung der Fischerei – Wer darf angeln? 173
Fischereibehörde, Fischereiaufsicht 195
Fischereibeiräte 198
Landesfischereiverband Baden-Württemberg e.V. 198
Verfolgung und Ahndung fischereirechtlicher Ordnungswidrigkeiten 198
Strafrechtlicher Schutz der Fischerei 199

Grundsätze für die Angelfischerei 201

Anhang 1
Schonzeiten und Mindestmaße 203

Anhang 2
Fischerei mit Angeln 206

Anhang 3
Schonzeiten und Mindestmaße aller Bundesländer 208

Anhang 4
Fachbegriffe 214
Adressen der Landesfischereiverbände 216
Literatur 218
Bildquellen 218
Sachregister 220

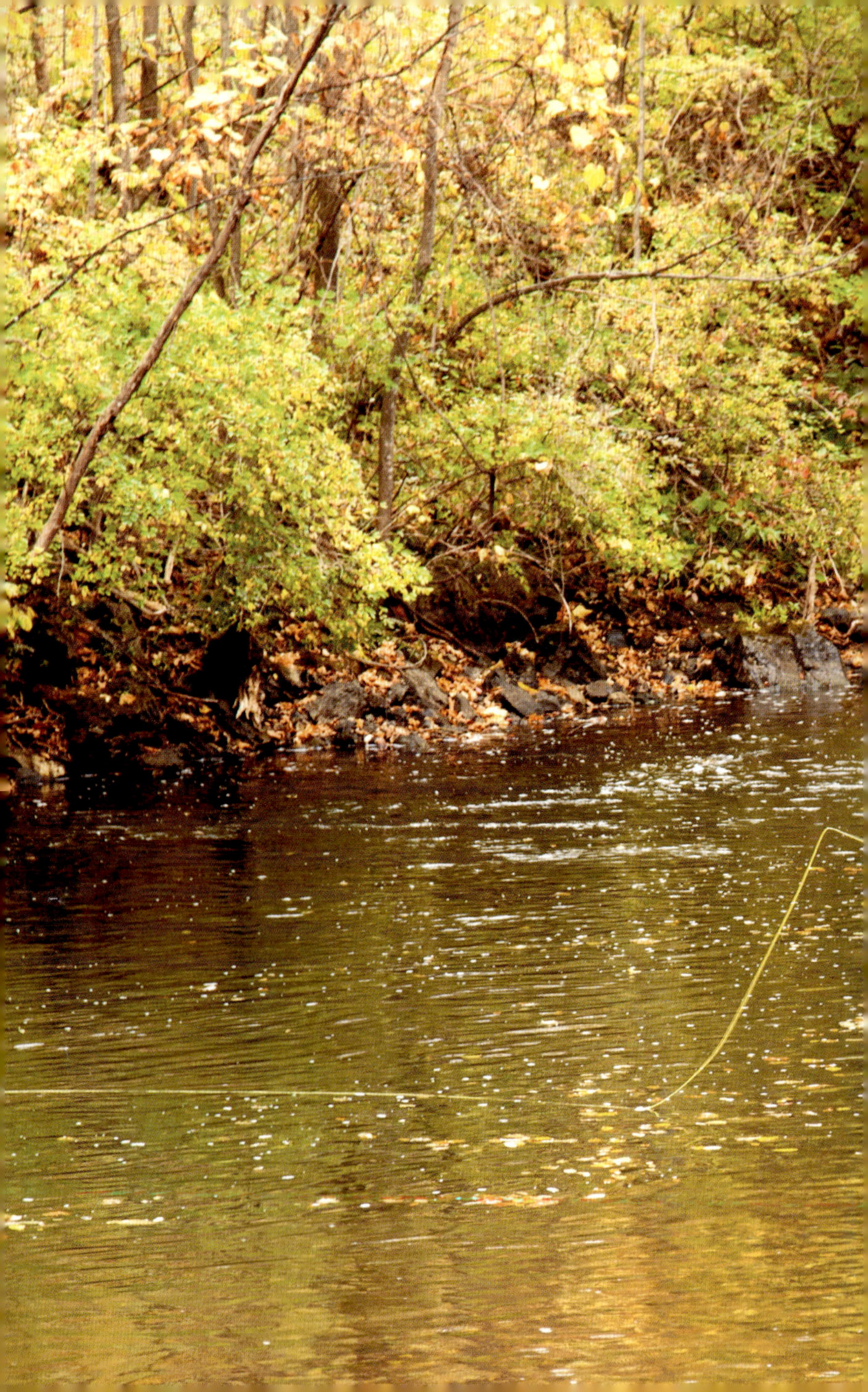

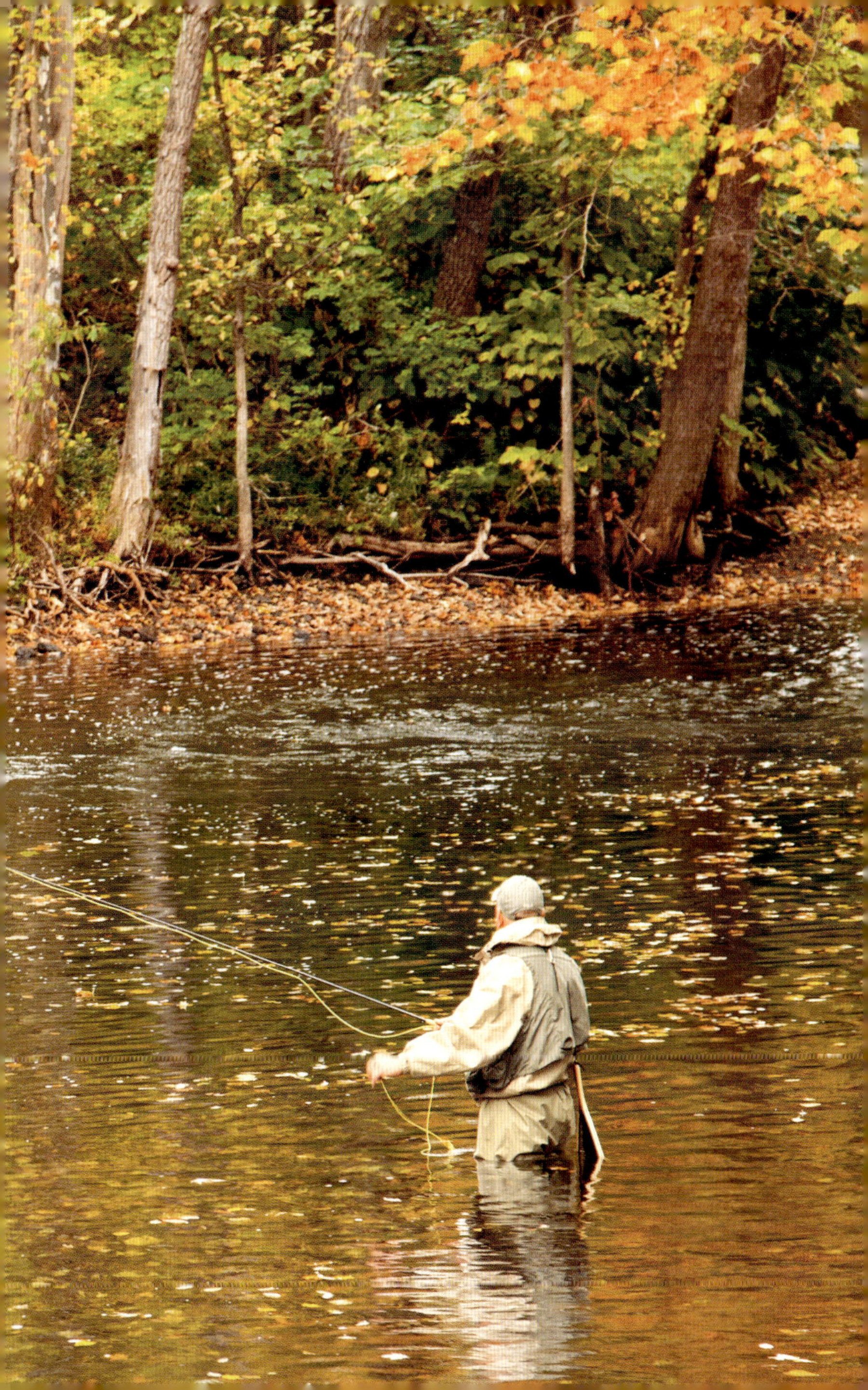

Allgemeine Fischkunde

Nur wer den Fisch von „innen und außen" kennt, kann erfolgreich beim Fang sein. Aus diesem Grunde wird das allgemeine Wissen über Körperbau und -funktionen an den Anfang gestellt. Hinzu kommen Ausführungen über den Fisch als Lebensmittel sowie über Fischkrankheiten.

Körperbau und Körperfunktionen

Trotz geringer Gliederung im Vergleich zu anderen Wirbeltieren sind beim Fischkörper 3 Regionen deutlich zu erkennen:

Kopfregion
= Maulspitze bis Kiemendeckelende

Rumpfregion
= Kiemendeckelende bis Afteröffnung

Schwanzregion
= Afteröffnung bis Körperende

Körperformen

Während ihrer Entwicklungsgeschichte haben sich die Fische an die unterschiedlichsten Lebensräume angepasst und dabei die verschiedensten Körperformen entwickelt.

Spindel- oder Torpedoform: Diese ist im Fischreich am weitesten verbreitet. Man findet sie bei Fischen, die in starker Strömung leben (Forellen, Äschen), aber auch in der Freiwasserregion von Seen (Felchen, Laube). Diese strömungstechnisch günstige Körper-

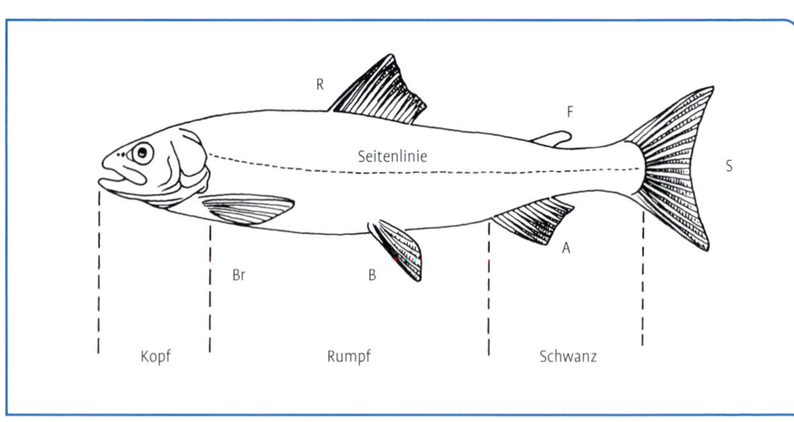

Abb. 1. Gliederung des Fischkörpers. R = Rückenflosse, S = Schwanzflosse, Br = Brustflosse, B = Bauchflosse, A = Afterflosse, F = Fettflosse.

gestalt erlaubt besonders schnelles Schwimmen.

Hochrückige Form: Schmale und hochrückige Fische (Karpfen, Brachsen) bevorzugen als Lebensraum Zonen mit gutem Wasserpflanzenbestand und nur geringer Strömung.

Bodenform: Am Boden lebende Fische (Flunder, Quappe, Wels, Groppe u. a.) sind unten abgeflacht und gewöhnlich schlechte Schwimmer (Grundfische).

Pfeilform: Ein solcher Körper erlaubt die Beute aus der Lauerstellung heraus zielsicher durch rasches Zustoßen zu fangen (Hecht).

Schlangenform: Fische mit solcher Gestalt (Aal) leben am Gewässergrund und halten sich meist in Schlupfwinkeln auf. Sie sind für Dauerschwimmen gut geeignet.

Skelett

Man unterscheidet bei Fischen zwischen Kopf-, Rumpf- und Flossenskelett. Zum Kopfskelett zählen die Schädel- und Kiemendeckelknochen, zum **Rumpfskelett** Wirbelsäule, Rippen und Schwanzstiel.

Die Wirbelsäule ist ein Stützgerüst bestehend aus vielen Wirbeln, deren Anzahl artspezifisch ist. So haben z. B. Forellen 70–100 Wirbel und Brachsen bis 200.

Die Rippen, die an den Wirbeln sitzen, umschließen die Bauchhöhle mit allen wichtigen Organen und enden in der Muskulatur. Ihre Anzahl ist ebenfalls artspezifisch. So haben Karpfen 36 und Regenbogenforellen 61 bis 63 Rippen.

Weiterhin haben die allermeisten Fischarten in der Muskulatur noch Bindegewebsverknöcherungen, auch Zwischenmuskel- oder Fleischgräten genannt. Vielfach sind diese spitz, oft auch y-förmig verzweigt. Mit dem Skelett stehen diese Gräten nicht in Verbindung. Die meisten Gräten haben die Weißfische, besonders viele die Brachsen. Aale haben keine.

Zum **Flossenskelett** gehören Basisknochen bei Brust und Bauchflossen. Sie haben keine Verbindung mit der Wirbelsäule.

Kopf

Die Form des Kopfes sowie die Beschaffenheit der Kiefer, Größe der Augen, Maulstellung, Bartfäden usw. weisen auf die Lebensweise der betreffenden Fischart hin und erlauben vielfach schon ihre Bestimmung.

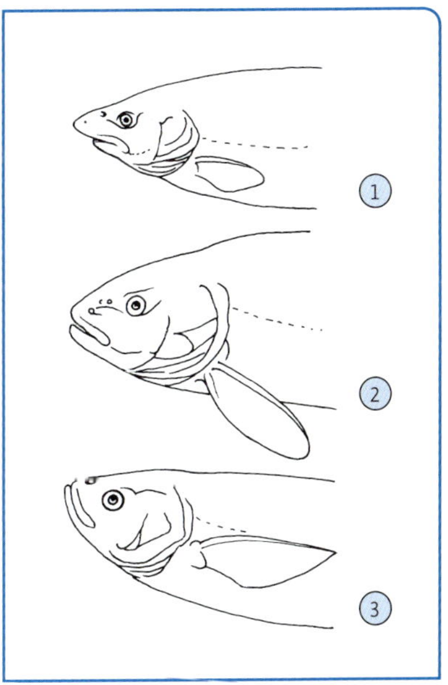

Abb. 2. Verschiedene Maulstellungen. 1 = unterständig, 2 = endständig, 3 = oberständig.

Sind beide Unterkiefer gleich lang, wie z. B. bei Forellen, dann ist das Maul endständig. Unterständig ist es, wenn wie bei der Nase der Oberkiefer länger ist als der untere. Ist der Oberkiefer kürzer als der Unterkiefer wie bei der Laube, dann liegt das Maul oberständig. Von Rüsselmaul spricht man, wenn das Maul wie beim Karpfen oder Brachsen vorstülpbar ist.

Fische mit oberständigem Maul nehmen ihre Nahrung von der Wasseroberfläche auf, solche mit unterständigem oder einem Rüsselmaul vom Boden.

Tab. 1. Fische mit Barteln

Anzahl Barteln	Fischart
1	Dorschartige
2	Schleie, Gründling
4	Karpfen, Barbe
6	Wels, Schmerle, Steinbeißer
8	Zwergwels
10	Schlammpeitzger

Vor dem Maul stehen bei verschiedenen Fischarten an Ober- und Unterkiefer ein bis mehrere Bartfäden (= Barteln), die Tast- und Geschmackssinneszellen tragen.

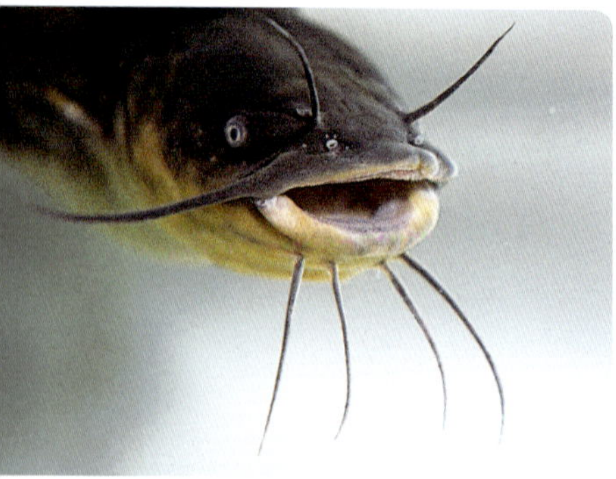

Abb. 3. Zwergwels mit 8 Barteln.

Bezahnung

Zähne dienen in erster Linie zum Festhalten und Schlucken der Beute. Die Verdauung beginnt bei Fischen nicht mit dem Zerkleinern und Einspeicheln der Nahrung wie z. B. beim Menschen.

Bei den Knochenfischen sitzen die meisten Zähne auf den Kiefern und zusätzlich auf Gaumen, Pflugscharbein und Zunge.

Die einspitzigen geraden oder leicht gekrümmten Zähne ragen nur wenig aus der Schleimhaut heraus, selbst die größeren Fang- oder Hundszähne der Raubfische. Die kleinen Zähne, die bei allen Fischarten vorkommen außer bei den Weißfischen, stehen häufig in Gruppen zusammen. Man nennt sie Hechel-, Bürsten- oder Samtzähne. Fallen Zähne aus, wachsen sie immer wieder nach. Genannt seien hier auch noch die Reusenzähne (= zähnchenartige Gebilde) an der Innenseite der Kiemenbögen.

Das Pflugscharbein (Vomer) ist ein unpaarer Gaumenknochen im Mundhöhlendach mit breiter, dreieckiger Platte und längerem, schmal auslaufendem Stiel. Seine Bezahnung wird bei Salmoniden auch zur Artbestimmung herangezogen.

Karpfen haben keine Kieferzähne. Sie besitzen aber Schlundzähne auf dem 5. Kiemenbogen. Diese stehen bei allen Weißfischen und auch Schmerlen in 1–3 Reihen. Mit diesen Schlundzähnen zerkleinern sie teilweise die Nahrung vor Eintritt in den Darm. Bei Weißfischen sind ihre Anordnung in Reihen und Anzahl ein sicheres Bestimmungsmerkmal. 3 Beispiele sollen dies zeigen:

Karpfen	1 1 3 – 3 1 1
Barbe	2 3 5 – 5 3 2
Elritze	0 5 2 – 2 5 0

Genannt seien hier noch die Zähne einiger Fischarten:

- Wels: nur Hechelzähne,
- Aal: kleine Hechelzähne auf Kiefer und Pflugscharbein,
- Hecht: Maul in mehreren Reihen stark bezahnt, auch Zungenbein, dazu auf jeder Kieferseite 4–9 große Fangzähne,
- Zander: kleine Hechelzähne neben größeren Fangzähnen.

Flossen

Man unterscheidet paarige Brust- und Bauchflossen sowie unpaare Rücken-, Schwanz- und Afterflossen. Die Flossen bestehen aus Haut und knöchernen bzw. knorpeligen Strahlen. Bei diesen unterscheidet man ungegliederte Stachel- oder Hartstrahlen und gegliederte Glieder- oder Weichstrahlen. Die Fettflosse der Salmoniden und des Zwergwelses ist eine strahlenlose Hautfalte auf dem Schwanzstiel.

Die Stellung der **Bauchflossen** ist brustständig, wenn sie unterhalb der **Brustflossen** stehen (Barsch, Groppe), oder bauchständig bei normaler Stellung hinter den Brustflossen (Salmoniden), oder kehlständig, wenn die Bauchflossen vor den Brustflossen stehen (Trüsche).

Bei einigen Fischarten sind die Bauchflossen zu **Saugscheiben** umgeformt. Mit diesen können sie sich auf Steinen u. a. festsaugen (Grundeln, Groppen). Beim Aal fehlen die Bauchflossen.

Normalerweise haben die Fische eine **Rückenflosse**, Barsche und Groppen aber haben zwei. Aal, Wels und Trüsche weisen einen Flossensaum auf, wobei beim Aal die **Afterflosse** in die Rückenflosse übergeht.

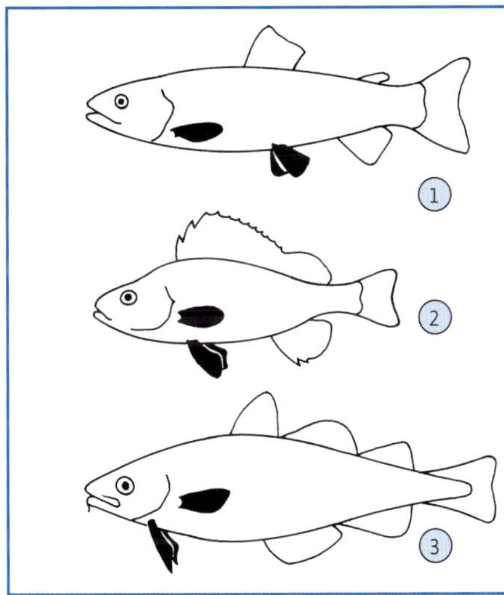

Abb. 4. Stellung der Bauchflossen.
1 = bauchständig, 2 = brustständig, 3 = kehlständig.

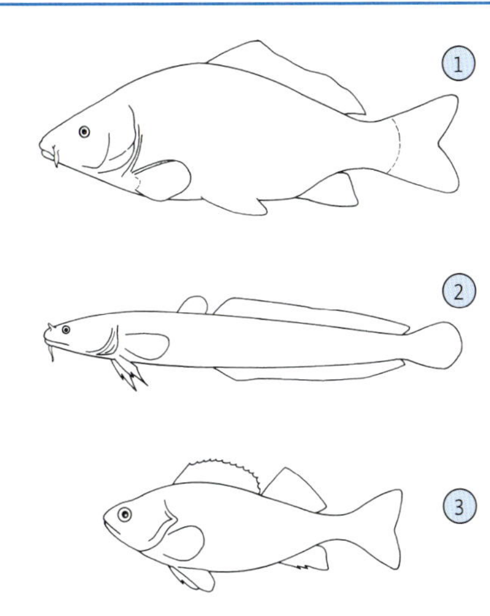

Abb. 5. Verschiedene Ausbildungen der Flossen.
1 = Karpfen, 2 = Trüsche, 3 = Barsch.

Die **Schwanzflosse** ist stark ausgeschnitten (Karpfen, Felchen), eingebuchtet (Forelle), oder nach außen gerundet (Trüsche). Bei einigen Arten ist sie unsymmetrisch (heterozerk) ausgebildet, wobei der obere Teil größer ist als der untere (Stör).

Bei einigen Fischarten ist auf Grund der Flossenform eine Unterscheidung der Geschlechter möglich. So ist beim Äschenmilchner die Rückenflosse deutlich höher und länger als beim Rogner (Fahne). Bei der Schleie wiederum ist die Bauchflosse beim Milchner größer als beim Rogner und zudem ist der 2. Flossenstrahl stark verdickt.

Ihre Beweglichkeit verdanken die Fische in hohem Maße den Flossen. Die Schwanzflosse dient der schnellen Fortbewegung, die unpaaren Rückenflossen der Stabilisierung des Gleichgewichts, die paarigen Brust- und Bauchflossen der Steuerung und Fortbewegung und auch der Erhaltung des Gleichgewichts.

Fragen zur Kontrolle

- In welche Regionen teilt man den Fischkörper ein?
- Wie heißen die verschiedenen Körperformen der Fische?
- Welche Knochen der Fische haben keine Verbindung mit der Wirbelsäule?
- Was versteht man unter Zwischenmuskelgräten?
- Worauf kann aus der Maulstellung geschlossen werden?
- Welche Flossen sind paarig?

Haut und Muskulatur

Fischhaut

Die Haut der Fische besteht aus 2 Teilen, der äußeren Oberhaut und der inneren Unterhaut, auch Lederhaut genannt.
Die **Oberhaut** schützt die Fische gegen äußere Einflüsse. Die in ihr liegenden Becherzellen sondern Schleim ab. Dieser macht die Fische nicht nur schlüpfrig, sondern verringert auch den Reibungswiderstand bei Schwimmbewegungen durch Unterdrückung von Turbulenzen. Der Schleim schützt auch vor Verletzungen, sorgt für schnellen Wundverschluss und verhindert das Eindringen von Krankheitserregern. In der Oberhaut liegen außerdem Kolbenzellen, die bei Gefahr Schreckstoffe absondern, um Artgenossen zur Flucht zu veranlassen. Schließlich sei noch der Laichausschlag vieler Fischarten erwähnt. Es handelt sich dabei um warzenartige Hornbildungen vorwiegend im Kopfbereich.

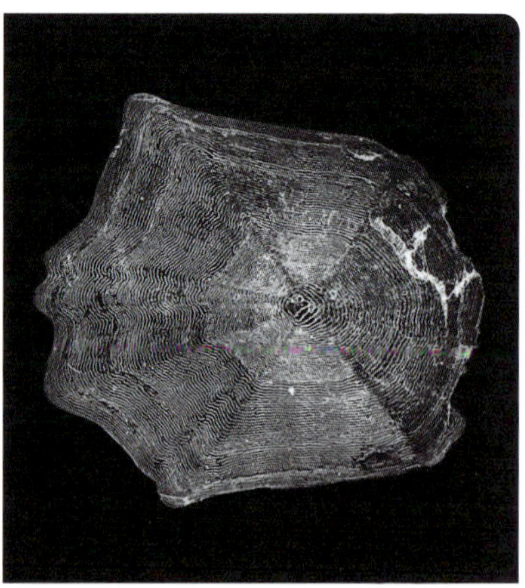

Abb. 6. Schuppe mit 4 Jahresringen.

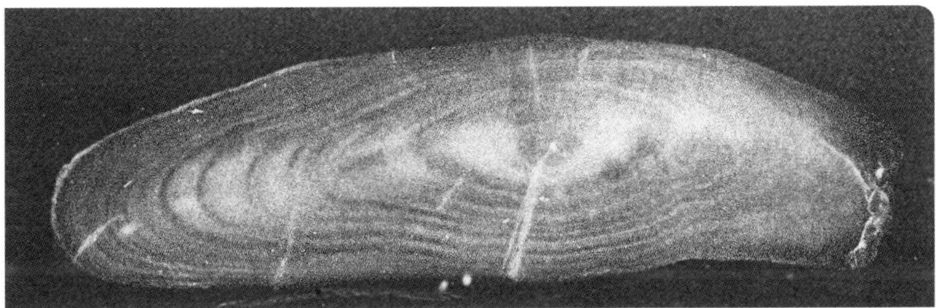

Abb. 7. Otolith eines Aales mit mehreren Jahresringen.

Die **Unter-** oder **Lederhaut** besteht aus mehrschichtigem Bindegewebe. Darin liegen die Blutgefäße, Nerven, Farbzellen und Schuppen.

Schuppen sind Verknöcherungen der Unterhaut und von der Oberhaut bedeckt. Sie liegen dachziegelartig übereinander und stecken in sog. Schuppentaschen. Sie sind in regelmäßigen Längs- und Querreihen angeordnet. Ihre Anzahl und die Anzahl der Reihen sind bei den einzelnen Arten konstant. Diejenigen, die entlang der Seitenlinien liegen, sind durchbohrt.

Man unterscheidet folgende Schuppentypen:

Placoidschuppen der Haie. Diese tragen über die Oberfläche hinausragende Zähnchen.

Ganoidschuppen der Störe. Hierbei handelt es sich um feste Knochenplatten.

Plasmoidschuppen. Bei diesen unterscheidet man **Rundschuppen** mit glattem Hinterrand (bei den meisten Fischarten) von **Kamm-** oder **Ctenoidschuppen** (wie bei den Barschen), die mit kleinen Dornen besetzt sind.

Schuppenlos unter den einheimischen Fischen sind Welse, Stichlinge und Groppen. Kleine Schuppen haben Schmerlen, Trüsche und Aal. Sehr große hat der Spiegelkarpfen. Bei Verletzungen verlorene Schuppen werden wieder nachgebildet.

Bei den meisten Fischen kann die **Altersbestimmung** mit Hilfe der Schuppen erfolgen. Da nicht nur die Fische, sondern auch die Schuppen im Winter langsamer wachsen als im Sommer (oder gar nicht), entstehen sog. Jahresringe, ähnlich denen der Bäume.

Die Altersbestimmung kann aber auch mit Hilfe der Gehörsteinchen, z. B. beim Aal, oder mittels der Kiemendeckel erfolgen. Bei Hecht und Wels schleift man die Wirbelsäule an und kann dann ebenfalls Jahresringe erkennen.

Muskulatur

Den größten Teil des Fischkörpers macht die Muskulatur aus, die sich vom Kopf bis zur Schwanzwurzel erstreckt. Sie ist auf beiden Seiten der Wirbelsäule symmetrisch zugeordnet und erlaubt durch ihre Anordnung am Skelett die vielfältigsten Bewegungen. Die Muskulatur ist durch Scheidewände in Segmente (Myomere) getrennt, die tütenförmig ineinander stecken.

Tab. 2. Höchste Schwimmgeschwindigkeit einiger Fischarten auf kurzen Strecken von 5–10 m

Fischart	m/sec
Lachs, Forellen	bis 10
Hecht	bis 8
Stör	bis 5
Zander	bis 4
Rotauge, Rotfeder	bis 2
Aal	bis 1,5
Karpfen	bis 1,2
Kleinfischarten	0,8–1,2

Die **Rumpfmuskulatur** ist quer gestreift. Das erlaubt schnellere Kontraktionen und somit raschere Bewegungen, besonders bei hierfür geeigneter Körperform.

Das **Muskelfleisch** der meisten Fische ist weiß, da es nur schwach durchblutet ist. Einige schnell schwimmende Arten enthalten aber Muskelhämoglobin, und das Fleisch erscheint dann dunkler oder rötlich. Bei einigen Salmoniden ist das Fleisch mehr oder weniger stark rot gefärbt durch Einlagerung von Carotinoiden wie dem Krebsfarbstoff Astaxanthin, die sie über die Nahrung aufnehmen.

Die sogenannte **Eingeweidemuskulatur** weist eine glatte Struktur auf. Diese bedingt eine langsame, aber dauerhafte Kontraktion wie z. B. beim Herzschlag oder der Darmbewegung.

Färbung der Fische

Farbzellen oder Chromatophoren sind bei den Fischen über den ganzen Körper in der Unterhaut verteilt. Man kennt Schwarzzellen, Rotzellen, Gelbzellen und sog. Glanzzellen. Die Farbzellen haben eine sternchenförmige Gestalt. Der Zentralkörper darin weist viele Verzweigungen nach allen Seiten auf. Farbwechsel erfolgen durch Zusammenballen oder Ausbreiten der in den Farbzellen enthaltenen Pigmentkörper. Glanzzellen enthalten rundliche oder nadelförmige Kristalle aus Guanidin, die Licht reflektieren.

Liegen Farbzellen mit verschiedenen Farbstoffen übereinander, entstehen Mischfarben:

- Schwarzzellen + Rotzellen → braune Färbung
- Schwarzzellen + Gelbzellen → olive Färbung
- Gelbzellen + Rotzellen → orange Färbung
- Schwarzzellen + Glanzzellen → blaue Färbung
- Gelbzellen + Glanzzellen → goldene Färbung
- Schwarz-, Glanz- + Gelbzellen → grüne Färbung
- Schwarz-, Glanz- + Rotzellen → violette Färbung
- totale Reflexion des Lichtes → weiße Färbung
- Fehlen von Farbzellen → Albinismus
- Reichtum an Schwarzzellen → Melanismus

Um sich zu tarnen, sind die Fische in der Lage, ihre Farbe mehr oder weniger rasch zu ändern und dem Untergrund anzupassen. Auch während der Laichzeit kommt es vielfach zu Farbänderungen, wobei meist eine Rotfärbung vorherrscht.

Kranke Fische wiederum und auch blinde sind gewöhnlich dunkel bis schwarz gefärbt. Die Steuerung der Färbung erfolgt über die Augen, die der Laichfärbung über Hormone.

Fragen zur Kontrolle

- Wo stecken die Schuppen?
- Welche Schuppenarten kennt man?
- Haben alle Fischarten Schuppen?
- Welche Farbzellen kennt man?
- Wie entstehen Mischfarben?

Atmungsorgane und Schwimmblase

Kiemen

Die heimischen Fischarten besitzen 4 Kiemenpaare, deren Oberfläche durch Hautfalten stark vergrößert ist. Ihre Oberfläche ist rund 60mal größer als die gesamte Fischoberfläche. Auf diese Weise ist eine bessere Ausbeutung des im Wasser gelösten Sauerstoffs möglich.

Die Kiemen sind von außen durch Kiemendeckel geschützt. Auf den Kiemenbögen befinden sich noch Fortsätze in unterschiedlicher Anzahl je nach Fischart. Mit diesen werden kleine Nahrungspartikel aus dem vorbei fließenden Wasser gefiltert und in den Schlund geleitet.

Atmung

Durch abwechselndes Öffnen und Schließen von Maul und Kiemendeckeln wird entlang der Kiemen ein Wasserstrom erzeugt. Über eine gasdurchlässige Membran nehmen die Kiemen Sauerstoff aus dem sie umgebenden Wasser auf und geben gleichzeitig Kohlendioxid, Ammoniak u. a. ab.

Steigt die Wassertemperatur, werden die Stoffwechselvorgänge im Körper intensiver und der Sauerstoffbedarf steigt. Bei Sauerstoffmangel werden die Bewegungen der Kiemendeckel rascher, um Sauerstoff heranzuführen. Wird der Sauerstoffgehalt im Wasser sehr knapp (z. B. im Sommer), steigen die Fische an

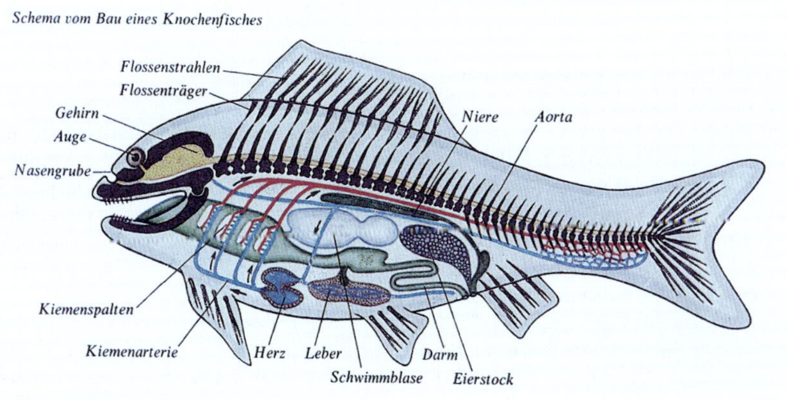

Abb. 8. Schematischer Körperbau eines Fisches.

die Wasseroberfläche und schnappen nach Luft.

Manche Fischarten können bei Sauerstoffknappheit auch über die feuchte Haut Sauerstoff aufnehmen. So kann der Aal außerhalb des Wassers bis zu 60% des Bedarfs über die Haut decken und der Schlammpeitzger sogar bis zu 70%. Auch zur Darmatmung sind diese beiden Arten in beschränktem Maße befähigt. Aus Luftblasen, die sie geschluckt haben, wird Sauerstoff durch das Blut entnommen. Der Aal kann auch aus der Schwimmblase Sauerstoff zur Atmung entnehmen.

Schwimmblase

Sie ist mit Gas gefüllt und dient als Schwebeorgan. Ohne diese könnten Fische nicht schwerelos im Wasser schwimmen. Das spezifische Gewicht von Wasser beträgt bei 4 °C = 1. Das der Fische liegt nur wenig darüber. Sie sind also etwas schwerer als Wasser.

Salmoniden, Weißfische und andere Fischarten haben eine ständige Verbindung zwischen Schwimmblase und Vorderdarm (Luftgang). Durch Luftschlucken können diese Arten leicht die Schwimmblase mit Luft füllen oder Luft abgeben und so das spezifische Gewicht regulieren.

Bei einigen Arten, wie z. B. bei Barsch und Trüsche, wird dieser Kanal rückgebildet. Bei diesen Arten wird die Schwimmblase durch Blutgase über eine in der Schwimmblasenwand liegende Gasdrüse, den „Roten Körper" mit Gas gefüllt. Über das „Oval", eine dünne, gasdurchlässige und stark durchblutete Stelle auf der Oberseite der Schwimmblasenwand, kann Gas aus der Schwimmblase an die Venen abgegeben werden. Allerdings kann Gas auf diese Art nur sehr langsam aus der Schwimmblase entweichen. Werden solche Fische sehr rasch aus der Tiefe von Seen hochgezogen, entsteht die „Trommelsucht", da der Druckausgleich zwischen Schwimmblase und Umgebung zu langsam erfolgt. Die Schwimmblase dehnt sich beim Hochziehen aus und kann aus dem Maul herausragen.

Die Schwimmblase ist einkammrig, wie z. B. bei Salmoniden und Hecht, oder zweikammrig, wie bei den Karpfenartigen. Sie ist gewöhnlich leicht vom umgebenden Gewebe zu lösen, nur bei den Dorschartigen ist sie festgewachsen.

Die Knorpelfische (Haie und Rochen) haben keine Schwimmblase, nur Knochenfische haben im allgemeinen eine. Streber und Groppen haben keine.

Manche Fischarten können auch über die Schwimmblase atmen, ihr Sauerstoff entnehmen. Das Schwimmblasengas besteht aber nicht nur aus Sauerstoff, es enthält auch Stickstoff, Kohlendioxid und Edelgase.

Fragen zur Kontrolle

- Welche Funktion haben die Kiemen?
- Wozu dient die Schwimmblase?

Ernährungs-, Verdauungs- und Ausscheidungsorgane

Nahrung der Fische

Ausgesprochene Nahrungsspezialisten, d. h. Fische, die ausschließlich nur bestimmte Tier- oder Pflanzenarten aufnehmen, gibt es im Süßwasser nicht. Sie sind weniger wählerisch und lassen sich entsprechend ihrer Hauptnahrung in zwei Gruppen teilen.

Friedfische. Rotfeder und Nase nehmen zwar viel vegetarische Nahrung zu sich, aber auch viele wirbellose Tiere, wie Insektenlarven, Zooplankton usw. Sie sind keine reinen Pflanzenfresser. Zahlreiche Weißfischarten und auch Felchen fressen im wesentlichen Zooplankton.

Raubfische. Diese ernähren sich vorwiegend von Fischen aller Arten. Auch Kannibalismus, vor allem beim Hecht, kommt häufig vor. Daneben fressen sie aber auch, wenn erreichbar, Lurche, Kriechtiere, Jungvögel und sogar Kleinsäuger.

Magen-Darm-Kanal

Fische nehmen ihre Nahrung als Ganzes auf und verschlingen sie, ausgenommen Weißfische, die sie im Rachenraum mit den Schlundzähnen zerkleinern. Über den Schlund gelangt dann das Futter in den Magen und von diesem weiter über den Mitteldarm in den Enddarm.

Der stark dehnbare Muskelmagen ist bei den meisten Fischarten u-förmig. Nur bei Hecht und Aal fehlt diese Biegung. Weißfische und auch Schmerlen besitzen keinen Magen. Diesen sowie auch Hecht und Wels fehlen Pylorusanhänge, die am Mitteldarm direkt nach dem Magen sitzen und die Darmoberfläche vergrößern. Die Anzahl der Blindschläuche ist sehr unterschiedlich bei den einzelnen Fischarten. So haben z. B. Felchen 150–200, Forellen 40–50, Äschen 24, Zander 7 und Barsch 5.

Die Darmlänge der Fische hängt von ihrer Hauptnahrung ab. So ist der Darm bei Raubfischen sehr kurz, etwa so lang wie ihr Körper. Bei Weißfischen hingegen ist er lang, mindestens doppelte Körperlänge.

Da Fischen Speicheldrüsen fehlen, beginnt die Verdauung erst im Magen durch Aufschluss der Nahrung mittels der hier gebildeten Salzsäure und dem eiweißspaltenden Pepsin bei niederen pH-Werten, die bei Forellen um 2 und beim Hecht um 4 liegen. Bei Fischen ohne Magen beginnt die Verdauung im Darm im schwach alkalischen Bereich mit der Kohlenhydratverdauung. Der Abbau von Eiweiß ist sehr langsam.

Im Mitteldarm findet die Hauptverdauung und auch der Übergang von Nährstoffen ins Blut statt. Im Enddarm wird dem Nahrungsbrei Wasser entzogen. Im Bereich des Mitteldarms liegen in der Leibeshöhle noch die wichtigen Organe Leber, Pankreas, Niere und Milz.

Wie bei allen Lebensvorgängen spielt die Temperatur bei den wechselwarmen Fischen auch bei der Verdauung eine große Rolle. Je höher diese ist, umso intensiver ist der Stoffwechsel, gleichzeitig aber auch der Sauerstoffbedarf und umgekehrt. Deswegen wird bei niedrigen Temperaturen auch kaum bzw. keine Nahrung mehr aufgenommen.

Leber

Die dunkelrot gefärbte Leber ist das wichtigste Stoffwechselorgan der Fische.

Sie spielt eine große Rolle sowohl im Eiweiß-, als auch beim Kohlenhydratstoffwechsel. Sie ist auch wichtig bei der Fettverdauung und -speicherung sowie bei der Blutentgiftung. Weiterhin erzeugt sie grüngelb gefärbten Gallensaft, der in der Gallenblase gespeichert und zur Fettverdauung in den Darm abgegeben wird. Bei hungrigen Fischen ist die Gallenblase meist stark gefüllt.

Meist ist die Leber als großlappiges Organ ausgebildet, nur bei Karpfenartigen ist sie in mehrere Abschnitte aufgeteilt, die zwischen den Darmschlingen liegen. Besonders groß ist die Leber der Dorschartigen, bei denen sie wegen des hohen Fettanteils meist sehr hell erscheint.

Die Leber ist aber nicht nur Speicherorgan für Fett und Gallenflüssigkeit, sondern auch für Glycogen und Vitamine.

Bauchspeicheldrüse (Pankreas)

In dieser wird das Hormon Insulin produziert, das im Zuckerstoffwechsel eine wichtige Rolle spielt. Die Pankreas liegt zwischen Blindschläuchen am vorderen Mitteldarm oder im Fettgewebe eingebettet.

Niere

Dieses paarig ausgebildete Organ ist dunkelrot gefärbt und liegt unter der Wirbelsäule. Sie dient der Blutreinigung und der Ausscheidung flüssiger Abbauprodukte des Stoffwechsels. Diese werden über die Harnblase und einen über dem After liegenden Ausführungsgang abgegeben. Ammoniak und Harnstoff werden aber zum allergrößten Teil über die Kiemen ins Wasser ausgeschieden.

Einige Fischarten sind in der Lage, vom Süß- ins Salzwasser zu wechseln ohne Schaden zu nehmen und umgekehrt. Sie sind also fähig, sich an unterschiedliche Salzkonzentrationen anzupassen. Steigen solche Fische vom Meer ins Süßwasser auf, hält die Niere Salze zurück und scheidet vermehrt Wasser aus. Im Meer scheiden solche Fische über die Niere Salz aus.

Bei der Niere unterscheidet man zwischen Rumpf- und Kopfniere. Letztere ist zusätzlich noch von besonderer Bedeutung. In ihr werden sowohl rote als auch weiße Blutzellen gebildet.

Stichlinge bewerkstelligen ihren Nestbau mit Hilfe eines Nierensekrets.

Fragen zur Kontrolle

- Welche Fischarten zerkleinern im Rachenraum ihre Nahrung?
- Wo beginnt die Verdauung bei Fischen?
- Was beeinflusst die Geschwindigkeit der Verdauung?
- Welche Funktion hat die Niere?

Blutkreislauf

Blut

Es besteht aus flüssigem Serum und verschiedenartigen Blutzellen, die vorwiegend in der Kopfniere gebildet werden. Die roten Blutzellen enthalten den Blutfarbstoff Hämoglobin, mit dessen Hilfe sie in den Kiemen Sauerstoff aus dem Wasser aufnehmen und im Körper an die Orte des Bedarfs transportieren. Gleichzeitig wird Kohlendioxid ans Wasser abgegeben.

Den weißen Blutzellen kommt eine Schutzfunktion zu gegen Infektionen durch Bildung von Antikörpern u. a. Die Blutmenge eines Fisches beträgt ca. 2% der Körpermasse.

Das Blut hat folgende Aufgaben: Den Transport von Nährstoffen, Gasen, Stoffwechselschlacken und Hormonen. Weiterhin ist es beteiligt an der Wärmeregulation und hat Abwehrfunktionen gegen Infektionskrankheiten.

Herz

Fische haben einen einfachen, geschlossenen Blutkreislauf. Vom kleinen, dicht hinter den Kiemen liegenden Herzen, das wie eine Saug- und Druckpumpe arbeitet und aus einer Vor- und Hauptkammer besteht, wird venöses, sauerstoffarmes Blut zu den Kiemen geführt, wo der Gasaustausch stattfindet. Von den Kiemen aus gelangt es dann mit Sauerstoff angereichert in den Körper zu den Organen und in die Muskulatur. Das arterielle Blut gibt hier im „Tausch" Sauerstoff ab und nimmt Kohlendioxid auf sowie andere Stoffwechselendprodukte. Von hier wird das Blut dann wieder zum Herzen geführt.

Die Zahl der Herzschläge hängt vor allem von der Wassertemperatur ab, sie ist aber auch artverschieden. Mit steigender Temperatur nimmt ihre Zahl pro Zeiteinheit zu.

Fragen zur Kontrolle

- Woraus besteht das Fischblut?
- Wie funktioniert der Blutkreislauf der Fische?

Milz

Sie ist ein kleines, längliches, dunkelrotes bis fast schwarzes Organ und liegt in der Nähe des Darmtraktes. In ihr werden die Blutzellen abgebaut, aber auch bestimmte weiße Blutkörperchen gebildet, die Krankheitserreger vernichten können. Sie ist somit ein Abwehrorgan gegen Infektionen.

Nervensystem und Sinnesorgane

Das Nervensystem der Fische ist ein Bindeglied zwischen ihrer Umwelt und ihren Reaktionen. Sinneszellen bzw. -organe sind die Empfangsstationen. Nerven leiten die Reize weiter zum Gehirn, der Schaltzentrale, wo die Reize verarbeitet werden. Danach werden die Ergebnisse weitergeleitet zum Erfolgsorgan und lösen in diesem bestimmte Reaktionen aus oder führen zu bestimmten biologischen Umsetzungen.

Gehirn

Dieses liegt in der Schädelhöhle und besteht aus 5 Teilen:

Vorderhirn oder **Großhirn:** Bei Fischen sehr klein und unbedeutend. Es hat aber gut entwickelte Riechlappen. Geruchssinn.

Zwischenhirn: Kleines, gut entwickeltes Organ. Teil des Geruchssinnes. Unterhalb liegt die Hypophyse, die Hormone absondert, die auf Geschlechtsreife, Laichverhalten u. a. einwirken. Teil des Gesichtssinns hier noch vorhanden.

Mittelhirn: Der größte Teil des Fischhirns. Koordination verschiedener Sin-

neseindrücke, wie Geruch, Geschmack und auch Gleichgewicht. Gesichtssinn.
Kleinhirn: Zuständig für Bewegungsabläufe. Mit Seitenlinie in Verbindung. Orientierung, Gleichgewicht.
Nachhirn oder verlängertes Rückenmark: Stärker entwickelt. Atemzentrum. Relaisstation zwischen Gehirn und Rückenmark, das im Wirbelkanal geschützt liegt.

Das Fischhirn ist im Vergleich mit den übrigen Wirbeltieren und dem Menschen sehr klein, wie folgender Tabelle zu entnehmen ist:

Tab. 3. Verhältnis von Hirngewicht zu Körpergewicht bei Fischen

Fischart	Hirngewicht	zu	Körpergewicht
Wels	1	zu	1800
Hecht	1	zu	1300
Karpfen	1	zu	1000
Forelle	1	zu	1000
Mensch	1	zu	35

Sinnesorgane

Sinne bzw. Sinneszellen sind spezialisiert auf bestimmte Reize und geraten durch diese in Erregung. Man kennt Reize physikalischer Art, wie Berühren, Strömung, Temperatur, Schall, Licht, und chemischer Art, wie Geruch und Geschmack. Empfangsorgane für die entsprechenden Reize sind:

- Haut, Barteln → Berührung, Druck
- Seitenlinie → Wasserbewegung
- Haut → Temperatur
- Ohr → Schall, Gleichgewicht
- Auge → Licht
- Nase → Geruch
- Haut, Mundhöhle, Barteln → Geschmack

Zu nennen ist schließlich noch der Schmerzsinn, der in dieses Schema nicht einzuordnen ist.
Gleichgewichtssinn: Das Ohrlabyrinth besteht aus einem häutigen Säckchen und den 3 Bogengängen darin. Das ganze Sinnesorgan ist mit Gewebsflüssigkeit gefüllt. Im oberen Teil des Labyrinths befinden sich Statolithen, die infolge der Erdanziehungskraft auf bestimmte Nervenenden drücken.
Strömungssinn: Die Schuppen in den Seitenlinien besitzen bei allen Fischen Öffnungen. Über diese stehen Sinneszellen mit dem umgebenden Wasser in Verbindung. Mit diesen kann der Fisch die Strömungsrichtung wahrnehmen, selbst die Annäherung von anderen Fischen in trübem Wasser. Dieser Strömungssinn, auch Ferntastsinn genannt, ist besonders bei Raubfischen wie Hecht, Wels und vor allem beim nachtaktiven Aal entwickelt. Diese Sinneszellen können schon geringste Druckschwankungen wahrnehmen, was auch die Orientierung im Fischschwarm erleichtert.
Tastsinn: Entsprechende Sinneszellen sind über die gesamte Körperoberfläche in der Haut verteilt. Gehäuft sind sie am Kopf, auf den Lippenrändern, in der Mundhöhle und auf den Barteln.
Temperatursinn: Man kennt bei Fischen zwar kein ausgeprägtes Organ, und doch ist der Temperatursinn sehr gut ausgebildet. Fische reagieren bereits auf 0,03 bis 0,07 °C Differenzen. Solch geringe Unterschiede nehmen sie mit entsprechenden Sinneszellen in der Haut wahr. Diese sind über den ganzen Körper verteilt und reagieren sowohl auf Wärme als auch auf Kälte.
Gehörsinn: Den Fischen fehlt sowohl ein äußerlich sichtbares Ohr als auch

ein Trommelfell. Trotzdem können sie mit Hilfe des inneren Ohres, dem Labyrinth, hören. Dieses besteht aus 3 Bogengängen. Im untersten Teil des Labyrinths liegen die Gehörsteinchen, die übrigens beim Aal zur Altersbestimmung herangezogen werden.

Bei vielen Fischarten besteht mit den „Weber'schen Knöchelchen" eine Verbindung zwischen Innenohr und Schwimmblase. Diese kann als Trommelfellersatz angesehen werden.

Fische mit diesen Knöchelchen, Hammer, Amboss und Steigbügel genannt, hören besonders gut, da die Schwimmblase als Schallverstärker dient. Viele Fischarten wären hier zu nennen, vor allem Weißfische und Welse, nicht aber Meeresfische.

Zur **Schallgeschwindigkeit** ist noch zu bemerken, dass diese vom umgebenden Medium und von der Temperatur abhängig ist. In der Luft beträgt diese nur ca. 300 m/sec, im Wasser hingegen fast 1500 m/sec.

Gesichtssinn: In der Netzhaut der Augen befinden sich die Sehzellen in Form von Stäbchen und Zäpfchen. Normalerweise sind die Augen der Fische auf Nahsicht eingestellt, sie können sie aber auch auf Weitsicht umstellen. Fische erkennen auch Farben.

Da die ins Wasser fallenden Lichtstrahlen auf der Wasseroberfläche gegen das Lot gebrochen werden, steht der Fisch tiefer im Wasser als der Fischer ihn wahrnimmt. Der Fisch kann auch aus dem Wasser sehen und sowohl Personen als auch andere Dinge an Land erkennen. Meist flieht er, wenn sich Menschen an Land bewegen.

Der Gesichtssinn spielt beim Beutefang eine sehr große Rolle, weniger aber bei nachtaktiven Fischen. Die am Tag aktiven Fische haben größere Augen und sehen auch besser als nachtaktive wie Aal und Wels.

Geschmackssinn: Dieser liegt bei Fischen in der Mundhöhle, auf den Lippen, in der Kopfhaut und auf den Barteln. Besonders gut ausgeprägt ist er bei den Weißfischen.

Geruchssinn: Auf jeder Seite des Fischkopfes zwischen Augen und Maulspitze befinden sich 2 Nasenöffnungen, die in eine Nasengrube führen. In dieser sind Hautfalten, die mit einer Riechschleimhaut überzogen sind.

Der Geruchssinn ist bei Fischen besser entwickelt als bei höheren Tieren und dem Menschen. Besonders gut ist er beim Aal. Er dient vor allem dem Nahrungserwerb, bei Wanderfischen auch zur Orientierung bei der Suche des Heimatgewässers, zur Erkennung des Geschlechtspartners, aber auch zur Wahrnehmung von Feinden durch artfremden Schleimgeruch. Weiterhin spielt er eine Rolle bei der Schwarmbildung und beim Verhalten im Schwarm.

Schmerzsinn: Schmerz ist ein völlig subjektiver Begriff, der der menschlichen Sinneswelt entstammt und nur individuell zu erleben ist. Wir kennen zwar unsere eigene Sinneswelt, wissen aber von den Fischen diesbezüglich fast gar nichts.

Schmerz ist eine unangenehme Empfindung durch von außen oder innen kommende Reize, die Zellen oder Gewebe schädigen. Ob Fische schmerzempfindlich sind, wird recht widersprüchlich beantwortet. Da das Gehirn der Fische im Vergleich zu höheren Wirbeltieren oder gar dem Menschen recht klein ist, wird teilweise angenommen, dass sie keine oder nur geringe Schmerzen empfinden.

Schmerz ist aber weder objektiv messbar noch naturwissenschaftlich nachweisbar. Zudem reagieren die einzelnen Fischarten recht verschieden auf gleiche Reize, sind also unterschiedlich empfindlich.

Man glaubt aber heute, dass auch bei Fischen ein Schmerzempfinden zwar vorhanden ist, aber nicht stark entwickelt. Diese Annahme verlangt von allen einen tierschutzgerechten Umgang mit den Fischen, d. h. es dürfen auch diesen ohne vernünftigen Grund keine Schmerzen, Leiden oder Schäden zugefügt werden (§ 1 Tierschutzgesetz).

Fragen zur Kontrolle

- Aus welchen Teilen besteht das Gehirn?
- Welche Sinnesorgane sind bei Fischen bekannt?
- Können Fische Schmerzen empfinden?

Fortpflanzung

Laichzeit

Alle Fischarten laichen einmal im Jahr je nach Art zu verschiedenen Zeiten. So unterscheidet man:

Frühjahrslaicher. Äsche, Barsch, Hecht, Nase, Groppe u. a.

Sommerlaicher. Karpfen, Barbe, Brachsen, Rotaugen, Wels u. a.

Winterlaicher: Forellen, Felchen, Trüsche u. a.

Laichplätze

Die einzelnen Fischarten benötigen unterschiedliche Laichsubstrate, die sie gezielt zur Laichzeit aufsuchen. Man unterscheidet:

Kieslaicher: Die Rogner von Forellen, Äschen, Huchen u. a. schlagen mit dem Schwanz Gruben in Kies- und Sandbänke, in die sie ihre Eier ablegen. Gleichzeitig geben die Milchner Samenzellen zur Befruchtung der Eier ab. Danach wird die Laichgrube wieder zugedeckt. Einige Arten, wie Strömer, Barbe und Nase, bevorzugen stärkere Strömung, weswegen man sie auch Strömungslaicher nennt.

Kraut- oder **Haftlaicher:** Hierher zählen z. B. Hecht, Karpfen und Schleie. Sie legen ihre Eier an Wasserpflanzen, Wurzeln, Steinen u. a. ab.

Freiwasserlaicher: Felchen z. B. laichen in den obersten Wasserschichten im Freiwasser über großen Tiefen. Die befruchteten Eier sinken langsam in die Tiefe und entwickeln sich auf dem Gewässergrund.

Laichwanderung

Manche Fischarten legen zu Beginn, teilweise sogar Monate vor der Laichabgabe, mehr oder weniger lange Wanderungen zurück. So wandern z. B. Aale vom Süßwasser in die weit über einige 1000 km entfernt liegende Sargassosee. Die Flunder wandert ebenfalls aus dem Brackwasser der Flussmündungen ins Meer. Diese Art der Laichwanderung nennt man katadrome Wanderung. Anadrome Wanderung vom Meer ins Süßwasser führt der Lachs durch.

Viele Fischarten legen zur Laichzeit größere Strecken innerhalb des Wohngewässers zurück, wie Seeforellen in Zuflüsse, Huchen, Nase, Barbe u. a.

Geschlechtsorgane

Geschlechtsreife Männchen, Milchner genannt, haben paarige Hoden, in denen Samenzellen (Spermien) gebildet werden. Geschlechtsreife Weibchen, Rogner genannt, haben mit Ausnahme der Barsche paarige Eierstöcke (Ovarien), aus denen die Eier bei den meisten Fischarten über Eileiter nach außen abgegeben werden.

Neunaugen haben im Gegensatz zu den Fischen unpaarige Eierstöcke.

Milchner werden meist ein Jahr früher geschlechtsreif als Rogner.

Geschlechtsmerkmale

Bei den meisten Fischarten können die Geschlechter rein äußerlich nicht erkannt werden. Besondere Geschlechtsmerkmale findet man nur bei einigen Fischarten. So weisen Milchner der Forellen den sog. Laichhaken auf, ein hakenförmiges Gebilde des Unterkiefers. Milchner der Äschen haben eine längere und höhere Rückenflosse. Milchner der Schleien haben größere Bauchflossen und der Nase größere Brustflossen als Rogner. Stichlingsmilchner sind zur Laichzeit stark rot gefärbt. Bitterlingsrogner bilden zur Laichzeit eine Legeröhre. Bei vielen Fischarten bekommen besonders die Milchner zur Laichzeit einen Laichausschlag, d. h. harte, weiße Gebilde auf der Hautoberfläche. Besonders beim Perlfisch ist dieser stark ausgeprägt.

Bemerkt sei noch, dass Aalmilchner nicht über 50 cm lang werden, im Gegensatz dazu Rogner über 1 m. Geschlechtsbestimmung ist erst bei Aalen über 40 cm möglich.

Brutpflege

Die meisten Fischarten überlassen Laich und Brut ihrem Schicksal. Nur einige wenige schützen die Nachkommenschaft. Zander und auch Welse z. B. legen ihre Eier in Nester aus Pflanzen und Gestrüpp ab. Milchner bewachen das Gelege bis zum Schlüpfen der Brut. Die Milchner der Groppe wiederum bewachen die zwischen den Steinen abgelegten und befruchteten Eier.

Noch weiter haben Stichlinge die Brutpflege entwickelt. Sie bauen Nester aus Pflanzenteilen, und die Milchner bewachen Eier und Brut darin.

Die auffallendste Pflege ist beim Bitterling zu beobachten. Der Rogner legt seine Eier über eine Legeröhre in die Teichmuschel ab. Sowohl die Muschel als auch die geschlüpfte Brut werden vom Milchner bewacht.

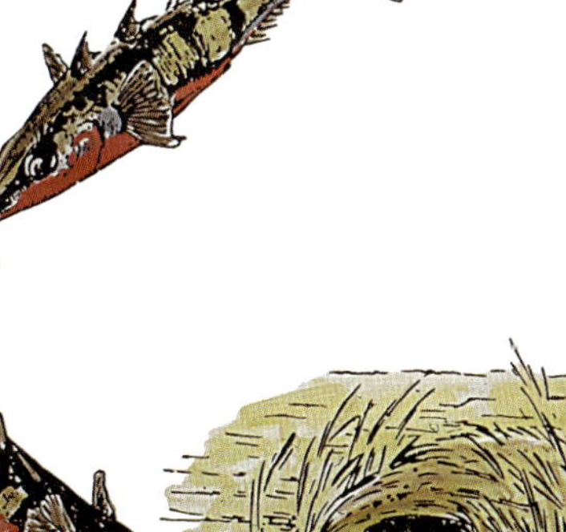

Abb. 9. Stichling mit Nest.

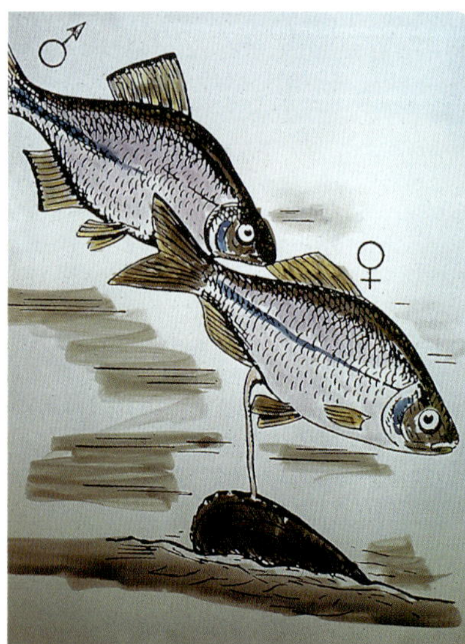

Abb. 10. Bitterling bei der Eiablage in eine Muschel.

Tab. 4. Eidurchmesser und Eizahlen verschiedener Fischarten

Fischart	Eidurchmesser (mm)	Anzahl Eier/kg Rognergewicht
Salmoniden		
Lachs	6	3 000
Bach-, Seeforelle	5	2 500
Huchen	5	2 000
Seesaibling	4	2 000
Äsche	3	6 000
Felchen	2,5	30 000
Cypriniden		
Karpfen, Schleie	1,5	300 000
Rotauge, Brachsen	1,5	200 000
Rapfen	1,5	90 000
Wels	3	30 000
Hecht	2,5	40 000
Stör	2	125 000
Zander, Barsch	1,5	150 000
Trüsche	1	1 000 000

Entwicklung

Je nach Fischart legen die Rogner beim Laichen unterschiedlich viele Eier ab. Auch die Eigröße ist von Art zu Art verschieden.

Die Entwicklungszeit der befruchteten Fischeier wird stark von der Wassertemperatur beeinflusst. Je wärmer das Wasser, umso rascher verläuft die Entwicklung. Sie ist aber auch von Art zu Art unterschiedlich.

So benötigen z. B. die Eier der Bachforelle 410 Tagesgrade, die Eier der im Frühjahr laichenden Barsche 140 und die der im Sommer laichenden Karpfen und Schleien nur ca. 70 Tagesgrade. Das bedeutet:

Bachforelleneier:

- bei 10° gehalten, schlüpfen nach 41 Tagen
- bei 5° gehalten, schlüpfen nach 82 Tagen

Barscheier:

- bei 14° gehalten, schlüpfen nach 10 Tagen

Karpfeneier:

- bei 20° gehalten, schlüpfen nach 3 Tagen

Werden bei den sich entwickelnden Embryos in den Eiern die Augen sichtbar, spricht man vom Augenpunktstadium. Die Entwicklung nach dem Schlüpfen wird als Larven- oder Dottersackstadium bezeichnet. Ist der Dottersack verbraucht, ist das Jugendstadium erreicht und mit der Geschlechtsreife das Altersstadium.

Wachstum und Alter

Fische wachsen, solange sie leben. Mit zunehmendem Alter nimmt die Wachstumsgeschwindigkeit sehr rasch ab. Die

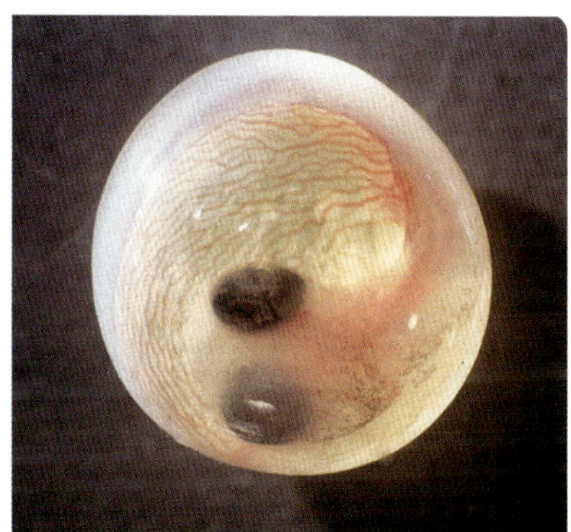

Abb. 11. Forellenei, Augenpunktstadium.

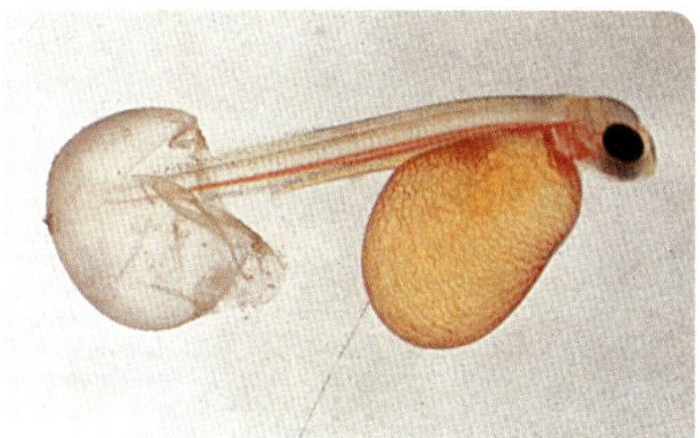

Abb. 12. Frisch geschlüpfter Forellenembryo, Dottersackstadium.

zu erreichende Größe ist artspezifisch. So werden die einheimischen Fischarten Stör und Wels bis über 200 kg schwer und über 6 bzw. 2 m lang. Die kleinsten bei uns lebenden Fischarten Bitterling und Moderlieschen erreichen nur Längen von 7 bis 8 cm und ein Gewicht von wenigen Gramm.

Auch die Lebenserwartungen sind von Art zu Art recht unterschiedlich.

In der Natur erreichen Fische sicherlich nur äußerst selten ihr mögliches Höchstalter, da sie vorher gefangen oder von größeren Raubfischen gefressen werden.

Tab. 5. Erreichbares Alter verschiedener Fischarten

Fischart	Alter (Jahre)
Elritzen	6
Zander	14
Huchen	16
Bachforellen	30
Karpfen	50
Störe	70
Welse	100

Die Kenntnis von Länge, Gewicht und Alter der Fische lässt Rückschlüsse zu auf Nahrungsangebot, Wachstum und/oder Besatzstärke.

Fragen zur Kontrolle

- Welche Fischarten laichen im Frühjahr, Sommer oder Winter?
- Welche Fischarten legen zum Laichplatz große Strecken zurück?
- Welche Fischarten betreiben Brutpflege?

Fisch als Lebensmittel

Als essbar gelten bei den Fischen die Muskulatur und bei einigen Arten auch die Leber und Eier (Kaviar). Verwertbar sind insgesamt

53% bei Süßwasserfischen,
60% bei Seefischen.

Fischfleisch enthält nur 3% Bindegewebe gegenüber 15% bei Warmblüterfleisch. Seine Struktur ist deswegen lockerer, leichter verdaulich und belastet den Körper weniger als das von Säugetieren und Vögeln.

Den Nährwert von Nahrungsmitteln bestimmen in erster Linie die Energieträger Eiweiß, Fett und Kohlenhydrate. Wegen ihres hohen Eiweißgehaltes, dem meist geringen Fettgehalt und den praktisch fehlenden Kohlenhydraten ist Fischfleisch bei unserer heute doch recht bewegungsarmen Lebensweise geradezu das ideale Lebensmittel.

Der **Wassergehalt** im essbaren Teil liegt bei Fischen je nach Art zwischen 66 und 84%. Bei Magerfischen beträgt er ziemlich konstant 80%, während fettreiche Fische größere Schwankungen aufweisen, je nach Nahrung, Körperteil, Laichreife und Jahreszeit.

Der **Eiweißgehalt** der Fischmuskulatur liegt zwischen 17 und 20%. Wegen der Zusammensetzung des Eiweißes ist Fischfleisch in unserer Ernährung mit das höchstwertigste und vollwertiger als das von Warmblütern.

Der **Fettgehalt** schwankt von Art zu Art sehr stark. Man unterscheidet deswegen zwischen:

- mageren Fischen unter 1% Fett (Raubfische wie Hecht, Zander)
- mittelfetten Fischen 1–5% Fett und
- fetten Fischen über 5% Fett (Aal, Wels, Brachsen, Lachs)

Einige Fischarten wie die Trüsche weisen in der Leber über 40% Fett auf, während ihr Fleisch sehr fettarm ist. Einen besonders hohen Fettgehalt findet man bei größeren Aalen.

Fischfett wird wegen seines großen Reichtums an ungesättigten Fettsäuren häufig als Diät bei hohem Cholesteringehalt und arteriosklerotischen Veränderungen in den Gefäßen erfolgreich eingesetzt.

Der Gehalt an **Mineralstoffen** im Fischfleisch ist im Mittel mit 1,1% sehr gering.

Von den **Spurenelementen**, die hier noch zu nennen sind, sei speziell auf Jod hingewiesen, das medizinisch von großer Bedeutung ist. Jodmangel führt bekanntlich zur Erkrankung der Schilddrüse, zum Kropf. In Seefischen ist der **Jodgehalt** rund 30mal höher als in Süßwasserfischen.

Hingewiesen sei auch noch auf den relativ hohen **Vitamingehalt** in Fischen. Besonders hoch ist die Konzentration der fettlöslichen Vitamine A, D und E in den stark fettigen Lebern.

Da wie oben schon erwähnt praktisch keine Kohlenhydrate im Fischfleisch enthalten sind, ist bei der Berechnung der Energiewerte nur der Gehalt an Eiweiß und Fett zu berücksichtigen. Fische mit einem Fettgehalt

- unter 5% enthalten
  70–150 kcal bzw. 290–610 Joule
  je 100 g,
- über 5% enthalten
  150–400 kcal bzw. 610–1640 Joule
  je 100 g.

Wegen der lockeren Struktur von Fischfleisch verdirbt es relativ leicht. Besonders bei höheren Temperaturen wird die Genusstauglichkeit rasch herabgesetzt. Zum einen gehen auch nach dem Tod der Fische autolytische Stoffwechselvorgänge im Körpergewebe weiter und zum andern kommen noch eiweißzersetzende Bakterien hinzu sowohl aus dem Darm als von außen.

Auch die unbeliebten grätenreichen Fische, wie z. B. der Brachsen, lassen sich heute mit speziellen Geräten so zubereiten, dass sie leicht essbar werden. Solchen Fischen werden alle 2 mm die

Gräten durchschnitten, die Haut wird nicht verletzt und anschließend können sie ohne weiteres gut gebacken und gegessen werden. Die Gefahr oder Angst, Gräten zu verschlucken, besteht bei diesem Verfahren nicht mehr.

Ob ein Fisch noch genusstauglich ist oder schon verdorben, kann an Hand beiliegender Tabelle leicht ermittelt werden. Die Stufe 3 darf nicht erreicht sein, damit der Fisch noch als genusstauglich bezeichnet werden kann.

Um Fische länger haltbar zu machen, bedient man sich zahlreicher Verfahren, wie Kühlen, Gefrieren, Salzen, Pökeln, Säuern und Räuchern.

Aber nicht nur verdorbenes Fischfleisch kann ein Gesundheitsproblem darstellen. Schließlich nimmt der Fisch alles mit auf, was ins Wasser gelangt und reichert sogar viele Stoffe mehr oder weniger stark an. Meist findet man in Raubfischen, den Endgliedern der Nahrungskette, die höchsten Konzentrationen an schädlichen Stoffen.

Besonders gefährlich für den Menschen sind aber Fische, die mit Krankheitserregern wie Salmonellen, Clostridien u. a. kontaminiert sind. Auch übertragbare Fischparasiten seien noch erwähnt, wie z. B. der bis 15 m lange Fischbandwurm, der durch Verzehr von rohem Fischfleisch,

Tab. 6. Beurteilung des Frischegrades toter Fische

Frische-grad	Oberfläche	Kiemen	Auge	Fleisch	Geruch
0	durchsichtiger Schleim, Oberfläche spiegelnd	blaurot, Schleim wasserklar	klar, vorgewölbt, Hornhaut glänzend	fest und elastisch	frisch
1	durchsichtiger Schleim	rot	klar, nahezu flach	fest	frischer Fischgeruch
2	leicht trüber Schleim	blass rosarot, Schleim opak	flach, kleines Trübungsgebiet	Elastizität deutlich gemindert	deutlicher starker Fischgeruch
3	milchig trüber Schleim	graurot, Schleim milchig trüb	leicht eingefallen, Hornhaut getrübt	weich	stark bis muffig
4	stark verschleimt, Schleim gelblich grau	gelb schleimig	eingefallen, verschleimt, Pupille milchig	Konsistenz deutlich schlaff	stark muffig bis schwach faulig
5	dick verschleimt, Schleim gelblich oder rötlich braun	gelb, dick verschleimt	Augapfel geschrumpft, mit gelbgrauem Schleim überzogen	Druckstelle bleibt haften	deutlich bis stark faulig

in dem der Parasit als Larve lebt, übertragen werden kann. Auch Fadenwürmer aus einigen Seefischen, deren Gefährlichkeit während der vergangenen Jahre allerdings übertrieben hochgespielt wurde, sollen noch genannt werden. Diese Parasiten können sehr leicht vernichtet werden, entweder durch Tiefgefrieren unter –20 °C oder Erhitzen über 60 °C. Auch ausreichend langes säuern oder salzen vernichtet diese Fadenwürmer.

Kranke Fische scheiden auf jeden Fall als Lebensmittel aus!

Verschiedene Fischarten können Gifte produzieren, die den Menschen schädigen. So enthält der Rogen der Barben einen Stoff, der zu Krämpfen und Übelkeit führt. Das Blut von Aalen und Welsen enthält ein giftiges Protein, das auf Schleimhäuten Entzündungen hervorruft und besonders schädlich auf die Augen wirkt. Bei Säugetieren führt dieses Ichthyotoxin schon in geringsten Konzentrationen zu Muskelkrämpfen und beschleunigt Atmung sowie Herzschlag. Bei Temperaturen über 60 °C wird dieser Stoff zerstört.

Fragen zur Kontrolle

- Warum ist das Fleisch der Fische leichter verdaulich als das der Warmblüter?
- Welche Fische sind sehr fettreich bzw. fettarm?
- Können alle Fischteile gegessen werden?

Fischkrankheiten

Die ersten Erkennungsmerkmale einer Krankheit sind gewöhnlich Änderungen im Verhalten der Fische, Farbänderungen, Missbildungen, Abmagerung, Geschwüre in der Haut u. a. Folgende Zusammenstellung zeigt die bekanntesten, auch vom Laien erkennbaren Krankheitssymptome:

Haut: Verfärbung, Trübung, Blasen, Schuppensträube, Geschwüre, schwarze Flecken, Blutungen, Verpilzung, Parasiten usw.
Augen: Glotzaugen, Trübung der Hornhaut und Linsen usw.
Kiemen: Verfärbung, Schwellung, Blutungen, Verschleimung, nekrotische Stellen.
Muskulatur: Geschwüre, Blutungen, Cysten.
Leibeshöhle: Flüssigkeitsansammlung, Blutungen, übermäßige Verfettung, Parasiten.
Magen-Darm-Kanal: Flüssigkeitsansammlung, Entzündung, gelblicher Kot, schleimiger Inhalt, Würmer.
Schwimmblase: Flüssigkeit, Blutungen, Würmer.
Leber: Verfärbung, Blutungen, Cysten.
Niere: Verdickungen, Graufärbung, Nierensteine.
Verhalten: Erhöhte oder erniedrigte Atemfrequenz, beschleunigtes oder verlangsamtes Schwimmen, Umherschießen, Scheuern, Orientierungsverlust, Lähmung, Drehbewegungen.

Fischsterben durch Krankheiten bzw. Seuchen beginnen gewöhnlich langsam, fast unbemerkt, und die Verluste steigen langsam an. Meist sind nur eine oder wenige Fischarten betroffen, da die

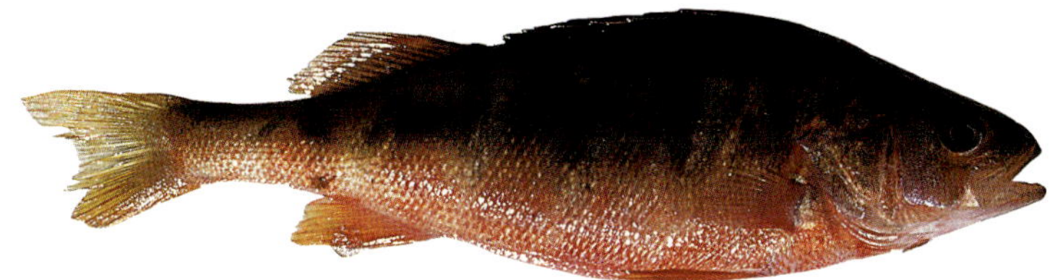

Abb. 13. Hautblutungen bei einem Barsch.

meisten Krankheitserreger mehr oder weniger fischspezifisch sind.

Gegen jeden Krankheitserreger bildet sich auch bei Fischen eine sog. Immunität, es entsteht das sog. „seuchenbiologische Gleichgewicht". Krankheitserreger können zwar vorhanden sein, aber wenn die Fische immun gegen sie sind, erkranken sie nicht. Werden in ein Gewässer mit immunen Fischen nun solche gebracht, die nicht immun gegen diese Krankheit sind, wird der vorhandene Erreger in diesen zugesetzten Fischen wieder virulent und die Fische erkranken und gehen womöglich ein. Es kann auch umgekehrt sein: mit dem Zukauf von Fischen werden neue Krankheitserreger eingeschleppt, und es kommt zum Ausbruch einer Krankheit mit Seuchencharakter.

Parasitenträger können alle Fischarten sein, auch wenn sie nicht erkranken!

Die Übertragung von Krankheitserregern erfolgt aber nicht nur durch Besatzfische, sondern auch durch Vögel, Wasser, Transportgefäße u. a.

Krankheiten werden verursacht durch Viren, Bakterien, Pilze, Urtierchen, Würmer und Krebse sowie durch ungeeignete Umweltbedingungen. Die Parasiten leben teils außen auf den Fischen (Außenparasiten), teils dringen sie in den Wirt ein und vermehren sich in diesem (Innenparasiten).

Im folgenden sind die für Angler wichtigsten Fischkrankheiten aufgeführt.

Viruskrankheiten

Viren sind kleinste, nur im Elektronenmikroskop sichtbare Organismen. Sie bestehen nur aus Eiweiß- und Nukleinsäuremolekülen und haben keinen eigenen Stoffwechsel. Sie leben in pflanzlichen oder tierischen Zellen, vermehren sich nur in lebenden Zellen und verursachen vielfach seuchenhafte Erkrankungen.

Die **Forellenseuche** oder **Virale hämorrhagische Septikämie** der Salmoniden (VHS) führt zu Glotzaugen, Dunkelfärbung, Blutungen in Augen und Muskulatur, hellen Kiemen, gelegentlich taumelnde Drehbewegungen u.a. Verluste bis über 60% in allen Altersklassen können zu verzeichnen sein. Neben Forellenartigen werden auch Hechte befallen.

Die **Infektiöse Pankreasnekrose** der Salmoniden (IPN) befällt nur Brut und Jungfische. Nach Ausbruch der Seuche können innerhalb von 2–3 Wochen bis nahezu 100% Verluste auftreten. Häufig ist der Bauch erkrankter Fische durch Ansammlung von Schleim in Magen und Darm stark geschwollen. Vor dem Eingehen beobachtet man oft krampfartige Schwimmbewegungen.

Die **Infektiöse hämatopoetische Nekrose** der Salmoniden (IHN) betrifft vorwiegend Brut und Setzlinge von Regenbogenforellen. Erkrankte Fische sind dunkelgefärbt, haben Glotzaugen, Blutungen an Rücken und Flossen sowie helle Kiemen.

Die **Frühlingsvirämie** oder **Infektiöse Bauchwassersucht** der Karpfen (SVC) bricht fast nur im Frühjahr aus. Der Bauch ist dann durch Flüssigkeitsansammlung stark aufgetrieben.

Bei der **Pockenerkrankung**, die vorwiegend bei Karpfen und Schleien auftritt, sind flache, rötlich bis milchigtrübe Schleimhautwucherungen an vielen Stellen der Haut zu erkennen.

Bei der **Blumenkohlkrankheit** der Aale treten Wucherungen in der Maulregion auf. Schlechte Wasserverhältnisse werden als Wegbereiter angesehen.

Genannt sei auch noch die **Ulcerative Dermalnekrose** der Salmoniden (UDN), die alle Salmonidenarten befallen kann und vermutlich von Viren verursacht wird. Bei dieser Krankheit verpilzen die Fische mehr oder weniger stark, besonders zur Laichzeit. Die meisten Fische gehen danach ein.

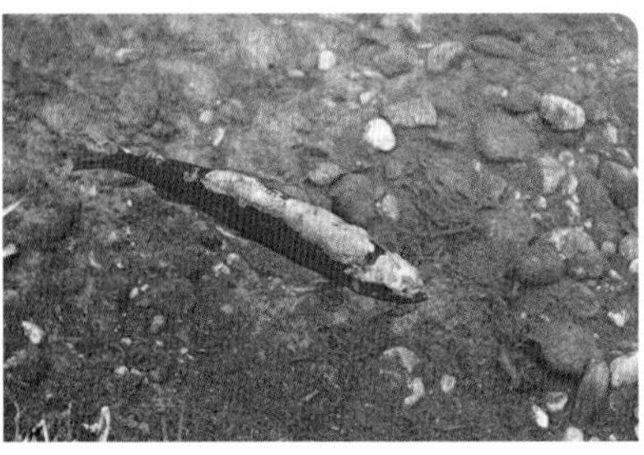

Abb. 14. Ulcerative Dermalnekrose bei einer Regenbogenforelle.

Bakterienkrankheiten

Bakterien sind kleine, überall verbreitete, einzellige Organismen mit eigenem Stoffwechsel, die in und auf Pflanzen und Tieren leben. Sie lassen sich im Gegensatz zu Viren auch auf synthetischen Nährmedien züchten. Einige Arten sind auch Krankheitserreger bei Fischen.

Die **Furunkulose** der Forellen ist die am längsten bekannte bakterielle Fischkrankheit. Der Erreger kommt praktisch in allen Gewässern vor und kann bei allen Altersstufen virulent werden. Typische Krankheitssymptome sind eitrige Geschwüre unter der Haut, die nach außen aufbrechen, Blutungen an den Flossenansatzstellen, vorgestülpter After, Darmentzündung, Milzvergrößerung u. a. Bei der Fischbrut kann die Krankheit auch sehr rasch ohne sichtbare Krankheitssymptome verlaufen. Belastetes Wasser fördert nicht nur den Ausbruch der Krankheit, sondern auch die Verluste.

An **Rotmaulseuche** (ERM) erkrankte Forellen zeigen Blutungen in der Kopfhaut, vor allem in der Maulhöhle.

Bakterielle Kiemenschwellung (BK) tritt vorwiegend bei jungen Salmoniden auf. Schlechte Umweltverhältnisse begünstigen ihr Aufkommen. Bei befallener Brut können enorme Verluste auftreten. Die Kiemenlamellen vergrößern sich, verschmelzen zum Teil miteinander und verschleimen sehr stark. Dadurch wird die Sauerstoffaufnahme schlechter.

An der **Rotseuche** erkrankte Aale (Süßwasseraalseuche) haben Blutungen

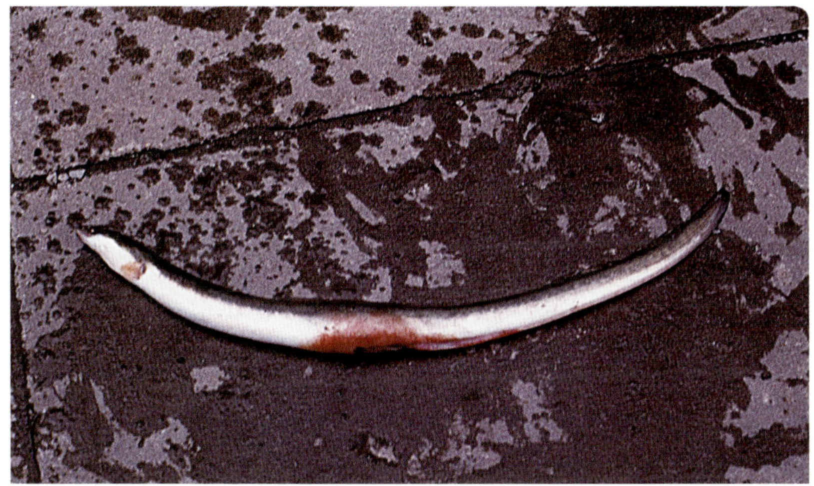

Abb. 15. Aalrotseuche.

in der Haut, besonders in der Afterregion.

Die **Fleckenseuche** führt bei Weißfischen, Hechten (Hechtpest) und anderen Fischarten zu Schuppenverlusten, geröteten Flecken und eitrigen Wunden in der Haut.

Die **Erythrodermatitis** (ED) des Karpfens, auch Rotseuche des Karpfens genannt, tritt meist im Sommer im wärmeren Wasser auf. Das Krankheitsbild ist dem an Fleckenseuche erkrankten Weißfischen ähnlich.

Pilzkrankheiten

Sporen von Pilzen, die zum sog. **Fisch-** oder **Wasserschimmel** führen, sind in jedem Gewässer vorhanden. Sie wachsen aber nur auf kranken oder verletzten Fischen. Besonders nach unsachgemäßer Behandlung beim Abfischen und Sortieren sowie nach Transporten verpilzen Fische recht häufig, ebenso bei langsam verlaufenden Krankheiten. Jedenfalls verpilzt ein gesunder Fisch nie.

Zu erwähnen ist hier noch die durch einen Pilz verursachte **Krebspest**, die zur Ausrottung des Edelkrebses in vielen Gewässern führte. Erkrankte Krebse lassen Scheren und Beine kraftlos hängen, wenn man die Krebse aus dem Wasser nimmt. Sie verlieren ganze Glieder und gehen schließlich ein.

Urtierkrankheiten

Die **Grießkörnchenkrankheit** ist unter den einzelligen Fischparasiten die am weitesten verbreitete Krankheit. Die Erreger sind Wimpertierchen und verursachen kleine, helle Flecken in der Haut. Verluste bei allen Fischarten können sehr hoch sein, zumal bei starkem Besatz.

Die **Drehkrankheit** der Forellen wird durch einzellige Sporentierchen verursacht. Die Verluste sind besonders bei Brut sehr hoch. Erkrankte Forellen haben häufig eine verkrümmte Wirbelsäule, eine schwarz gefärbte Schwanzpartie und fallen vor allem durch Bewegungsstörungen auf, die durch Eindringen von Sporen ins Gleichgewichtsorgan verursacht werden.

Erwähnt sei noch die **Schwimmblasenentzündung** (SBE). Früher wurden Viren als Erreger diskutiert. Heute nimmt man aber an, dass diese Krankheit durch einzellige Myxosporidien verursacht wird.

Wurmkrankheiten

Viele fischparasitäre Würmer machen einen komplizierten Entwicklungskreislauf durch mit einem oder sogar zwei Zwischenwirten. In den Fischen leben die Parasiten in den verschiedensten Organen, z. B. der Schwimmblasenwurm der Salmoniden und Aale in der Schwimmblase, der Riemenbandwurm in der Leibeshöhle vorwiegend von Weißfischen. Erstere werden in Flohkrebsen als Zwischenwirt und letztere im Darm von Vögeln geschlechtsreif.

Der **Hechtbandwurm** lebt als Larve in der Muskulatur von Fischen, bevor er im Darm von Hechten geschlechtsreif wird. Kratzer wiederum entwickeln sich in Bachflohkrebsen und auch einigen Insektenlarven, ehe sie im Darm von Forellen geschlechtsreif werden.

Fischegel sind die wohl bekanntesten auf Fischen schmarotzenden Außenparasiten. Sie besitzen 2 Saugnäpfe zum Anheften auf dem Wirt. Durch Blutsaugen entstehen kleinere Wunden, bei starkem Befall auch größere Schädigungen. Über die Wunden erfolgen häufig Sekundärinfektionen mit Bakterien und Pilzen. Bekannt sind vor allem der Karpfen- und der Edelfisch- oder Barbenegel.

Immer wieder hört man auch von verstärktem **Fadenwurmbefall** bei bestimmten Seefischen. Auch sei noch der erst vor wenigen Jahren bei uns eingeschleppte Schwimmblasenwurm bei Aalen genannt, dessen Entwicklung über Kleinkrebse als Zwischenwirt verläuft.

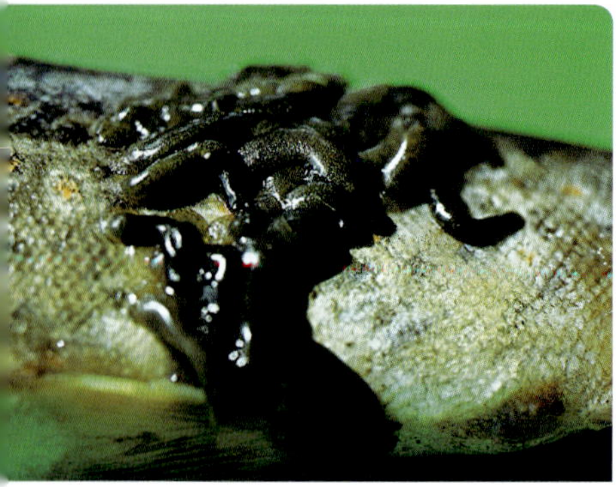

Abb. 16. Egel auf einer Bachforelle.

Krebstierkrankheiten

Ein schädlicher Parasit aus dieser Tierklasse ist die **„Karpfenlaus“**, die neben Karpfen auch einige andere Fischarten befällt. Sie durchbohrt mit ihrem Stachel die Haut des Wirtes und saugt Blut und Gewebesaft. Durch die Verletzung wird eine Öffnung für Sekundärinfektionen geschaffen.

Der **Kiemenkrebs** lebt vorwiegend auf den Kiemen von Schleien, aber auch auf anderen Fischarten. Bei starkem Befall magern die Fische ab und gehen schließlich ein.

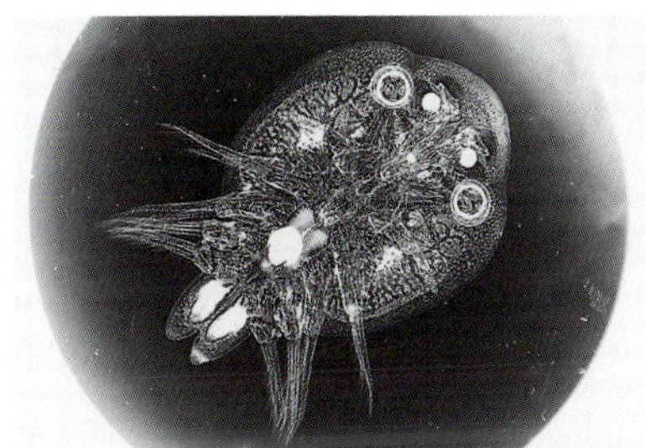

Abb. 17. Karpfenlaus.

Umweltbedingte Erkrankungen

Temperaturbedingte Schädigungen sind häufiger als allgemein angenommen wird. Schnelle Temperaturanstiege führen erst zur Schwächung der Fische und dann meist zu deren Tod. Temperaturen über 40 °C ertragen einheimische Fische nicht, für Salmoniden und einige andere Arten sind bereits 30 °C zu viel.

Die chemischen Prozesse werden mit steigender Temperatur beschleunigt. Gleichzeitig steigt der Sauerstoffbedarf, während der Sauerstoffgehalt sinkt.

Bei **Sauerstoffmangel**, vorwiegend durch organische, fäulnisfähige Stoffe verursacht, sinkt die Schwimmaktivität der Fische, zuerst der empfindlicheren Salmoniden. Sie kommen zur Notatmung an die Wasseroberfläche. Forellen benötigen zu gutem Gedeihen wenigstens 5 mg Sauerstoff/l Wasser und Karpfen mindestens 3 mg/l. Aber auch **Sauerstoffüberschuss**, zu dem es häufig im Sommer in eutrophen Seen kommt, kann zu Erkrankung und Verlusten führen. Er verursacht die sog. **Gasblasenkrankheit.**

Besonders empfindlich reagiert Fischbrut auf gasübersättigtes Wasser. Fische haben in ihrem Blut den gleichen Gasdruck, der auch im Wasser herrscht. Sinkt nun plötzlich der Luftdruck z. B. bei Wetterumschwung, dann entweicht aus dem Wasser relativ rasch überschüssiges Gas (Sauerstoff, Stickstoff). Fische können aber den Gasdruckabfall nicht so rasch ausgleichen. Das Blut scheidet aber überschüssiges Gas ins Gewebe aus, und es entstehen kleine Bläschen, besonders in der Kopfgegend und in Flossen deutlich erkennbar. Die Schwimmblase ist stärker gefüllt, Blasen in der Augenhöhle führen zur Bildung von Glotzaugen, u. U. auch zu Augenverlusten. Gasblasenkranke Fische zeigen Gleichgewichtsstörungen, sind schreckhaft und gehen zur Notatmung über.

Bekanntlich können starke pH-Wert-Änderungen schädlich für Fische sein, ja sogar tödlich. Um die **Säure- oder Laugenkrankheit** zu vermeiden, sollten folgende **pH-Werte nicht unter bzw. überschritten werden:**

Tab. 7. Zulässige pH-Werte für Fische

Fischart	pH-Werte
Forellen	4,8– 9,2
Barsch	4,0– 9,2
Hecht	4,9–10,7
Schleie	4,9–10,8
Karpfen	5,0–10,8

Säuren und **Laugen** (z. B. Zement, Beton) führen bei Fischen zu starker Verschleimung. Der Schleim löst sich ab. Bei starken Säuren, z. B. die ätzend wirken, springen die Fische aus dem Wasser; die empfindlichen Kiemen werden verätzt.

Allgemein versuchen die Fische aus ihnen nicht zusagendem Wasser zu fliehen, um so möglichen Schädigungen und Vergiftungen zu entgehen.

Spezielle Fischkunde

Das Tierreich wird – von den Einzeller bis hin zu den Wirbeltieren – entsprechend der stammesgeschichtlichen bzw. verwandtschaftlichen Beziehungen in **Stämme** und diese weiter in **Klassen**, **Ordnungen**, **Familien**, **Gattungen** und **Arten** unterteilt.

So wird der Stamm der Wirbeltiere in folgende Klassen gegliedert: Säugetiere – Vögel – Reptilien – Amphibien – Fische.

Die Klasse der Fische wird untergliedert in die Ordnungen: Knorpel- und Knochenfische.

Die **Knorpelfische** wie z. B. die Haie und Rochen kommen ausschließlich im Meer vor, während alle Süßwasserfische und auch die meisten aus dem Salzwasser zu den **Knochenfischen** zählen. Früher wurden – vermutlich aus praktischen Gründen oder auch wegen ihres fischähnlichen Aussehens – auch die Neunaugen zur Klasse der Fische gerechnet. Heute stellt man diese aber zur Klasse der Rundmäuler (Cyclostoma).

Von den weltweit rund 46 000 Wirbeltierarten sind ca. 25 000 Fischarten und von diesen etwa 22 000 Knochenfische. Im Süßwasser leben rund 5000 verschiedene Fischarten. In Europa kennt man 194 und in Deutschland 73 Süßwasserfischarten.

Fragen zur Kontrolle

- In welche Klassen wird der Stamm der Wirbeltiere gegliedert?

Stark vereinfachter Schlüssel zur Bestimmung der einheimischen Süßwasserfischfamilien

1. oberer Teil der Schwanzflosse größer als der untere .... 1. Störe
   - beide Flossenteile etwa gleich groß .... 2.
2. ohne Bauchflossen, nur 1 Paar paarige Flossen, schlangenförmig .... 2. Aale
   - mit Bauchflossen .... 3.
3. Stacheln ohne Häute vor der Rückenflosse .... 3. Stichlinge
   - Strahlen der Rückenflosse durch Haut verbunden .... 4.
4. Bauchflossen kehlständig .... 5.
   - Bauchflossen nicht kehlständig .... 6.
5. Körper flach, beide Augen auf einer Seite .... 4. Flunder (Plattfische)
   - auf jeder Seite ein Auge, eine kehlständige Bartel .... 5. Trüsche (Dorschartige)
6. Bauchflossen bruständig .... 7.
   - Bauchflossen bauchständig .... 8.

7.	1. Rückenflosse mit Stachelstrahlen, Kammschuppen	6. Barschartige
	• ohne Schuppen, mit großem Maul	7. Groppen
8.	mit Fettflosse	8. Lachsartige
	• ohne Fettflosse	9.
9.	mit gesägter Bauchkante, keine Seitenlinie	9. Heringsartige
	• mit glatter Bauchkante	10.
10.	ohne Zähne auf den Kiefern	11.
	• mit Zähnen auf den Kiefern	12.
11.	mit höchstens 4 Barteln	10. Karpfenartige
	• mit 6–10 Barteln	11. Schmerlen
12.	mit Barteln und kleinen Zähnen	12. Welse
	• ohne Barteln, mit kräftigen Zähnen	13. Hechte

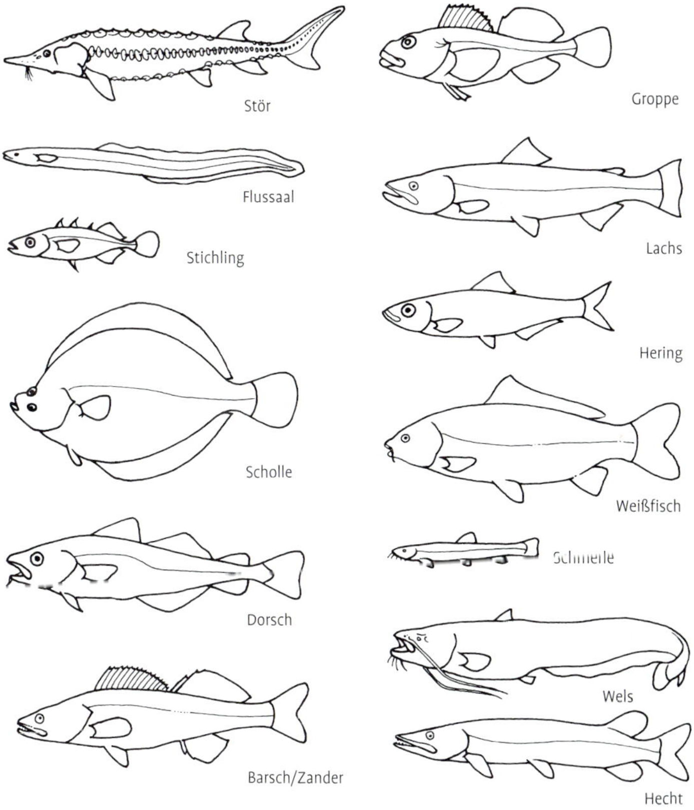

Stör

Groppe

Flussaal

Lachs

Stichling

Hering

Scholle

Weißfisch

Schmerle

Dorsch

Wels

Barsch/Zander

Hecht

Die für Angler wichtigsten einheimischen Fischarten

Ordnung Lachsartige (Salmoniformes)

Familie Lachsartige, Salmonidae

Ihr Aufenthaltsort sind sommerkalte und sauerstoffreiche Gewässer. Typisch für alle bei uns vorkommenden Arten dieser Familie ist die Fettflosse.

Man unterscheidet zwei Gruppen:

- Salmonidae mit großem Maul und kleinen Schuppen: Lachs, Forellen, Saiblinge, Huchen und Stint.
- Salmonidae mit kleinem Maul und großen Schuppen: Äschen, Felchen.

Atlantischer Lachs
Salmo salar (L.)

Kennzeichen: Der Körper ist langgestreckt, torpedoförmig, der Kopf relativ klein und der Schwanzstiel schlank. Der vordere Teil des Pflugscharbeins ist zahnlos, der Stiel mit einer Längsseite von Zähnen besetzt. Auf Rücken und den Seiten sind schwarze, x-förmige Flecken.

Der Lachs wird bis 1,5 m lang und bis 45 kg schwer.

Lebensraum: Lebt in Küstengewässern des nördlichen Atlantiks, der Nord- und Ostsee.

Nahrung: Während der Jugendzeit Bodentiere, Insekten, Fischbrut und im Alter Fische. Bei ihrer Laichwanderung nehmen sie keine Nahrung auf; der Beißreflex bleibt aber erhalten.

Fortpflanzung: Die Laichzeit liegt je nach Gewässer in der Zeit von Oktober bis Februar. Zuvor wandern sie in die Zuflüsse, so auch in den Rhein = anadrome Wanderung. Die Rogner schlagen mit der Schwanzflosse Laichgruben in 0,5–3 m Wassertiefe in kiesigen Grund. Die Gruben sind 2–3 m lang und bis 0,3 m tief. Nach dem Ablaichen wandert ein Teil der Lachse wieder ins Meer zurück. Junglachse folgen erst nach 1–3 Jahren.

Viele Lachse, vor allem Milchner, gehen nach dem Laichen ein. Im Meer werden die Lachse nach 1- bis 4-jährigem Aufenthalt geschlechtsreif.

Bemerkungen: Ursachen für den starken Rückgang dieser Fischart sind neben der Gewässerverschmutzung vor allem bauliche Hindernisse bei der Laichwan-

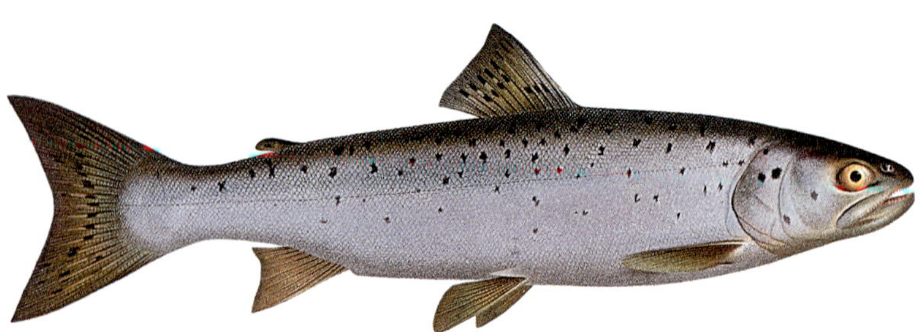

Atlantischer Lachs

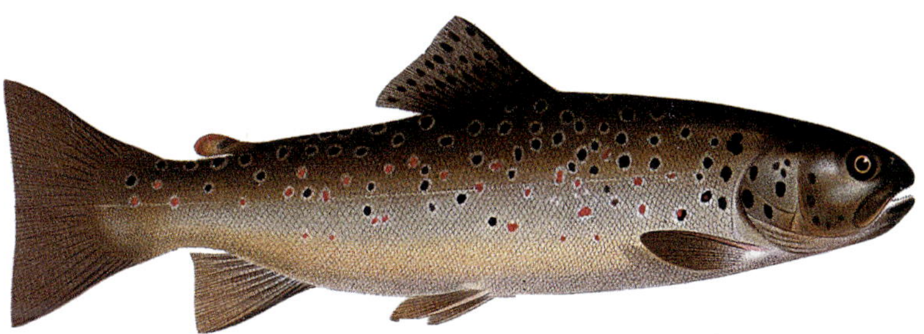

Bachforelle

derung und die Zerstörung von Laichplätzen durch Stauregulierungen mit nachfolgender Verschlammung. Über Jahrzehnte hinweg wurden im Rhein keine Lachse mehr gefangen, die Art schien ausgestorben. Während der letzten Jahre konnten einige Lachse als Folge der Gewässerverbesserung und vor allem des starken Besatzes wieder beobachtet werden (Lachsprogramm 2000).

Bachforelle
Salmo trutta Fließgewässerform

Kennzeichen: Körper gedrungen, torpedoförmig, seitlich etwas zusammengedrückt. Zwischen Rücken- und Schwanzflosse befindet sich eine Fettflosse. Die Schuppen sind klein. Die Mundspalte reicht bis hinter die Augen. Auf dem Pflugscharbein befinden sich 2–6 Zähne, auf der Platte meist 9–18 meist in doppelter Reihe. Die Färbung ist je nach Gewässer unterschiedlich, meist grünlich bis bräunlich. Die Seiten sind heller und der Bauch weiß. Die Fettflosse ist rot umrandet und weist rote Flecken auf. Auf den Seiten sind schwarze und rote, hell umsäumte Punkte.

Die Bachforelle wird bis 80 cm lang und über 5 kg schwer.

Lebensraum: Standfisch sauerstoffreicher Fließgewässer. Gelegentlich wandern sie auch in Seen.

Nahrung: Plankton, Insektenlarven, Flohkrebse, Anflugnahrung. Große Forellen fressen auch Fische.

Fortpflanzung: Zum Laichen von Oktober bis Januar wandern die Bachforellen flussaufwärts, vielfach in kleine Seitenbäche. Sie schlagen auf kiesigem Grund Laichgruben für die Eiablage.

Bemerkungen: Gewässerausbau, Wasserkraftanlagen, Versauerung und Eutrophierung gefährden vielerorts den Bestand stark, so dass er dort nur durch Besatz aufrecht erhalten werden kann.

Seeforelle *Salmo trutta*
limnische Wanderform

Kennzeichen: Standortform der Bachforelle und von dieser in der Jugend nicht zu unterscheiden. Später verliert sie die roten Punkte. Der Körper ist dann nur noch mit schwarzen x-förmigen oder auch bräunlichen Flecken bedeckt. Milchner besitzen einen stark ausgeprägten Laichhaken.

Die Seeforelle wird bis 1,2 m lang und 30 kg schwer.

Lebensraum: Sie lebt in großen, tiefen und sauerstoffreichen Seen. In der Jugend hält sie sich meist in Oberflächennähe auf (Schwebforelle), während ältere als sog. Grundforellen in Zonen bis 40 m Tiefe leben.

Nahrung: Jungfische fressen Kleintiere, ältere auch Fische.

Fortpflanzung: Die Seeforelle, ein Wanderfisch des Süßwassers, laicht von Oktober bis Dezember vorwiegend in Zuflüssen, gelegentlich aber auch in Seen selbst. Die Jungfische wandern meist nach dem 2. Lebensjahr aus den Zuflüssen in die Seen zurück.

Bemerkungen: Durch Flussverbauungen und Abwassereinleitungen wurden an vielen Stellen die Laichwanderungen unterbunden, so dass ihre Art stark gefährdet wurde. Durch Besatz und auch Beseitigung von Wanderungshindernissen und Abwassereinleitungen konnte diese Art praktisch überall erhalten werden.

Meerforelle *Salmo trutta* marine Wanderform

Kennzeichen: Sie ist wie die Seeforelle eine Standortform der Bachforelle und gleicht stark dem Lachs. Jungfische weisen wie die der Bachforelle dunkle Querbinden und rote, hell gesäumte Punkte auf. Ältere Fische hingegen haben über den Körper verstreut schwarze Flecken. Der Schwanzstiel ist kürzer und gedrungener als beim Lachs. Der Hinterrand der Schwanzflosse ist gerade und nicht eingebuchtet wie beim Lachs.

Die Meerforelle wird über 1 m lang und bis 20 kg schwer.

Lebensraum: Lebt während der ersten Jahre im Süßwasser und wandert erst mit einer Länge von 20 cm ins Meer, wo sie in Küstennähe umherstreift. Anadromer Wanderfisch.

Nahrung: Wie Bach- und Seeforelle.

Fortpflanzung: Wandert von Juli bis November zum Laichen in Flüsse, auch in den Rhein. Sie laicht im November bis Dezember in Laichgruben. Im Gegensatz zu den Lachsen nehmen Meerforellen während der Laichwanderung Nahrung auf.

Bemerkungen: Seit mehreren Jahren schienen die Meerforellen wie der Lachs im Rhein ausgestorben zu sein. Durch Besatz- und Hegemaßnahmen erholt sich der Bestand derzeit wieder.

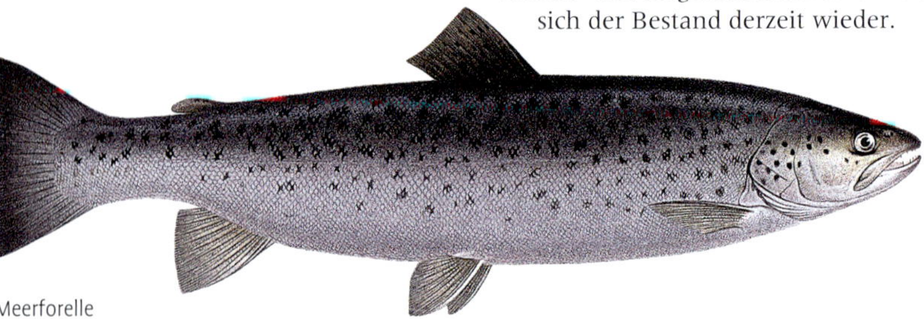
Meerforelle

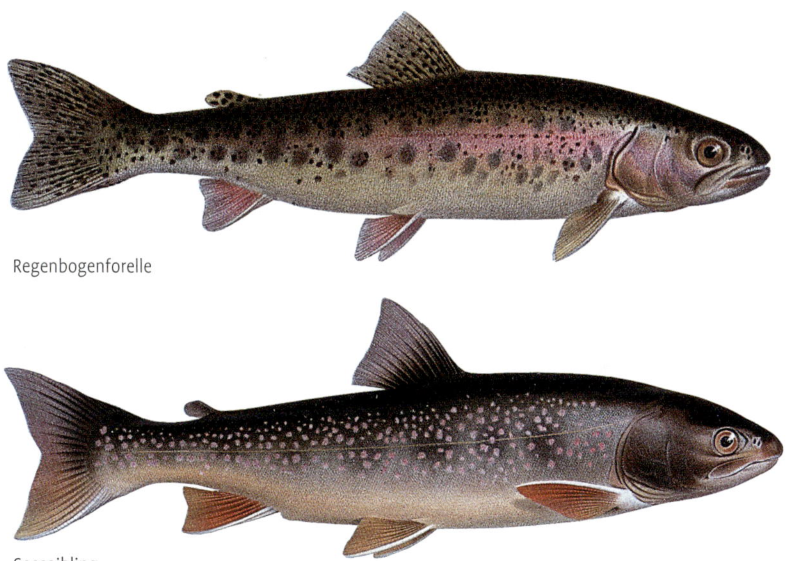
Regenbogenforelle

Seesaibling

Regenbogenforelle
Oncorhynchus mykiss (Walbaum)

Kennzeichen: Körper- und Kopfform gleichen in etwa der Bachforelle. Die Schwanzflosse ist leicht eingebuchtet. Auf den Seiten befindet sich ein breites, rötlich-violettes Längsband. Auf dem Körper und der Schwanzflosse sind viele schwarze Flecken.

Die Regenbogenforelle wird bis 0,7 m lang und 6 kg schwer.

Lebensraum: Wurde Ende des 19. Jahrhunderts aus Nordamerika in Europa eingeführt. Sie lebt in nahezu den gleichen Lebensräumen wie die Bachforelle, ist aber weniger empfindlich gegen Umwelteinflüsse als diese und verdrängt sie deswegen vielfach.

Nahrung: Grund- und Anflugnahrung. Größere fressen auch Fische.

Fortpflanzung: Sie vermehrt sich bei uns nicht in allen Gewässern. Wie die Bachforelle schlägt sie von Winter bis Frühjahr Laichgruben in den Kiesgrund.

Bemerkungen: Die sog. Lachsforelle wird in Teichwirtschaften mit Hilfe eines Carotinoid-haltigen Futters produziert.

Die Regenbogenforelle sollte nicht in freie Gewässer gesetzt werden, da sie vielfach die heimische Bachforelle verdrängt.

Seesaibling
Salvelinus alpinus (L.)

Kennzeichen: Körper schlank, torpedoförmig, mit Fettflosse. Pflugscharbein trägt auf dem Stiel 3–7 Zähne in einer Querreihe. Dahinter befinden sich 1–15 Zähne in mehreren Reihen. Die Färbung ist graugrün, blaugrün oder

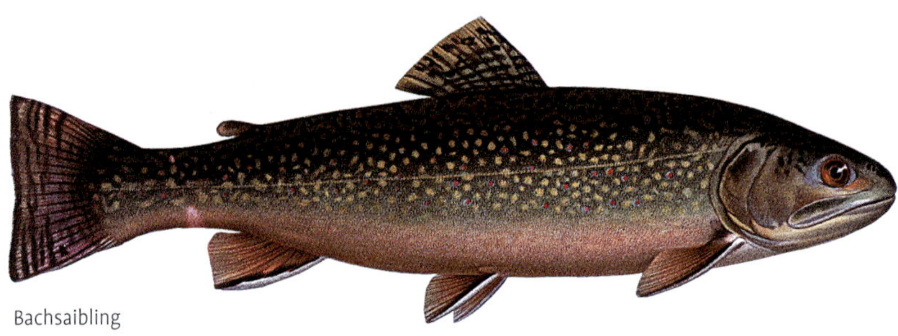
Bachsaibling

braun. Besonderes Kennzeichen ist der weiße Vorderrand an den paarigen Flossen und an der Afterflosse.

Hingewiesen sei auch auf den großen Formenreichtum dieser Fischart (lokale Rassen): Schwarzreuter, Wildfangsaibling, Tiefseesaibling.

Der Seesaibling wird bis 60 cm lang und 2 kg schwer.

Lebensraum: Sind meist Tiefenbewohner kalter, sauerstoffreicher Voralpenseen. Kommen bis über 2000 m Höhe vor.

Nahrung: Tierisches Plankton, kleine Bodentiere, Anflugnahrung und auch kleine Fische.

Fortpflanzung: Während der Laichzeit haben die Milchner einen stark rot gefärbten Bauch und einen dunklen bis fast schwarz gefärbten Rücken. Außerdem weisen sie einen großen Unterkieferhaken auf. Die Laichzeit erstreckt sich vom Spätherbst bis in den Winter. Die Eier werden im tiefen Wasser auf festen Grund abgelegt und einige Zeit bewacht.

Bemerkungen: Durch Verschlechterung der Laichplätze als Folge von Eutrophierung und Verschlammung wurde diese Fischart vielfach stark gefährdet und war teilweise sogar vom Aussterben bedroht. Gewässerverbesserung und verstärkter Besatz mit geeignetem Material sorgten aber wieder für ein besseres Aufkommen des Seesaiblings.

Bachsaibling
Salvelinus fontinalis (Mitchil)

Kennzeichen: Wurde wie die Regenbogenforelle Ende des 19. Jahrhunderts aus Nordamerika in Europa eingeführt. Seine Körperform gleicht der des Seesaiblings. Auf dem Pflugscharbein befinden sich 8 Zähne, der Stiel ist zahnlos. Charakteristisch ist der Vorderrand der paarigen Flossen und der Afterflosse mit einem schwarzweißen Saum. Der Rücken ist hell marmoriert und die Seiten weisen gelbe oder rote Punkte auf.

Der Bachsaibling wird bis 45 cm lang und 1 kg schwer.

Lebensraum: Bevorzugt die obere Forellenregion, also kalte, sauerstoffreiche Fließgewässer mit stärkerer Strömung. Ist sehr standorttreu. Gegen niedrigere Sauerstoffgehalte und Gewässerversauerung ist er unempfindlicher als die Bachforelle.

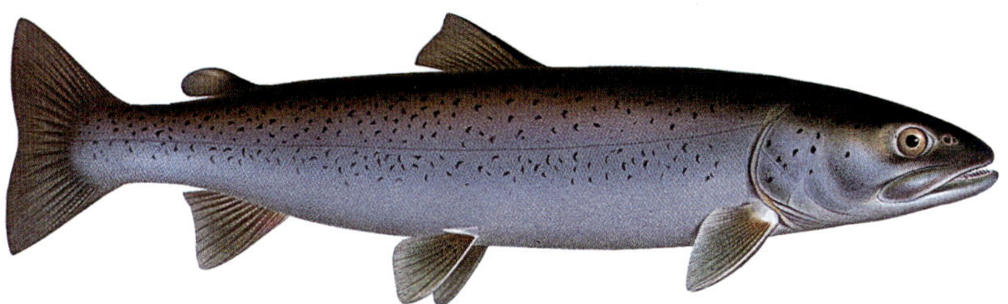
Huchen

Nahrung: Kleine Bodentiere, Anflugnahrung, auch Kleinfische.
Fortpflanzung: Laicht von Oktober bis März in flachen Laichgruben in stärkerer Strömung. Während der Laichzeit ist der Bauch beim Milchner stark rot gefärbt.
Bemerkungen: Einige Salmoniden können miteinander gekreuzt werden. Wohl die bekannteste Kreuzung ist die sog. Tigerforelle: Bachforelle Rogner × Bachsaibling Milchner. Dieser Fisch hat die Körperform der Bachforelle und die marmorierten Seiten des Bachsaiblings. Bekannt ist auch der Elsässer Saibling: Bachsaibling × Seesaibling.

Kreuzungen gehören nicht in unsere Gewässer, sie bedeuten eine Verfälschung der Fauna.

Huchen
Hucho hucho (L.)

Kennzeichen: Der Körper des Huchens, ist walzenförmig, nahezu drehrund und mit kleinen Schuppen bedeckt. Der lange Kopf ist abgeflacht und hat eine große Maulspalte bis weit hinter die Augen. Die Fettflosse ist auffallend groß. Huchen sind auf dem Rücken dunkelgrau bis grünlich-grau gefärbt. Auf der Unterseite ist er silbrig. Auf den Seiten befinden sich kleine schwarze Punkte, nicht aber auf der Schwanzflosse wie bei den Forellen.

Wird bis 140 cm lang und 50 kg schwer.
Lebensraum: Seine Heimat ist das Donaueinzugsgebiet – vor allem die rechtsseitigen Donauzuflüsse – ausgenommen der Donauunterlauf. Er bevorzugt die Äschen-Barbenregion. Huchen haben meist feste Reviere in tieferen Gumpen und auch Unterständen am Ufer.
Nahrung: In der Jugend lebt er vorwiegend von Insektenlarven, später dann von Fischen vor allem Nasen, Äschen, Bachforellen und Barben.
Fortpflanzung: Nach der Schneeschmelze von März bis Mai wandert der Huchen flussaufwärts bis in kleine Seitenbäche und laicht an flachen, kiesigen Stellen in Laichgruben. Die Eizahl beträgt rund 1500/kg Rogner.
Bemerkungen: In Baden-Württemberg ist dieser von Anglern sehr begehrte Fisch vom Aussterben bedroht und praktisch nur noch durch Besatz zu halten.

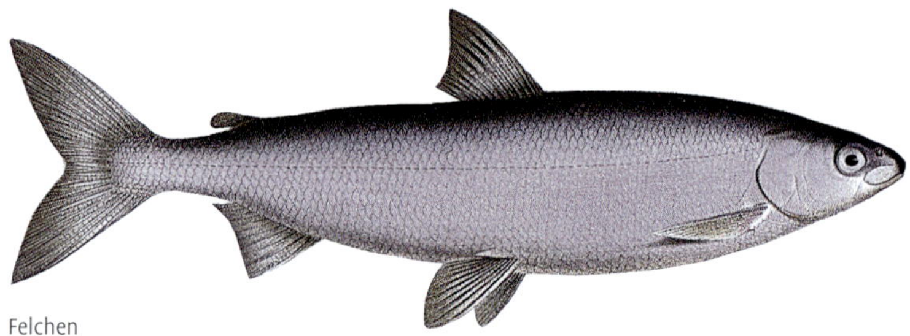
Felchen

Familie Felchen, Maränen (Coregonidae)

Felchen
(*Coregonus* spp.)

Felchen sind eine weit verbreitete Gruppe mit großer ökologischer Modifizierbarkeit. Alle Formen bastardieren sehr leicht und sind aus diesen Gründen nur schwer exakt zu bestimmen. Man stellt heute die bei uns vorkommenden Formen zum Formenkreis Große Felchen, Renken, Maränen = *Coregonus lavaretus*.
Kennzeichen: Felchen haben einen lang gestreckten, seitlich zusammengedrückten Körper. Der Kopf ist kegelförmig, das Maul end- bis unterständig. Die Schwanzflosse ist tief eingekerbt. Der Rücken ist dunkelblau bis grünlich gefärbt, die Seiten und der Bauch silbrig bis weiß. Die Schuppen sind relativ groß. Felchen dieser Gruppe werden bis 60 cm lang und über 2 kg schwer.
Lebensraum: Felchen leben in sauerstoffreichen Seen als Schwarmfisch im Freiwasser (Schwebrenken) oder im Uferbereich in Bodennähe (Bodenrenken).
Nahrung: Im Freiwasser Zooplankton, im Uferbereich vorwiegend Bodennahrung, aber auch Zooplankton.
Fortpflanzung: Felchen laichen von November bis Dezember im Freiwasser oder im Uferbereich je nach Form oder Art. Manche, wie z. B. Schnäpel, steigen in Zuflüsse zum Laichen auf. Felcheneier sind kleiner als die von Forellen.
Bemerkungen: Zum Formenkreis *Coregonus lavaretus* zählen u. a.:
Große Schwebrenke:
  Blaufelchen *(C. l. wartmanni)*
Kleine Schwebrenke:
  Gangfisch *(C. l. macrophthalmus)*
Große Bodenrenke:
  Sandfelchen *(C. l. fera)*
Kleine Bodenrenke:
  Kilch *(C. l. acronius)*
Wandermaränen:
  Ostseeschnäpel *(C. l. balticus)*
  Nordseeschnäpel *(C. l. oxyrhynchus)*

Klar und sicher von diesem Formenkreis zu trennen ist die Kleine Maräne (= *Coregonus albula*) durch ihren zugespitzten Kopf mit oberständigem Maul.

Familie Äschen (Thymalidae)

Äsche
Thymallus Thymallus

Kennzeichen: Der lang gestreckte Körper hat einen ovalen Querschnitt und einen kleinen, zugespitzten Kopf mit kleiner halb unterständiger Mundspalte und feiner Bezahnung. Die Fettflosse ist relativ groß und die lange Rückenflosse, auch Fahne genannt, besonders beim Milchner stark ausgeprägt. Der Rücken ist graugrün gefärbt. Auf den Seiten sind unregelmäßig angeordnete Flecken vorhanden. Typisch ist der Thymiangeruch.

Die Äsche wird bis 60 cm lang und bis 3 kg schwer.

Lebensraum: Lebt gesellig in größeren Bächen und kleinen Flüssen mit kiesigen, sandigen Stellen, in denen schnellfließende mit ruhigen Stellen abwechseln. Sie benötigt kühles und sauerstoffreiches Wasser. Man findet sie auch vor Zuflüssen kleiner, kühler Seen.

Nahrung: Insektenlarven, Schnecken, Würmer, Anflugnahrung, Fischlaich, gelegentlich auch Klein- und Jungfische.

Fortpflanzung: Die Eiablage erfolgt von März bis April in flache Laichgruben.

Bemerkungen: Wird fast überall nur durch Besatzmaßnahmen gehalten. Rückgang als Folge von Gewässerbelastung und Flussverbauung. Auch Kormorane dezimieren in manchen Gewässern den Äschenbestand überaus stark.

Ordnung Karpfenartige (Cypriniformes)

Familie Karpfenfische, Weißfische (Cyprinidae)

Die Karpfenartigen, auch Weißfische genannt, sind eine artenreiche Familie der Süßwasserfische. Rund 30 Arten kommen in Deutschland vor.

Typische Kennzeichen

Es fehlen ihnen Zähne und ein Magen. Schlundzähne sind stark entwickelt und auch die Kauplatte zur Zerkleinerung der Nahrung. Die Schwimmblase ist zweiteilig. Im Gegensatz zu den Salmoniden fehlt ihnen die Fettflosse. Typisch sind auch die zahlreichen Fleischgräten. Der Kopf ist schuppenlos, nackt. Die meisten sind Sommerlaicher. Viele Arten neigen zu Bastardierung.

Karpfen
Cyprinus carpio (L.)

Kennzeichen: Der Körper des robusten Schuppenkarpfens, der Stamm- oder Wildform des Karpfens, ist gestreckt und

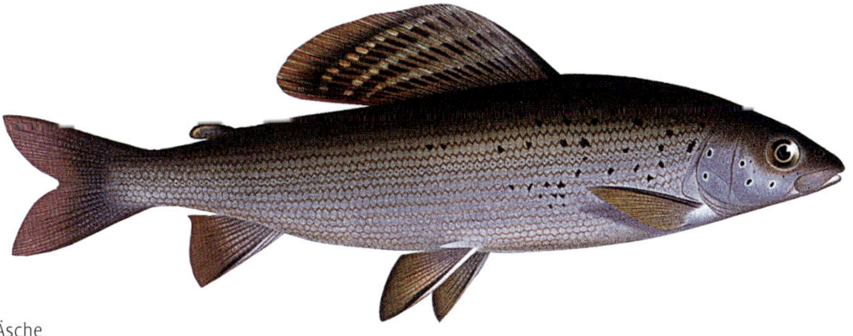

Äsche

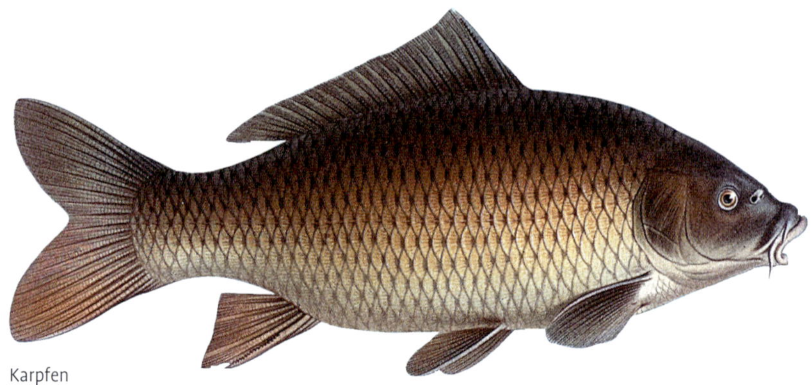

Karpfen

seitlich etwas abgeflacht. Das endständige Maul ist rüsselartig vorstülpbar und hat 4 Barteln am Oberkiefer. Die Färbung variiert sehr stark. Der Rücken ist meist braungrün bis schwärzlichgrün, die Seiten sind bräunlichsilbern und der Bauch weißlich. Entsprechend den Schuppen unterscheidet man vier Zuchtformen:

1. Schuppenkarpfen: vollständig mit Schuppen bedeckt (Wildform).
2. Spiegelkarpfen: übergroße Spiegelschuppen unregelmäßig über den Körper verteilt.
3. Zeilkarpfen: entlang den Seitenlinien befindet sich eine Schuppenreihe.
4. Leder- oder Nacktkarpfen: keine oder nur sehr wenig Schuppen.

Karpfen können bis 1 m lang und 30 kg schwer werden.

Lebensraum: Der Karpfen bevorzugt warme, stehende oder langsam fließende Gewässer mit reichem Pflanzenbestand. Im Winter hält er Ruhe an tiefen Stellen.

Nahrung: Würmer, Zuckmückenlarven, Kleinkrebse, Schnecken, gelegentlich Fischlaich und -brut. Manchmal nimmt er auch Pflanzenteile auf.

Fortpflanzung: Der Karpfen laicht von Mai bis Juli. Die klebrigen Eier legt er an Wasserpflanzen in Ufernähe oder auf überschwemmten Wiesen ab.

Bemerkungen: Der im Mittelalter bei uns eingeführte Karpfen wurde durch Besatz weit verbreitet und ist deswegen trotz örtlichen Verschwindens nicht gefährdet.

Brachsen (Blei)
Abramis brama (L.)

Kennzeichen: Der hochrückige, mit großen Schuppen bedeckte Körper ist seitlich zusammengedrückt. Die Rückenflosse ist kurz, die Afterflosse hingegen sehr lang. Das Maul ist rüsselartig vorstreckbar. Der Rücken ist dunkelgrau bis schwärzlich gefärbt. Die Seiten sind heller, der Bauch weißlich und die Flossen grau. Die Brustflossen reichen bis zum Ansatz der Bauchflossen.

Er wird bis 70 cm lang und 6 kg schwer.

Lebensraum: Der Brachsen lebt in der

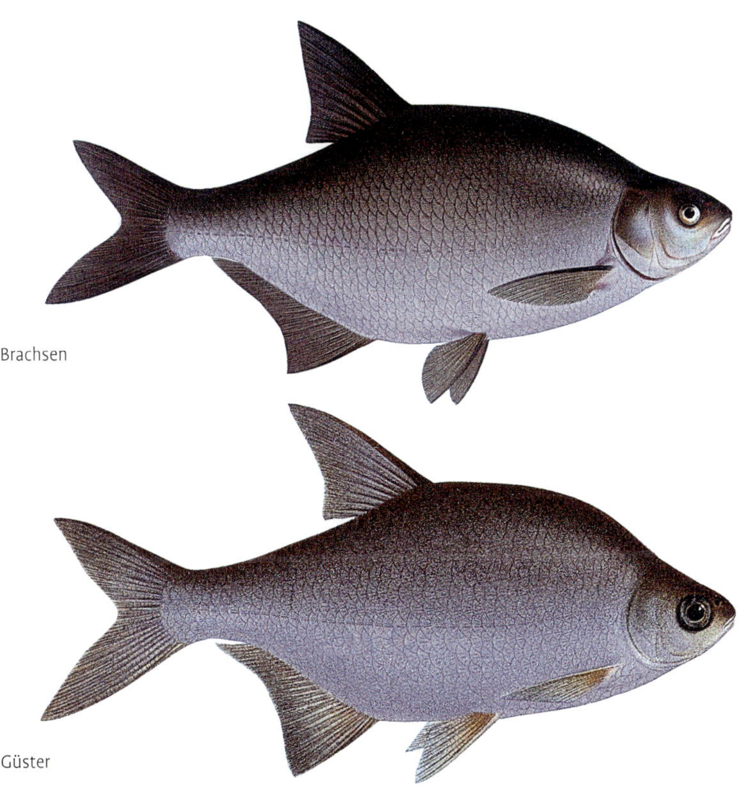
Brachsen

Güster

Bodenzone von Seen und langsam fließenden Gewässern. Er geht bevorzugt nachts auf Nahrungssuche. Im Winter zieht sich der Brachsen an tiefere Stellen zurück.

Nahrung: Vorwiegend Bodentiere.

Fortpflanzung: Der Brachsen laicht von Mai bis Juni in Schwärmen an flachen, pflanzenreichen Stellen in mehreren Etappen. Die klebrigen Eier haften an Pflanzen, Steinen u. a. Die Milchner weisen einen starken Laichausschlag auf.

Bemerkungen: Unempfindlicher gegen Verschmutzung, Eutrophierung u. a. als die meisten bei uns vorkommenden Fischarten.

Güster (Blicke, Halbbrachsen)
Abramis bjoerkna (L.)

Kennzeichen: Ähnliches Aussehen wie der Brachsen, nur reichen die Brustflossen nicht bis zum Ansatz der Bauchflossen und der Augendurchmesser ist größer als die Schnauzenlänge. Die Afterflosse ist sehr lang. Das Maul ist nicht rüsselartig vorstülpbar. Die paarigen Flossen sind an den Ansatzstellen meist rötlich gefärbt.

Die Güster wird bis 30 cm lang und 1 kg schwer.

Lebensraum: Die Güster bevorzugt flache, warme Seen mit dichtem Pflanzenwuchs, kommt aber auch in langsam fließenden Gewässern vor. Sie hält sich meist in Bodennähe zwischen Wasserpflanzen auf.

Nahrung: Plankton, Bodentiere, aber auch Pflanzenteile.

Fortpflanzung: Laicht meist nachts von Mai bis Juni in Schwärmen an bewachsenen Uferstellen. Die klebrigen Eier haften an Wasserpflanzen.

Bemerkungen: Mit Weißfischbesatz während der vergangenen Jahre weit verbreitet. Oft Massenvorkommen.

Schleie
Tinca tinca (L.)

Kennzeichen: Der Körper ist gedrungen und kräftig gebaut. Das endständige Maul hat in jedem Mundwinkel eine Bartel. Die Flossen sind abgerundet. Die kleinen Schuppen liegen tief in der schleimigen Oberhaut. Die Färbung ist grünoliv, am Bauch heller mit goldigem Schimmer. Der Milchner besitzt größere Bauchflossen als der Rogner, zudem ist der 2. Flossenstrahl bei ihm stark verdickt.

Die Schleie wird bis 50 cm lang und bis 6 kg schwer.

Lebensraum: Grundbewohner langsam fließender Gewässer und flacher, krautreicher Seen mit weichem Grund. Dämmerungsaktiv, tagsüber meist in Bodennähe. Den Winter überstehen sie in Schlamm eingewühlt (Winterschlaf.)

Nahrung: Würmer, Insektenlarven, Muscheln, Schnecken und gelegentlich auch Wasserpflanzen.

Fortpflanzung: Die Schleie laicht von Mai bis Juli in Schwärmen an Wasserpflanzen. Rogner produzieren große Eimengen.

Bemerkungen: Durch Besatz weit verbreitet und auch nicht gefährdet.

Rapfen (Schied)
Aspius aspius (L.)

Kennzeichen: Der lang gestreckte Körper ist seitlich etwas abgeflacht. Das oberständige Maul ist weit gespalten. Der Rücken ist schwärzlich olivgrün gefärbt, die Seiten sind heller mit gelblichem Metall-

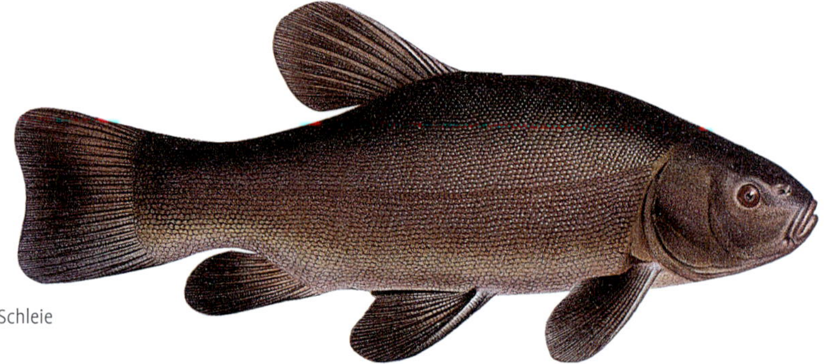

Schleie

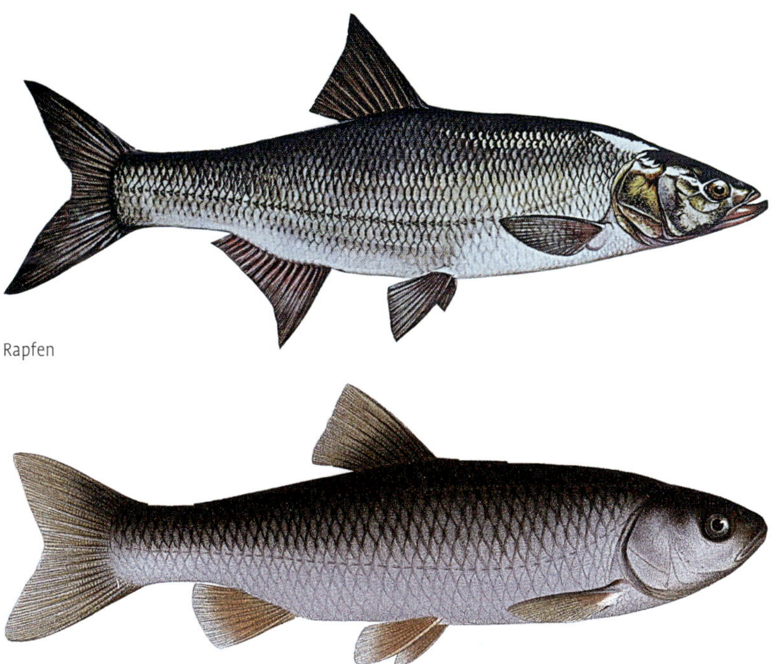

Rapfen

Döbel

glanz, der Bauch ist silbrig. Brust-, Bauch- und Schwanzflossen sind rot.

Der Rapfen wird bis 60 cm lang und 7 kg schwer.

Lebensraum: Er lebt vorwiegend in der Barbenregion, aber auch in Seen. Er ist scheu und meidet die Uferregion. Jungfische leben gesellig, ältere sind Einzelgänger.

Nahrung: Diese besteht aus Kleintieren und Fischen, gelegentlich auch aus Amphibien und mitunter sogar kleinen Wasservögeln. Der Rapfen ist die einzige Raubfischart aus der Familie der Cypriniden.

Fortpflanzung: Laicht von April bis Juni in rasch fließenden Gewässern auf kiesigem Grund. Aus Seen steigt er in Zuflüsse auf. Milchner weisen einen starken Laichausschlag auf.

Bemerkungen: Ist derzeit gefährdet, vor allem durch Flussverbauungen. Sollte durch verstärkten Besatz gefördert werden.

Döbel (Aitel)
Leuciscus cephalus (L.)

Kennzeichen: Der spindelförmige Körper ist nahezu drehrund. Der Kopf ist breit mit endständiger Maulspalte. Der Afterflossenrand ist leicht nach außen gebogen und die Schwanzflosse ist schwach gegabelt. Der Rücken ist graubraun bis grünlich gefärbt. Die Seiten und der Bauch sind silber glänzend bis weißlich. Brust-, Bauch- und Afterflossen sind rötlich. Der Körper weist eine netzartige Zeichnung auf, da die Schuppen dunkel gesäumt sind.

Der Döbel wird bis 70 cm lang und 6 kg schwer.

Lebensraum: In der Jugend lebt der Döbel in Schwärmen in den oberen Wasserschichten von Fließgewässern in der unteren Forellen- bis Barbenregion und in Seen. Im Alter ist er mehr ein Einzelgänger und Raubfisch.

Nahrung: Jungfische neben Plankton auch Kleintiere, gelegentlich sogar Pflanzen. Ältere Fische fressen auch Fischbrut und Jungfische.

Fortpflanzung: Der Döbel laicht von April bis Juni in flachem Wasser. Seine klebrigen Eier legt er auf Steinen und Wasserpflanzen ab. Die Milchner haben einen feinen Laichausschlag.

Bemerkungen: Als Laich- und Bruträuber ist der Döbel in der Forellenregion unerwünscht und kurz zu halten.

Hasel
Leuciscus leuciscus (L.)

Kennzeichen: Er hat ein ähnliches Aussehen wie der Döbel und wird deswegen besonders als Jungfisch häufig mit diesem verwechselt. Der Körper ist spindelförmig und wenig abgeflacht. Er hat eine vorragende Schnauze und ein unterständiges Maul. Gegenüber dem Döbel ist der Kopf des Hasels schmaler und kleiner, der Körper gestreckter, die Schwanzflosse tiefer ausgeschnitten, die Färbung heller und die Flossen blasser. Die Schuppen sind nicht dunkel gesäumt und die Afterflosse ist eingebuchtet. Der Rücken ist schwarzbraun gefärbt, die Seiten und der Bauch gelblich weiß. Schwanz- und Rückenflossen sind grau, die übrigen blassgelb orangerot.

Der Hasel wird bis 30 cm lang und über 300 g schwer.

Lebensraum: Der Hasel lebt meist in Schwärmen sowohl in stehenden als auch fließenden Gewässern in der Äschen- und Barbenregion. Er bevorzugt flache Stellen mit Kies- oder Sandgrund.

Nahrung: Plankton, Kleintiere aller Art, Anflugnahrung und gelegentlich auch Pflanzen.

Fortpflanzung: Er laicht von März bis Mai an sandigen oder kiesigen Stellen und legt seine Eier an Pflanzen ab. Der Milchner hat zu dieser Zeit einen feinen körnigen Laichausschlag.

Bemerkungen: Der Hasel ist ein wichtiger Futterfisch für Raubfische.

Nase
Chondrostoma nasus (L.)

Kennzeichen: Der Körper ist spindelförmig und seitlich etwas zusammengedrückt, der Kopf nasenartig verlängert. Das Maul ist unterständig, die Lippen sind hornig und scharf. Die Afterflosse ist kurz. Die Farbe des Rückens ist dunkelgrau mit grünen und blauen Tönen. Die Seiten sind heller und der Bauch ist gelblichweiß. Das Bauchfell ist schwarz.

Die Nase wird bis 50 cm lang und 2 kg schwer.

Lebensraum: Grundfisch der Äschen- und Barbenregion. Lebt hier meist in Schwärmen. Gelegentlich kommt sie

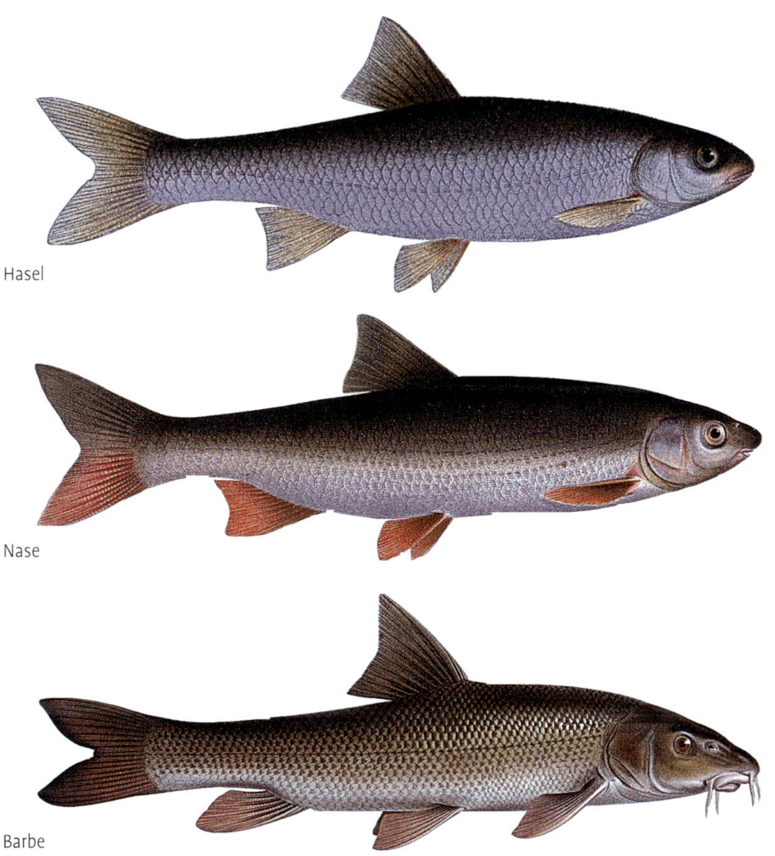

Hasel

Nase

Barbe

auch in Seen vor Zuflüssen vor. Im Winter zieht sich die Nase an tiefe Stellen zurück.

Nahrung: Kleintiere und Aufwuchsalgen, die sie mit ihren scharfen Kiefern von Steinen abweidet.

Fortpflanzung: Die Nase laicht von März bis Mai. Zuvor zieht sie in Schwärmen flussaufwärts und legt dann die Eier auf Kiesgrund ab.

Bemerkungen: Stark zurück gegangen und gefährdet wegen Gewässerverbauung, Verlust von Laichplätzen und wegen Aufstiegshindernissen.

Barbe
Barbus barbus (L.)

Kennzeichen: Lang gestreckter, schlanker Körper mit kleinen Schuppen, unterständigem Maul und 4 Barteln. Der längste Rückenflossenstrahl ist verknöchert mit gesägtem Vorderrand (Sägestrahl). Das Maul ist unterständig. Die Färbung ist graugrün bis oliv, die Seiten sind heller. Die Iris in den Augen ist gold glänzend.

Die Barbe wird bis 80 cm lang und 7 kg schwer.

Lebensraum: Weit verbreitet. Lebt gesellig am Gewässergrund größerer, sauerstoffreicher Flüsse mit Kies- und Sandgrund. Tagsüber hält sie sich meist am Boden versteckt auf und wird mit Beginn der Dämmerung aktiv. An tiefen Stellen hält sie Winterruhe.

Nahrung: Würmer, Insekten, Weichtiere, gelegentlich auch Pflanzenteile und Fischlaich.

Fortpflanzung: Zur Laichzeit im Mai bis Juni wandern Barben scharenweise flussaufwärts. An flachen Stellen legen sie Eier an Steinen ab.

Der Rogen ist giftig. Er führt zu Erbrechen, Durchfall, Herzschwäche.

Bemerkungen: Bauliche Maßnahmen drängen die Barbe in vielen Gewässern zurück.

Karausche
Carassius carassius (L.)

Kennzeichen: Körper gedrungen, hochrückig. Das Maul ist endständig. Die lange Rückenflosse ist leicht nach außen gewölbt. Auf der Schwanzwurzel ist ein schwarzer Fleck. Die Körperoberseite ist dunkelolivgrün, die Seiten heller, am Bauch gelbbraun.

Die Karusche wird bis 35 cm lang und 1 kg schwer.

Lebensraum: Bodenfisch an flachen Stellen stehender und langsam fließender Gewässer. Gräbt sich im Winter in Schlamm ein und hält eine Art Winterschlaf. Gegen Sauerstoffmangel relativ unempfindlich.

Nahrung: Pflanzliche Stoffe, Detritus, aber auch Kleintiere.

Fortpflanzung: Laicht im Mai oder Juni an Wasserpflanzen.

Bemerkungen: Durch Besatzmaßnahmen weit verbreitet.

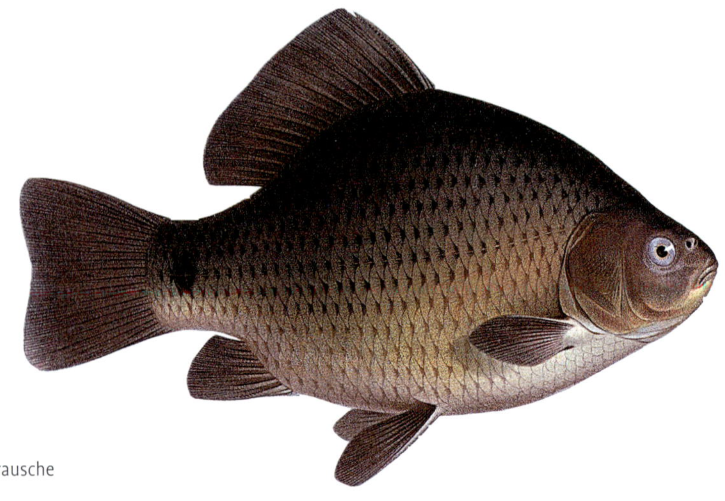

Karausche

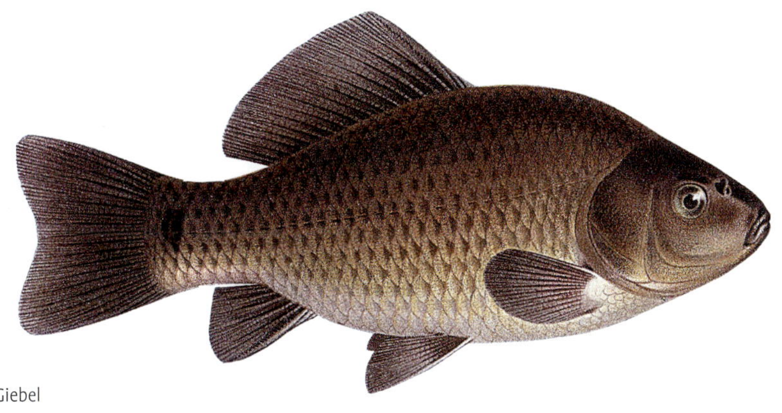

Giebel

Giebel (Silberkarausche)
Carassius auratus

Kennzeichen: Sieht der Karausche ähnlich. Die Schuppen sind aber größer. Die lange Rückenflosse ist leicht nach innen gebogen. Körper blaugrau gefärbt. Das Bauchfell ist dunkel gefärbt.

Der Giebel wird bis 40 cm lang und 2 kg schwer.

Lebensraum: Lebt in stehenden und langsam fließenden Gewässern mit weichem Grund und dichten Pflanzenbeständen.

Nahrung: Der Giebel ist wie die Karausche ein Allesfresser.

Fortpflanzung: Laicht von Mai bis Juli an Wasserpflanzen.

Bemerkungen: Der Giebel wurde vermutlich zusammen mit Karpfen aus Ostasien im 17. Jahrhundert zu uns gebracht.

Er ist die Stammform des Goldfisches und neigt zu Silber- und Goldvarianten. Teilweise kommen in manchen Gewässern nur Rogner vor, die sich durch Gynogenese (Jungfernzeugung) fortpflanzen. Die Zellteilung wird ausgelöst durch Samenzellen verwandter Arten, es kommt aber zu keiner Verschmelzung von Samen- und Eizellen.

Rotauge (Plötze)
Rutilus rutilus (L.)

Kennzeichen: Der hochrückige Körper ist seitlich abgeflacht, das Maul end- bis leicht unterständig. Der Ansatz der Rückenflosse ist senkrecht über dem Ansatz der Bauchflossen. Die Körperoberseite ist dunkelgrau mit bläulichem oder grünlichem Ton. Die Seiten sind heller, Bauch- und Afterflossen sind rot oder gelb, die Brustflossen hellgrau wie auch die Rücken- und Schwanzflossen. Die Iris ist rot.

Das Rotauge wird bis 40 cm lang und bis 1 kg schwer.

Lebensraum: Lebt weit verbreitet in Schwärmen in stehendem und langsam fließendem Wasser. Tagsüber ziehen

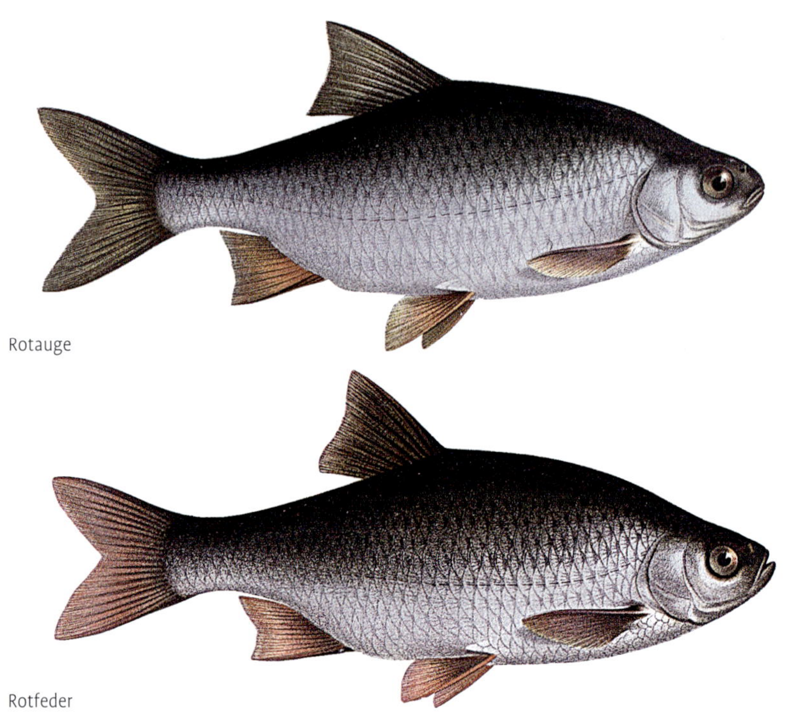

Rotauge

Rotfeder

sich die Fische in tiefere Wasserschichten zurück, nachts wandern sie wieder nach oben in die verkrauteten Uferzonen.

Nahrung: Zooplankton, Kleintiere und auch Pflanzenteile. Jungfische nur Zooplankton.

Fortpflanzung: Im April oder Mai erfolgt die Laichabgabe an Wasserpflanzen und auch an Steinen. Die Milchner haben einen Laichausschlag.

Bemerkungen: Bei Massenvorkommen kann das Rotauge Nahrungskonkurrent anderer Fischarten werden.

Rotfeder
Scardinius erythrophthalmus (L.)

Kennzeichen: Der mehr oder weniger hochrückige Körper mit gekielter Bauchkante ist seitlich abgeflacht. Die enge Maulspalte ist steil nach oben gerichtet. Der Ansatz der Rückenflosse liegt hinter dem Ansatz der Bauchflossen. Die Iris ist goldglänzend. Die Bauch-, After- und Schwanzflossen sind außen hellrot und an der Basis grau. Der Körper ist oben grau gefärbt, seitlich messinggelb und der Bauch silbrigweiß.

Wird bis 30 cm lang und 1 kg schwer.

Lebensraum: Sie bevorzugt die Krautregion stehender oder langsam fließender Gewässer, wo sie meist in Schwärmen nahe der Wasseroberfläche lebt.

Nahrung: Vorwiegend Wasserpflanzen und in geringem Maße Kleintiere.

Fortpflanzung: Im April und Juni laicht die Rotfeder an flachen Stellen an Wasserpflanzen.

Bemerkungen: Die Rotfeder ist zwar nicht gefährdet, aber mit dem Rückgang von Wasserpflanzenbeständen wird ihre Fortpflanzung eingeschränkt. Besonders Verlandungszonen, die vielfach noch unter Schutz gestellt sind, verringern ihr Aufkommen. In solchen Fällen ist auf Aufhebung der Schutzvorschrift hinzuarbeiten, da sie gegen die Hegepflicht der Fischart Rotfeder und auch anderer verstößt.

Aland (Orfe, Nerfling)
Leuciscus idus (L.)

Kennzeichen: Der Körper ist gestreckt, etwas hochrückig und seitlich abgeflacht. Das sehr enge Maul ist endständig. Schwanz- und Afterflossen sind eingebuchtet. Auf dem Rücken ist der Aland grün bis schwarzgrau gefärbt, an den Seiten meist silberglänzend, zur Laichzeit gelb und am Bauch weißlich. Die Iris ist gelb, Rücken- und Schwanzflossen sind graublau, die übrigen Flossen rötlich.

Der Aland wird über 70 cm lang und 8 kg schwer.

Lebensraum: Der Aland lebt in größeren Fließgewässern vorwiegend in der Barbenregion, kommt aber auch in Seen vor. Er hält sich meist in Oberflächennähe auf.

Nahrung: Kleine Bodentiere, in Seen auch Zooplankton.

Fortpflanzung: Während der Laichzeit von April bis Juni zieht der Aland in Schwärmen flussaufwärts. Er legt seine Eier an Wasserpflanzen oder Steinen ab. Der Milchner hat zu dieser Zeit einen starken Laichausschlag.

Bemerkungen: Diese Fischart ist gefährdet.

Eine goldgelb gefärbte Varietät dieser Art ist die Goldorfe. Diese wird vielfach als Zierfisch gehalten.

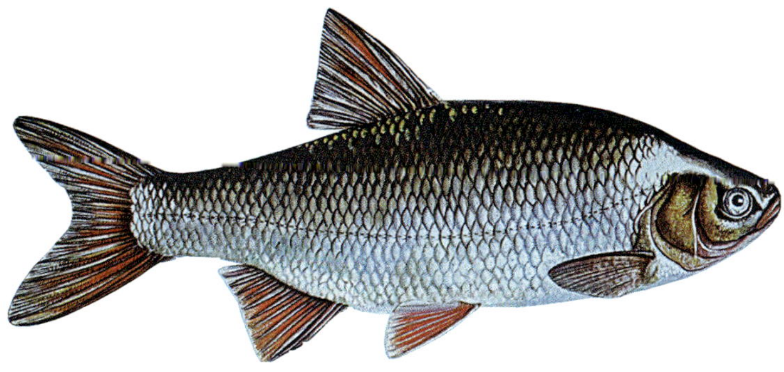

Aland

Ordnung Welsartige (Siluriformes)

Familie Echte Welse (Siluridae)

In unserem Raum ist nur eine Art heimisch.

Wels
Silurus glanis (L.)

Kennzeichen: Der Körper ist vorn walzenförmig und hinten seitlich zusammen gedrückt. Sein sehr großes Maul liegt endständig und hat tief stehende Hechelzähne. Die Augen sind sehr klein. Auffallend sind die 2 langen Barteln auf dem Oberkiefer und 4 kleinere auf dem Unterkiefer. Die Haut ist völlig schuppenlos. Die Rückenflosse ist auffallend klein und die Afterflosse außergewöhnlich lang. Der Rücken ist schwarzbraun gefärbt, die Seiten sind dunkel marmoriert und der Bauch weißlich.

Der Wels wird über 200 kg schwer und bis 3 m lang.

Lebensraum: Dieser standorttreue Einzelgänger und nachtaktive Grundfisch bevorzugt Seen und große Flüsse mit weichem Untergrund. Tagsüber liegt er versteckt in Kolken. Bei niederen Wassertemperaturen hält er Winterruhe.

Nahrung: Vorwiegend Fische. Nimmt aber auch Amphibien, Wasservögel und Kleinsäuger auf. Wegen seiner Gefräßigkeit richtet er unter den Fischbeständen oft großen Schaden an.

Fortpflanzung: Während der Laichzeit von Mai bis Juli legt er seine klebrigen Eier in flachen Zonen an Pflanzen ab oder auf überschwemmten Wiesen. Der Milchner bewacht das Gelege. Pro kg Rogner kann man mit 30 000 Eiern rechnen.

Bemerkungen: Das Blutserum wirkt in den Augen ähnlich toxisch wie das von Aalen; es führt zu Entzündungen. Die Laichreviere gingen zwar zurück, aber durch Besatz ist der Wels weiter verbreitet als früher.

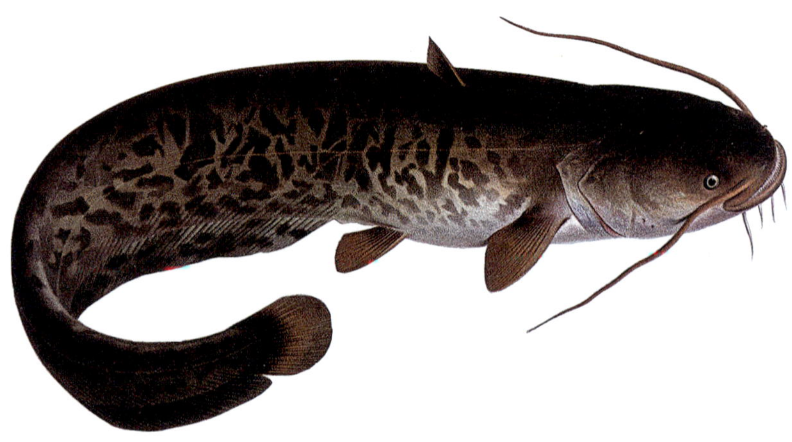

Wels

Ordnung Barschartige (Perciformes)

Familie Barsche, Percidae

Besitzen Kammschuppen, die Kiemendeckel haben hinten Zähne oder Dornen. Die Bauchflossen sind brustständig, von den 2 Rückenflossen weist die vordere Stachelstrahlen auf, die hintere ist weich.

Flussbarsch
Perca fluviatilis (L.)

Kennzeichen: Der Körper ist hochrückig, der stumpfe Kopf hat ein endständiges großes Maul, das mit vielen Zähnen besetzt ist. Das Schuppenkleid ist rauh. Die 1. Rückenflosse hat 13–17 Stachelstrahlen, der Kiemendeckel einen spitzen Dorn. Die Färbung ist dunkelgrau bis olivgrün, der Bauch heller. Seitlich liegen 6–9 dunkle Querbinden. Bauch- und Afterflossen sind rötlich oder gelblich gefärbt. Am Hinterrand der 1. Rückenflosse befindet sich ein blauschwarzer Fleck.

Der Barsch wird bis 45 cm lang und über 2 kg schwer.

Lebensraum: Standfisch klarer Gewässer ohne Strömung mit hartem Grund. Jungfische leben gesellig in Schwärmen, während alte Fische Einzelgänger sind. In Seen sucht er im Sommer Wasserpflanzenbestände auf, im Winter hält er sich gern an Erhebungen des Seebodens, an sog. Barschbergen auf. In Flüssen sucht er ebenfalls Wasserpflanzenbestände auf, aber auch versunkenes Gestrüpp. Häufig findet man ihn hinter Brückenpfeilern.

Nahrung: In der Jugend Plankton, im Alter nahezu ausschließlich Fisch, vielfach auch der eigenen Art.

Fortpflanzung: Laichzeit April bis Juni. An flachen Stellen werden die Eier an Steinen, Wasserpflanzen oder anderen Gegenständen in netzartigen, bis 2 m langen Bändern abgelegt.

Bemerkungen: Ungefährdete Fischart, die von Jahr zu Jahr starke Bestandsschwankungen aufweisen kann (Barschjahre). Häufig Verbuttung bei starken Jahrgängen wegen mangelnder Befischung.

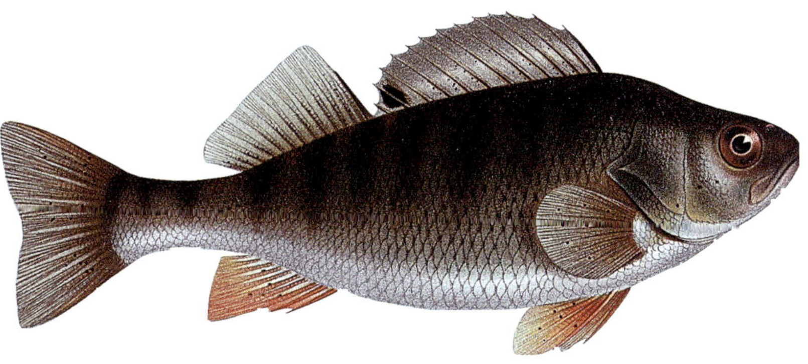

Flussbarsch

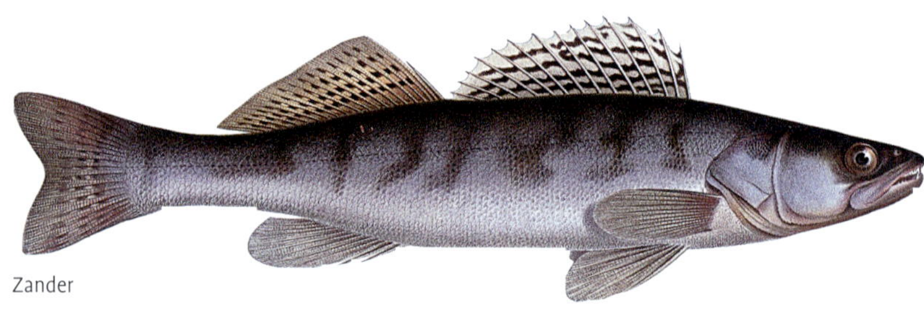
Zander

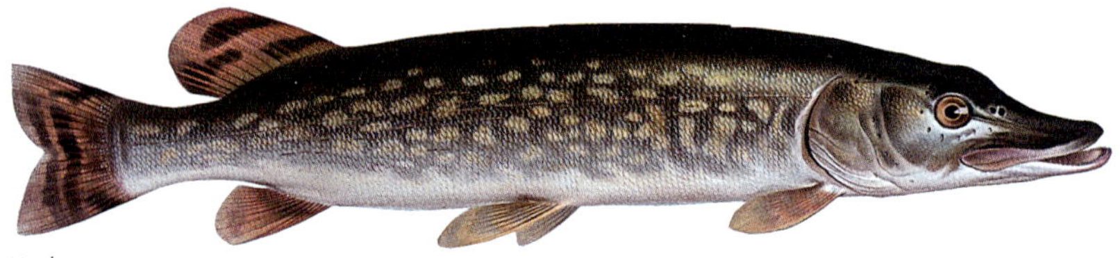
Hecht

Zander
Sander lucioperca (L.)

Kennzeichen: Spindelförmiger Körper, große Maulspalte, viele kleine Bürsten- oder Hechelzähne und dazwischen Hunds- oder Fangzähne. Der Rücken ist grünlich bis grau gefärbt, der Bauch weißlich. Auf Rücken- und Schwanzflosse sind dunkle Streifen.

Der Zander wird bis 1,2 m lang und 15 kg schwer.

Lebensraum: Bevorzugt wärmere, krautarme, im Sommer trübe Gewässer mit guten Sauerstoffverhältnissen und hartem Grund.

Nahrung: In der Jugend Plankton und Insektenlarven, später vorwiegend Fische in der Freiwasserzone.

Fortpflanzung: Laicht von April bis Mai in Ufernähe in 1–2 m Wassertiefe. Die an Steinen, Wurzeln und anderen Dingen angeklebten Eier werden vom Milchner bewacht.

Bemerkungen: Vor über 100 Jahren in unserem Raum mit gutem Erfolg eingebürgert. In kleinen Gewässern wird er neben Hechten selten erfolgreich eingesetzt. Stark schwankende Jahrgangsbestände wie beim Barsch. Kammschupper dürfen nicht zu dicht und vor allem nicht zusammen mit Rundschuppern transportiert werden.

Ordnung Lachsartige (Salmoniformes)

Familie Hechte, Esocidae

Von den weltweit fünf Hechtarten kommt nur eine in Europa vor.

Hecht
Esox lucius (L.)

Kennzeichen: Der lang gestreckte pfeilförmige Körper besitzt einen langen

Kopf mit entenschnabelförmigem, meist gespaltenem Maul mit großen Fang- und kleinen Hechelzähnen. Rücken- und Afterflossen sind weit hinten. Der Rücken ist bräunlichgrünlich gefärbt und der Bauch weißgelblich. Auf den Seiten befinden sich dunkle Querbinden.

Der Hecht wird bis 1,5 m lang und über 35 kg schwer. Rogner werden größer als Milchner.

Lebensraum: Der gefräßige Raubfisch bevorzugt vegetationsreiche Flüsse und Seen. Er lebt dort als Einzelgänger und Standfisch und greift seine Beute blitzschnell aus der Deckung heraus. Beste Lebensbedingungen findet er in warmen, flachen Seen, den sog. Hecht-Schleiseen, in denen er ein Revier entsprechend seiner Größe bewohnt.

Nahrung: Er ernährt sich fast ausschließlich von Fischen, daneben nimmt er gelegentlich auch noch Amphibien und Wasservögel auf. Schon die Brut ist räuberisch.

Fortpflanzung: Laicht von Februar bis März an verkrauteten, flachen Uferstellen und Überschwemmungsflächen. Die klebrigen Eier haften mit Hilfe von Klebdrüsen 10–12 Tage lang an Wasserpflanzen, ebenso die frisch geschlüpfte Brut.

Bemerkungen: Zum Besatz am geeignetsten ist vorgestreckte Hechtbrut, die einzeln ausgesetzt werden muss. Große und alte Hechte sind schlechte Futterverwerter und daher in Gewässern unwirtschaftlich.

Ordnung Aalartige (Anguilliformesl)

Familie Süßwasseraale, Anguillidae

Die Angehörigen dieser Familie haben einen schlangenförmigen Körper mit durchgehendem Flossensaum.

Europäischer Flussaal
Anguilla anguilla

Kennzeichen: Der Körper ist schlangenförmig. Nach der Kopfform unterscheidet man Spitz- und Breitkopfaale. Rücken-, Schwanz- und Afterflossen sind miteinander verwachsen. In die Haut sind sehr kleine Schuppen tief eingebettet. Der Rücken ist dunkelbraun gefärbt, der Bauch gelblich (Gelbaal). Abwandernde, geschlechtsreife Aale sind grauweiß (Blankaale). Beim Über-

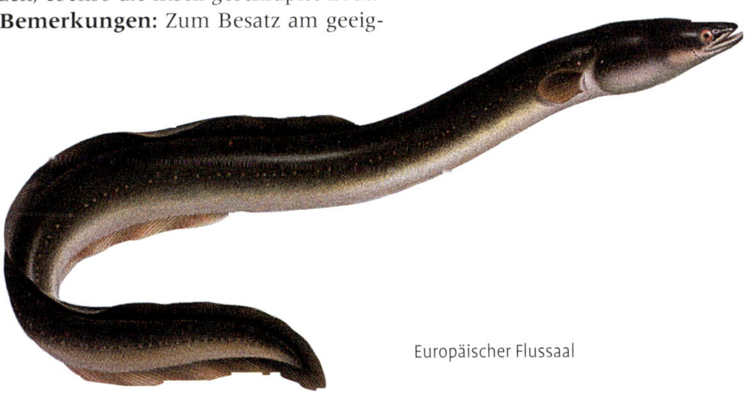

Europäischer Flussaal

gang vom Gelbaal zum Blankaal werden die Augen größer. Bauchflossen fehlen.

Rogner werden bis 1,5 m lang und 6 kg schwer, Milchner hingegen nur 0,5 m lang und 250 g schwer.

Lebensraum: Die Aale bevorzugen Gewässer der Barben-/Brachsenregion mit schlammigem Grund, in den sie sich tagsüber bis zum Kopf eingraben. In der Dämmerung und nachts gehen sie auf Nahrungssuche. Zur Winterruhe graben sie sich ebenfalls ein.

Nahrung: Jungaale fressen tierisches Plankton und kleine Bodentiere. Spitzkopfaale nehmen Kleintiere, Krebse und Frösche auf, Breitkopfaale überwiegend Fische.

Fortpflanzung: Nach 8 bis 10 Jahren Aufenthalt im Süßwasser werden die Aale geschlechtsreif und wandern im Herbst in Richtung Atlantischer Ozean, wo sie versuchen, ihren Laichplatz im Sargassomeer zu erreichen (katadrome Wanderung). Nach dem Schlüpfen wandern die Aallarven in rund drei Jahren mit dem Golfstrom quer durch den Atlantik zurück zur europäischen Küste. Wegen ihres durchsichtigen Körpers werden sie Glasaale genannt. Diese wandern in die Zuflüsse und Seen des Binnenlandes.

Bemerkungen: Der Aalbestand ist bei uns durch Eutrophierung, Schadstoffe und vor allem durch Flusskraftwerke gefährdet. Durch starken Besatz mit Glasaalen (0,3 g) und Satzaalen wird dem Aussterben entgegengewirkt.

Aalblut ins Auge oder auch in offene Wunden gebracht, führt zu starken Entzündungen.

Ordnung Dorschartige (Gadiformes)

Familie Dorschartige, Gadidae

Nur eine Art lebt im Süßwasser.

Trüsche (Quappe, Rutte)
Lota lota (L.)

Kennzeichen: Ganz typisch ist die Bartel am Unterkiefer des breiten, flachen Kopfes. Der vorn walzenförmige und hinten stark zusammengedrückte Körper ist mit sehr kleinen Schuppen bedeckt. Die Bauchflossen sind kehlständig, die Rückenflosse ist zweiteilig. Die Afterflosse ist bandartig lang und die Schwanzflosse nach außen gerundet. Das Fleisch ist grätenlos, die fettreiche Leber sehr groß. Die Oberseite des Körpers ist braungelb marmoriert, die Seiten sind heller und der Bauch ist fast weiß.

Die Trüsche wird bis 80 cm lang und 8 kg schwer.

Lebensraum: Die Trüsche bevorzugt kühle und sauerstoffreiche Gewässer. In Flüssen kann sie bis zur Forellenregion

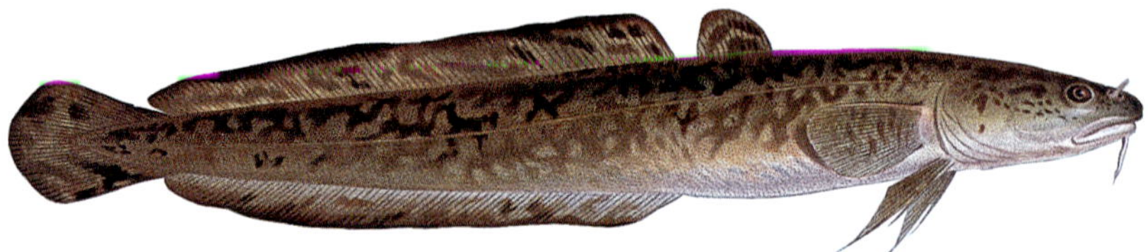

Trüsche

hochwandern und in Seen bis in größte Tiefen. Der lichtscheue Raubfisch wird erst in der Dämmerung aktiv.
Nahrung: Würmer, Kleinkrebse, Fischlaich, Fischbrut.
Fortpflanzung: Als Winterlaicher legt sie von Dezember bis März an Steinen und Pflanzen ihre klebrigen Eier ab – bis 500 000 Eier/kg Fisch.
Bemerkungen: In der Forellenregion können sie u. U. als Laichräuber großen Schaden anrichten. Dasselbe gilt in Seen auch beim Felchenlaich. Wasserverschmutzung führt genauso wie Sauerstoffmangel zu ihrem Rückgang bis totalem Verschwinden in vielen Gewässern. Dort wo sich die Wasserverhältnisse gebessert haben, sollten Wiedereinbürgerungsversuche durchgeführt werden.

Fragen zur Kontrolle

- Was war die Ursache für den Rückgang des Atlantischen Lachses?
- Wo kommt der Huchen vor?
- Sind Felchen eine einheitliche Gruppe?
- Welche Karpfen-Zuchtformen kennt man?
- Warum sind größere Trüschenbestände in Forellengewässern unerwünscht?
- Welche Gebiete bevorzugt der Flussbarsch in Seen?
- Was versteht man unter Blankaal?
- Was ist ein typisches Erkennungsmerkmal der Karausche?

Selten auftretende und stark gefährdete Fischarten

Familie Störe, Acipenseridae

Der Kopf der Störartigen ist schnabelartig verlängert (Rostrum), die Schwanzflosse ist unsymmetrisch (heterozerk), das unterständige Stülpmaul weist 4 Barteln auf. Der Körper ist mit Knochenplatten gepanzert, die in 5 Reihen angeordnet sind. Einige sind mit Zahnschmelz überzogen (Schmelzschupper).

Stör
Acipenser sturio (L.)

Kennzeichen: Er hat 24–40 seitliche Schilder, 10–13 Rückenschilder und 11–13 Bauchschilder. Der Rücken ist blaugrau gefärbt, die Seiten silbergrau und der Bauch weiß.

Wird bis 6 m lang und über 200 kg schwer.
Lebensraum: Küsten von Ost- und Nordsee. Zur Laichzeit anadromer Wanderfisch.
Nahrung: Bodentiere, gelegentlich auch kleine Fische.
Fortpflanzung: Laicht in Zuflüssen zur Nord- und Ostsee im Juni/Juli an sandigen Stellen am Grund oder an Wasserpflanzen. Die Ovarien sind sehr groß, bis 20% des Fischgewichts.

Die Eizahl beträgt ja nach Fischgröße 400 000 bis 2 400 000. Nach dem Laichen wandern die Störe wieder ins Meer zurück, Jungfische nach 1–2 Jahren.

Sterlet
Acipenser ruthenus (L.)

Kennzeichen: 60–70 seitliche Schilder, lange gefranste Barteln und lange, spitze Schnauze.

Wird bis 1 m lang und 16 kg schwer.

Lebensraum: Zuflüsse des Schwarzen Meeres. Zum Laichen steigen sie in die Donau auf bis in den Raum Ulm.

Nahrung: Insekten, Würmer, Schnecken und Kleinkrebse.

Fortpflanzung: Laicht im Mai/Juni auf sandigem Grund in strömendem Wasser. Die Eizahl beträgt je nach Fischgröße 11 000–140 000/Rogner.

Familie Heringsfische, Clupeidae

Maifisch
(*Alosa alosa* (L.)

Kennzeichen: Körperseiten mit 1–3 schwarzen Flecken, ohne Seitenlinien und mit kurzer Rückenflosse. Silbrige Schuppen. Rücken olivgrün, die Seiten heller und der Bauch weiß gefärbt. Bis 70 cm lang und 1 kg schwer.

Lebensraum: Lebt im Küstengebiet von Ost- und Nordsee in Schwärmen.

Nahrung: Krebsplankton, Schnecken, Jungfische.

Fortpflanzung: Laicht oberhalb der Gezeitenzone im Mai/Juni im freien Wasser. Die anadrome Wanderung erfolgt in kleinen Trupps.

Finte
Alosa fallax (Lacépède)

Kennzeichen: Färbung wie beim Maifisch, keine Seitenlinie und mehrere schwarze Flecken (bis 16) auf einer Seite. Bis 70 cm lang.

Lebensraum: Nord-, Ostsee bis Mittelmeer.

Nahrung: Insekten, Schnecken, Planktonkrebse, Heringslarven u. a.

Fortpflanzung: Laicht nachts im Mai/Juni im Freiwasser im Unterlauf der Zuflüsse zum Meer.

Familie Karpfenartige, Cyprinidae

Zährte (Rußnase)
Vimba vimba (L.)

Kennzeichen: Körper lang gestreckt und etwas zusammengedrückt, Maul unterständig, rüsselförmig, mit fleischigen Kieferrändern. Die Oberseite ist blaugrau gefärbt, der Bauch weißlich, die kegelförmig vorragende Schnauze schwarz und die lange Afterflosse hat einen dunklen Saum.

Wird bis 50 cm lang und über 1 kg schwer.

Lebensraum: Gesellig lebender Fisch im Unterlauf der Donau. Hält sich nahe am Boden auf.

Nahrung: Insektenlarven, Würmer, Weichtiere.

Fortpflanzung: Laicht im Mai/Juni an pflanzenreichen Stellen nach größerer Wanderung flussaufwärts.

Mairenke
Chalcalburnus chalcoides mento (Ag.)

Kennzeichen: Unterkiefer vorstehend, nach oben gerichtet, Körper schlank, lang gestreckt. Afterflosse beginnt hinter Rückenflosse. Rücken blaugrün gefärbt, Seiten weiß.

Wird bis 40 cm lang und 1 kg schwer.

Lebensraum: Seen und Zuflüsse im Donaugebiet. Meist dicht unter der Oberfläche.

Nahrung: Plankton und Anflug.

Fortpflanzung: Laicht im Mai/ Juni an flachen, pflanzenbestandenen Ufern.

Perlfisch
Rutilus meidingeri

Kennzeichen: Körper gestreckt, fast rund, spindelförmig, Kopf und Augen klein, Maul leicht unterständig. Schwanzflosse tief ausgeschnitten. Männchen zur Laichzeit mit körnigem Ausschlag. Dunkelgrau gefärbt.

Wird bis 70 cm lang und 5 kg schwer.

Lebensraum: Donaugebiet, tiefe Seen des Alpengebietes.

Nahrung: Bodenfauna.

Fortpflanzung: Wandert zum Laichen in Zu- und Abflüsse von Seen. Laicht an flachen, kiesigen Stellen.

Frauennerfling
Rutilus pigo virgo (Heck.)

Kennzeichen: Maul unterständig, Körper gestreckt und zusammengedrückt. Schuppen sehr groß mit grünem oder blauem Metallglanz. Flossen rötlich.

Der Frauennerfling wird bis 50 cm lang und 2 kg schwer.

Lebensraum: Tiefenfisch der Donau und ihrer Nebenflüsse. Sucht schnellfließende Stellen auf.

Nahrung: Bodenfauna.

Fortpflanzung: Laicht im April/Mai an Wasserpflanzen. Milchner haben Laichausschlag.

Zope (Pleinzen)
Abramis ballerus (L.)

Kennzeichen: Körper seitlich zusammengedrückt, mäßig hoch, kleiner Kopf, Maul endständig und schräg nach oben gerichtet. Bis 40 cm lang.

Lebensraum: Unterlauf von Flüssen Mitteleuropas, wie Donau, Weser, Elbe, Oder u. a.

Nahrung: Bodenfauna.

Fortpflanzung: Laichen im April/ Mai. Wandert flussaufwärts.

Zobel
Abramis sapa (Pall.)

Kennzeichen: Maul halb unterständig, Körper zusammengedrückt. Afterflosse und unterer Lappen der Schwanzflosse sind sehr lang.

Wird bis 30 cm lang und 500 g schwer.

Lebensraum: Donau und Nebenflüsse.

Nahrung: Bodenfauna.

Fortpflanzung: Laicht im April/ Mai an bewachsenen Stellen. Männchen haben einen Laichausschlag.

Familie Barschartige, Percidae

Schraetzer
Gymnocephalus schraetzer (L.)

Kennzeichen: Lang gestreckter Körper, Kopf zugespitzt, Kiemendeckel mit langem Dorn, Seitenlinie unvollständig. Rücken und Seiten zitronengelb mit 3–4 schwarzen Längsstreifen.

Länge bis 25 cm, Gewicht bis 250 g.

Lebensraum: Donau und Nebenflüsse, an tiefen Stellen mit Sand oder Kiesgrund.

Nahrung: Bodentiere.

Fortpflanzung: Laicht im April/Mai auf festem Substrat. Eier in breiten Streifen.

Zingel
Zingel zingel (L.)

Kennzeichen: Körper spindelförmig, fast rund, Maul unterständig. Färbung braungelb mit Querbinden.

Bis 1,5 kg schwer und 50 cm lang.

Lebensraum: Grundfisch in Donau und Nebenflüssen. Bevorzugt flaches, fließendes Wasser und steinigen Grund.

Nahrung: Bodentiere, gelegentlich auch Fische.

Fortpflanzung: Laicht im März/ April auf steinigem Grund.

Fragen zur Kontrolle

- Wodurch ist der Körper der Störe besonders geschützt?

Kleinfischarten

Gewöhnlich werden allein die nutzbaren Fischarten gefangen. Aus diesem Grunde wurden früher auch nur diese gefördert und gehegt. Mit zunehmendem Umweltbewusstsein fanden aber auch die sog. Kleinfischarten, die mehr oder weniger zufällig erbeutet werden, die ihnen gebührende Beachtung und man merkte, dass diese zum großen Teil stark gefährdet sind. Man lernte auch, dass sie in der Nahrungskette eine sehr wichtige Rolle spielen; so stellen sie besonders für Raubfische eine bedeutsame Nahrungsgrundlage dar.

In der nachfolgenden Tabelle sind die bei uns lebenden „Kleinen“ Fischarten so kurz wie möglich beschrieben und auch ihre bevorzugten Aufenthaltsorte genannt.

Fragen zur Kontrolle

- Was versteht man unter Kleinfischarten?
- Welche Rolle spielen Kleinfischarten in der Nahrungskette?
- Welcher karpfenartige Fisch ist typisch für Forellenseen?
- Was kennzeichnet den Stichling?
- Wo lebt die Groppe?

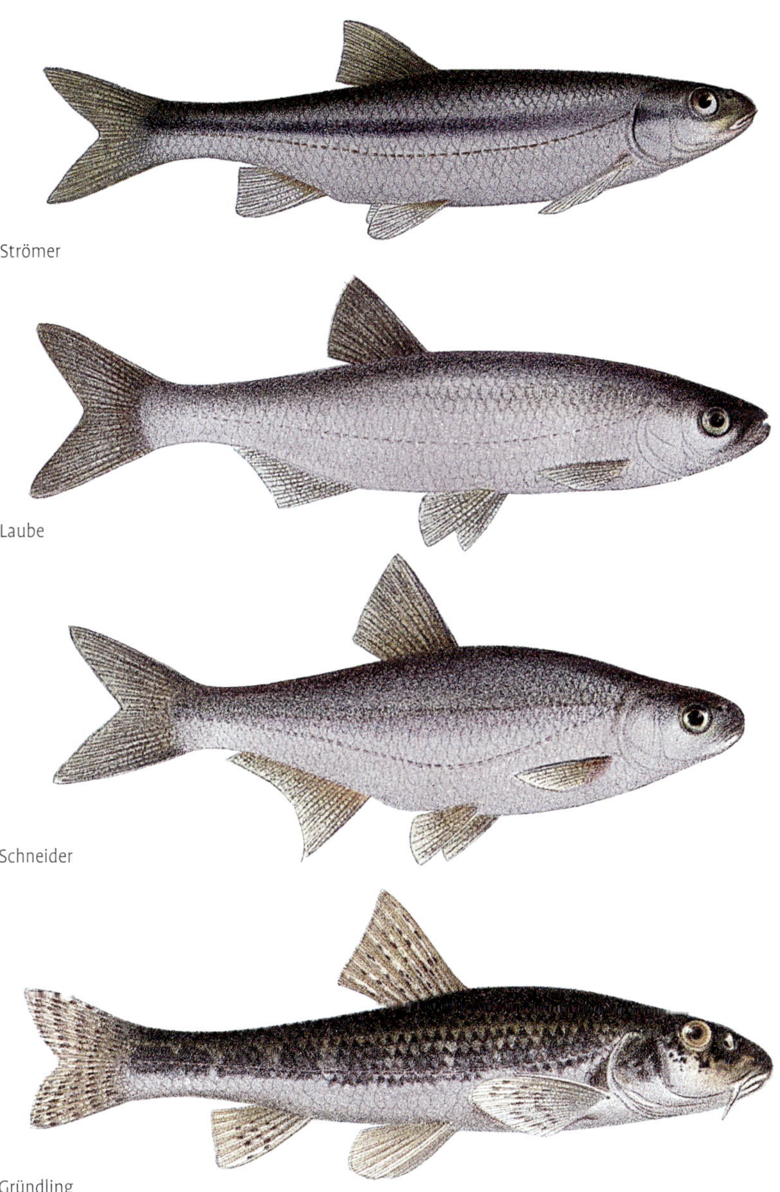

Strömer

Laube

Schneider

Gründling

Tab. 8. Die wichtigsten Kleinfischarten im Überblick

Familie	Fischart	Körperform	Färbung
Lachsartige	Stint	spindelförmig, Maul oberständ., Seitenlinie unvollständig	Rücken grau, Seiten und Bauch weiß
Karpfenartige	Strömer (Abb. S. 65)	spindelförmig, lang gestreckt, Maul unterständig	Rücken dunkelgrau, Seiten und Bauch silberglänzend
Karpfenartige	Moderlieschen	seitlich zusammengedrückt, Maul oberständig	Rücken oliv, Kopf und Seiten silberglänzend
Karpfenartige	Laube (Ukelei) (Abb. S. 65)	lang gestreckt, Maul oberständig	Rücken blaugrau, Seiten und Bauch silberglänzend
Karpfenartige	Schneider (Abb. S. 65)	etwas hochrückiger und gedrungener als Laube, Seitenlinie schwarz eingefasst	Rücken blaugrau, Seiten heller mit dunklem Band
Karpfenartige	Gründling (Abb. S. 65)	spindelförmig, Maul unterständig, 2 Barteln	Rücken graugrün mit dunklen Punkten
Karpfenartige	Steingressling (Abb. S. 68)	spindelförmig, Maul leicht unterständig, 2 lange Barteln	Rücken grau, sonst weißlich, 5 undeutliche Querbinden
Karpfenartige	Elritze (Abb. S. 68)	fast drehrund	Rücken graugrün, Seiten heller, Bauch weißlich, dunkle Querbinden
Karpfenartige	Bitterling (Abb. S. 69)	Körper zusammengedrückt, Seitenlinie unvollständig	Rücken graugrün, Seiten heller, Bauch weiß
Schmerlen	Bachschmerle (Abb. S. 69)	walzenförmig, Maul unterständig, Oberkiefer mit 6 Barteln	Rücken dunkeloliv mit dunklen Flecken
Schmerlen	Schlammpeitzger (Abb. S. 70)	zylindrischer Körper, Maul unterständig, Oberkiefer mit 6, Unterkiefer mit 4 Barteln	Rücken gelbbraun, Bauch heller, dunkle Streifen entlang Seitenlinie

Länge in cm	Gewicht in g	Lebensraum	Nahrung	Fortpflanzung
20	100	große und tiefe Seen	Bodentiere, Plankton, Fischbrut	im April–Mai an Pflanzen und festen Gegenständen
24	100	in starker Strömung, in Seen selten	Kleintiere, Anflugnahrung	im Mai–Juni über Kies
10	10	stehende und schwach fließende Gewässer	Plankton, Kleintiere, Anflugnahrung	im April–Juni, Eier in ringförmigen Bändern. Vom Milchner bewacht
20	100	in Seen an der Oberfläche in Schwärmen	Zooplankton, Insektenlarven, Anflugnahrung	im April–Mai an flachen, kiesigen Stellen
16	50	schnellfließende Gewässer	Kleintiere, Anflugnahrung	Mai–Juni auf Kies
15	40	am Grund stehender und fließender Gewässer	Kleintiere, auch Pflanzenteile	Mai–Juni an flachen Stellen oder Pflanzen
15	50	Donau. Bodenfisch in der Forellen- und Äschenregion	Kleintiere, Pflanzenteile	im Mai–Juni in der Strömung auf Kies an flachen Stellen
15	15	Forellenregion und Seen	Plankton, Kleintiere, Anflugnahrung	April–Mai an flachen Stellen auf Steinen und Pflanzen
8	15	Seen und langsam fließende Gewässer mit Schlammgrund	Kleintiere, Pflanzenmaterial	April–Juni mit Legeröhre in Teichmuschel
15	15	Forellen- bis Barbenregion, auch in Seen	Kleintiere, Laich	April–Mai an Steinen und Pflanzen
25	100	stehende, schlammige Gewässer	Kleintiere	Mai–Juni auf Pflanzen in flachen Uferzonen

Tab. 8. Die wichtigsten Kleinfischarten im Überblick

Familie	Fischart	Körperform	Färbung
Schmerlen	Steinbeißer	seitlich zusammengedrückt, Maul oberständig, auf Oberkiefer 6 Barteln, 2-spitziger Dorn unter Auge	blassgelb mit dunklen Längsstreifen, unterhalb Seitenlinie 12–17 dunkle Flecken
Groppen	Groppe (Abb. S. 70)	Körper keulenförmig, großer Kopf, großes Maul, Bauchflosse brustständig, 2 Rückenflossen	Rücken braungrau, Bauch weißlich
Stichlinge	3-stachliger Stichling (Abb. S. 70)	3 bewegliche Stacheln auf Rücken	blaugrau bis grünlich
Stichlinge	Zwergstichling	spindelförmig, 8–11 Stacheln auf Rücken	Rücken braungrau, Seiten heller
Barsche	Kaulbarsch	Körper gedrungen, hoher Rücken, dicker Kopf, Rückenflossen verbunden	olivgrün
Barsche	Streber	spindelförmig, Kopf flach und breit	braungelb, 4–5 schwarze Binden

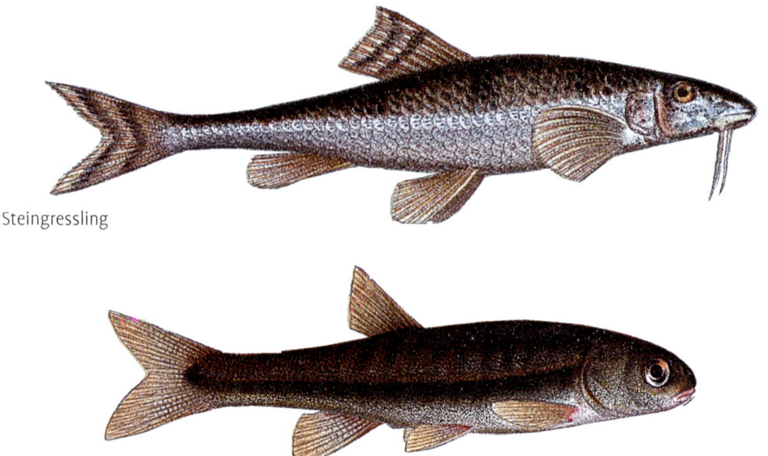

Steingressling

Elritze

Länge in cm	Gewicht in g	Lebensraum	Nahrung	Fortpflanzung
10	10	stehende und langsam fließende Gewässer mit Sandgrund	Kleintiere, Pflanzenteile	Mai–Juni auf Steinen und Pflanzen an flachen Stellen
18	100	Forellenregion und Uferzone oligotropher Seen	Kleintiere, Fischlaich und -brut	Februar–Mai zwischen Steinen in Laichgruben
9	10	Uferregion von Seen, schwach fließende Gewässer	Zooplankton, Kleintiere, Fischbrut	April–Juni, Nest aus Pflanzenteilen, Brutpflege durch Milchner
7	6	kleine Gewässer, Wiesengräben	Zooplankton, Insektenlarven	April–Juni, Milchner bewacht das Nest
20	100	ruhige Fließgewässer mit Pflanzen	Kleintiere, auch Fischlaich und -brut	April–Mai, meist an Steinen
22	200	Donaugebiet in sandigen/steinigen Flachwasserbereichen	Kleintiere, Anflugnahrung, auch Brut und kleine Fische	März–April an Steinen

Bitterling

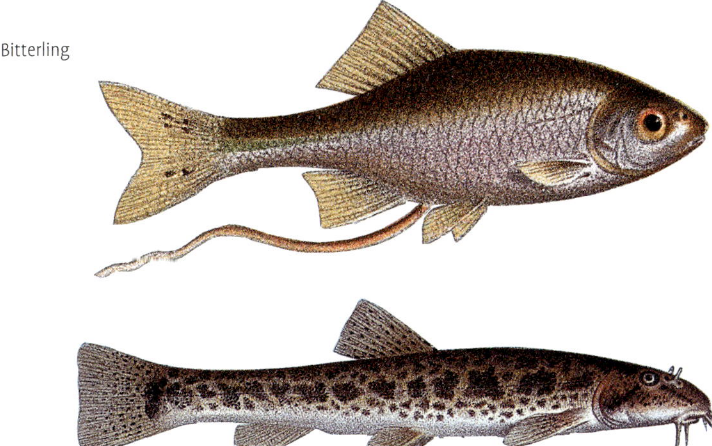

Schmerle (Bartgrundel)

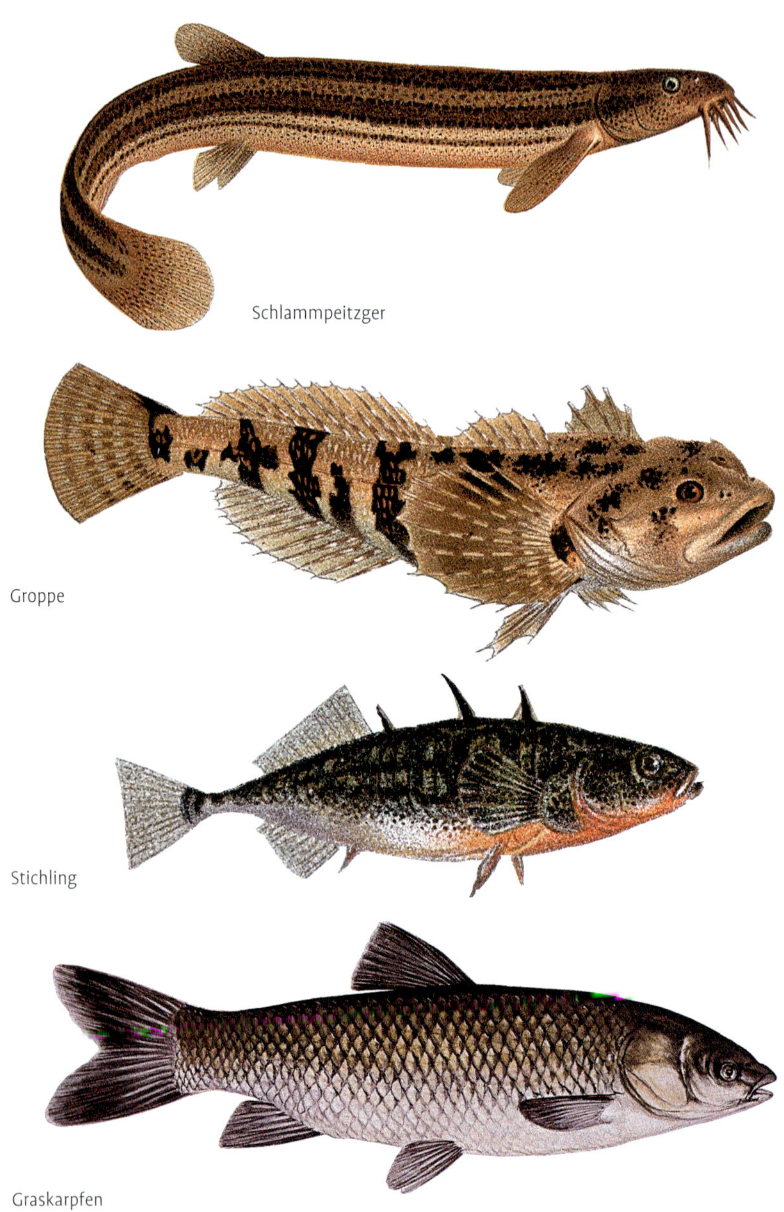

Schlammpeitzger

Groppe

Stichling

Graskarpfen

Fremde Fischarten

Seit über 100 Jahren wurden immer wieder gezielt nicht einheimische Fischarten in unsere Gewässer gesetzt. Vielfach erfolgte dies zur Erweiterung der Fangpalette, wie es damals so schön hieß. Heute ist der Einsatz fremder Fischarten nur noch mit der Genehmigung der Fischereibehörde gestattet, um jegliche Faunenverfälschung zu verhindern, und um der Einschleppung unbekannter Fischkrankheiten vorzubeugen.

Die Ende des 19. Jahrhunderts aus Nordamerika eingeführte **Regenbogenforelle**, die sich in Teichwirtschaften ausgezeichnet bewährt, pflanzt sich seit Jahren in einigen Gewässern natürlich fort und verdrängt dort die einheimische Bachforelle.

Der **Blaubandbärbling**, ein beliebter Zierfisch in Aquarien aus einer Unterfamilie der Weißfische, gelangte vermutlich über Aquarien in einheimische Gewässer. In einigen vermehrte er sich sehr rasch und verdrängte vorhandene Kleinfischarten. In manchen Gewässern ist er die häufigste Fischart.

Aus der Familie der Cypriniden sind weiterhin 3 aus Ostasien eingeführte Fischarten zu nennen, die sich erfreulicherweise in freien Gewässern bei uns nicht fortpflanzen können, trotzdem aber nach starken Besätzen zu allseits bekannten Schäden führten. Der **Grasfisch** (= Weißer Amur), dessen Nahrung im Wesentlichen aus höheren Wasserpflanzen besteht, wurde häufig gegen übermäßigen Krautwuchs eingesetzt. Nach zu starkem Besatz wurden die vorhandenen Wasserpflanzen im Verlauf nur weniger Jahre ganz ausgerottet. Das bedeutet Vernichtung von Laichplätzen und Lebensraum für viele Jungfische und auch Hechte. Bedauerlicherweise wurden auch fremde Fischparasiten mit eingeschleppt (Abb. Seite 70).

Der **Silberkarpfen**, der sich überwiegend von pflanzlichem Plankton ernährt, ist nicht nur Nahrungskonkurrent für einheimische Fischarten, auch mit ihm wurden Krankheiten eingeschleppt.

Zu erwähnen ist noch der **Marmorkarpfen**, ein Zooplanktonfresser und somit Nahrungskonkurrent für einheimische Fischarten.

Aus einer den Barschen nahe stehenden Familie, den Sonnenbarschen, wurden ebenfalls 3 Arten aus Nordamerika zu uns gebracht. Erfreulicherweise ist heute das Vorkommen des **Forellenbarsches** und des **Schwarzbarsches** äußerst gering. Der **Sonnenbarsch** aber hat sich überall stark vermehrt und heimische Fischarten verdrängt. In manchen Baggerseen der Rheinebene ist er die vorherrschende Fischart in der Flachwasserzone. Er ist ein großer Laich- und Bruträuber.

Der **Zwerg-** oder **Katzenwels** wurde ebenfalls vor über 100 Jahren aus Nordamerika zu uns gebracht. In baden-württembergische Gewässer gelangte er vermutlich erst vor 30 bis 40 Jahren. Diese schuppenlose Fischart mit 8 Barteln und 1 Fettflosse stellt als starker Laich- und Bruträuber eine große Gefahr für den vorhandenen Fischbestand dar.

Zunehmende wirtschaftliche Bedeutung erlangte der Zwergwels allerdings in der Warmwasserfischzucht. Sein Fleisch ist als hervorragendes Lebensmittel sehr zu empfehlen.

Es geht hier aber nicht nur um Fische aus Übersee, sondern auch um einheimische Arten. So brachte z. B. der Einsatz von **Huchen**, der bekanntlich in der Donau und deren Nebenflüssen heimisch ist, keinen Erfolg in Gewässern, die zum Rhein oder Bodensee führen. Er dezimierte in diesen nur die vorhandenen Forellen- und Äschenbestände.

Auch der **Aal** sei hier noch genannt. Diese Fischart, die früher nie im Donaugebiet vorkam, führte nach starken Besätzen zu erheblichen Schädigungen des Fischbestandes bis weit in den Oberlauf, in den er nicht eingesetzt worden war. Zusätzlich wurde durch unkontrollierte Besätze der aus Ostasien stammende **Schwimmblasenwurm** eingeschleppt und innerhalb weniger Jahre in allen deutschen Gewässern verbreitet.

Fragen zur Kontrolle

- Ist es sinnvoll, fremde Fischarten einzusetzen?

Andere Tiere, die ebenfalls dem Fischereigesetz unterliegen

Familie Neunauge, Petromyzonidae

Diese zur Klasse der Rundmäuler zählenden Tiere (s. Kap. 2.1) haben einen schlangen- oder aalförmigen Körper, sind ohne Schuppen und sehr schleimig. Auf beiden Seiten befinden sich hinter den Augen 7 Kiemenlöcher. Sie besitzen keine paarigen Flossen, nur ein Nasenloch auf dem Kopf, einen runden Saugmund ohne Kiefer mit Hornzähnen, kein verknöchertes Skelett und haben auch keine Schwimmblase. Das Larvenstadium dauert 3–5 Jahre. Die Jugendform nennt man Querder.

Bachneunauge
Lampetra planeri (L.)

Kennzeichen: Körper bleistiftstark. Rücken dunkelgrünlich, Seiten heller, Bauch weißlich. Schwach bezahntes, trichterförmiges Saugmaul.

Wird bis 20 cm lang und 50 g schwer.

Lebensraum: Lebt in kleinen Bächen der Forellenregion in sandigen Bereichen, in denen die Larven (Querder) eingegraben sind. Sie sind blind und zahnlos. Nach 3–5 Jahren erfolgt im Herbst vor dem Laichen die Umwandlung zum vollentwickelten Tier mit Augen und Zähnen.

Nahrung: Querder fressen Algen, Detritus u. a. organisches Material. Adulte nehmen keine Nahrung auf.

Fortpflanzung: Laichen paarweise umeinander geschlungen von März bis Juni an flachen Stellen und heften die Eier an die Unterseite von Steinen. Milchner haben eine röhrenförmige Verlängerung der Geschlechtsöffnung. Sterben nach dem Laichen ab.

Bemerkungen: Neunaugen sind durch Gewässerbelastung und fehlende Durchwanderbarkeit der Gewässer seit Jahrzehnten stark gefährdet.

Mehrere Querder zusammen bilden den sog. Neunaugenzopf.

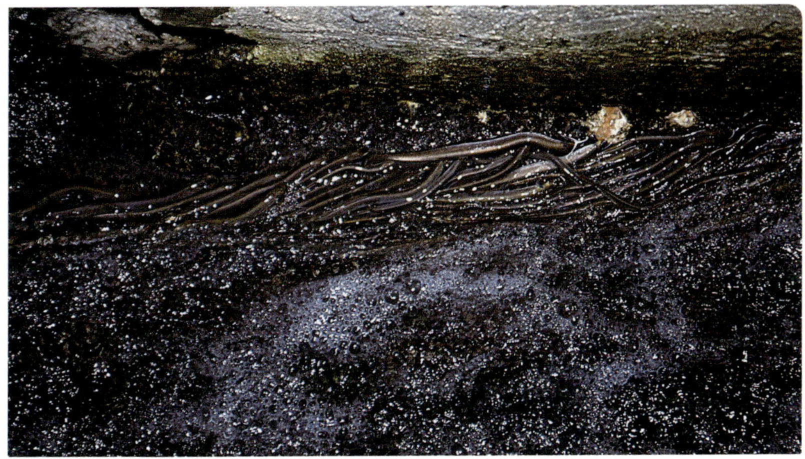

Bachneunaugen bei der Wanderung

Flussneunauge
Lampetra fluviatilis (L.)

Kennzeichen: Körper daumenstark. Rückenfärbung dunkelgrün, Seiten heller, Bauch weiß.

Das Flussneunauge wird bis 50 cm lang und 350 g schwer.

Lebensraum: Leben im Meer meist vor Flussmündungen. Querder bleiben 4–5 Jahre im Süßwasser.

Nahrung: Bodenfauna und auch Fische, die mit dem Saugmaul angefressen werden.

Fortpflanzung: Steigt im Herbst scharenweise flussaufwärts (anadromer Wanderfisch) und laicht von Februar bis Mai an seichten Stellen. Sterben nach der Fortpflanzung.

Bemerkungen: Mangelnde Durchwanderbarkeit und Wasserverschmutzung haben zu einem starken Rückgang dieser Art geführt.

Ob es sich beim sog. „Donauneunauge" um eine eigene Art handelt, ist noch nicht geklärt.

Meerneunauge
Petromyzon marinus (L.)

Kennzeichen: Aalstark, drehrund. Rücken gelbgrau mit starker Marmorierung. Seiten heller, Bauch weiß.

Wird bis 1 m lang.

Lebensraum: Anadromer Zuwanderer in Rhein und Neckar aus der Nordsee.

Nahrung: Bodenfauna, auch Fische, an die sie sich mit dem Maul ansaugen. Sind gefräßige Räuber.

Fortpflanzung: Laichen von März bis Mai auf kiesigen Gründen. Danach sterben sie ab. Die Larven leben ca. 4 Jahre im Süßwasser und werden nach der Abwanderung ins Meer nach einigen Jahren geschlechtsreif.

Krebse

Die größten Zehnfüßer im Süßwasser sind die Flusskrebse (Astacidae). Ihr Körper ist deutlich unterteilt in Kopf, Brust und Hinterleib. Kopf und Brust sind zum sog. Kopfbruststück verwachsen. Eine Querfurche zeigt die Stelle, an der beide Teile zusammengewachsen sind. Der Hinterleib ist deutlich in 5 Ringe gegliedert.

Die auf Stielen sitzenden Augen sind nach allen Seiten beweglich. Am Kopf befinden sich weiterhin 2 Paar Fühler. Auf den beiden kleineren befinden sich die Geruchs- und Geschmacksorgane. Die beiden langen Fühler dienen als Tastorgane.

Der Krebs hat 5 Gehbeinpaare, auffallend ist das erste Paar, das als Schere umgebildet ist. Die Scheren werden zur Verteidigung und zum Packen der Beute eingesetzt. Am Hinterleib befinden sich 5 Schwimmbeinpaare.

Bei Störungen schwimmen Krebse stoßartig rückwärts, wobei der Hinterleib rasch und kräftig nach vorn gegen den Bauch bewegt wird.

Krebse paaren sich im November/ Dezember. Dabei klebt das Männchen mit Hilfe sog. Griffel die Samenmasse auf der Unterseite des Hinterleibs der Weibchen an. Sobald das Weibchen die Eier abgelegt hat, erfolgt dadurch die Befruchtung. Die Eier haften dann mehrere Monate unter dem Hinterleib des

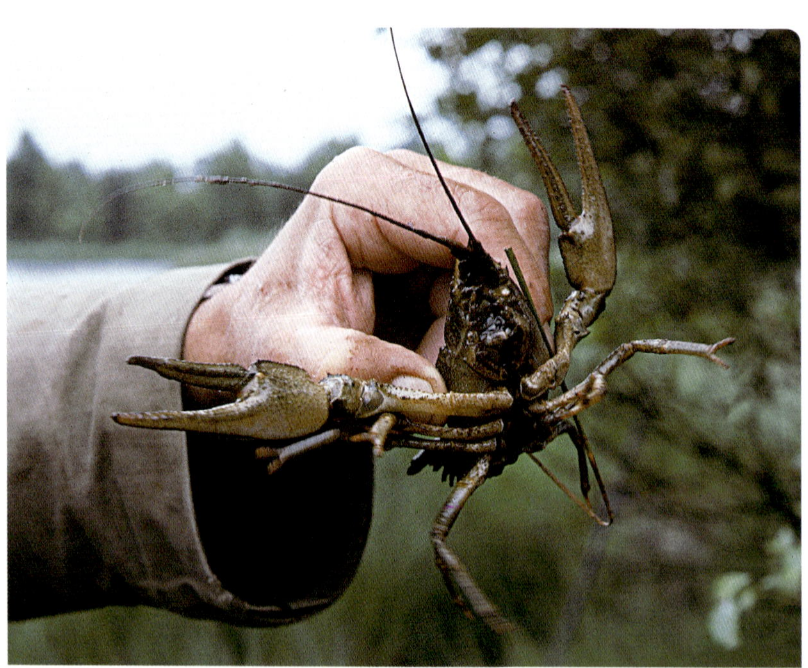

Der richtige Griff ist wichtig, denn Krebse können sich wehren.

Weibchens und werden bis zum Schlüpfen mitgetragen.

Da der mit Kalk imprägnierte Chitinpanzer steif und fest ist, wird er während des Wachstums von Zeit zu Zeit abgeworfen. Die nun weichen sog. Butterkrebse sind während dieser Zeit hilflos, ziehen sich in Höhlen zurück und nehmen keine Nahrung auf, bis der neue Panzer auf der Haut wieder gehärtet ist. Während der Häutung sind die Butterkrebse eine bevorzugte Nahrung von Aalen und können bei hohem Aalbesatz stark dezimiert werden. Aber auch Flussbaumaßnahmen, Abwässer u. a. führten vielfach zum Rückgang, ja sogar zur Ausrottung in manchen Gewässern. Zu den stärksten Verlusten führte aber die Krebspest, eine Pilzkrankheit.

Heimische Arten sind der Edelkrebs, der Steinkrebs und der Dohlenkrebs.

Der Galizische Sumpfkrebs gelangte durch Importe aus der Türkei während der 20er Jahre in unseren Raum, der Kamberkrebs vor rund 100 Jahren aus Nordamerika, und der Signalkrebs 1960.

Vor einigen Jahren kam außerdem der Rote Amerikanische Sumpfkrebs als weiterer „Gast“ hinzu.

Edelkrebs
Astacus astacus (L.)

Der Körper ist dunkelbraun bis schwarz gefärbt. Gemessen von der Spitze des Kopfpanzers bis zum Schwanzende des flach ausgebreiteten Hinterleibes ist der Edelkrebs bis 18 cm lang. Männchen wachsen rascher als Weibchen und sind deswegen größer als letztere. Zudem sind ihre Fühler länger und die Scheren kräftiger. Die Scherenunterseiten sind rot gefärbt, und im Bereich der Schwanzgelenke sind leuchtend rote Flecken zu sehen. Durch diese unterscheiden sie sich von allen übrigen Krebsen, ausgenommen vom Roten Amerikanischen Sumpfkrebs.

Der Edelkrebs lebt in Bächen und Flüssen mit geringer Strömung, auch in stehenden Gewässern. Er ist nachtaktiv und hält zur kalten Jahreszeit Winterruhe.

Seine Eier sind schwarz gefärbt.

Steinkrebs
Austropotamobius torrentium (Schrank)

Diese 12 cm lange Krebsart ist graubraun gefärbt, die Scherenunterseiten sind weißgrau und die Eier hellbraun. Diese ebenfalls nachtaktive Art bevorzugt höher gelegene, rasch fließende Bäche mit Versteckmöglichkeiten, lebt aber auch in stehenden Gewässern.

Dohlenkrebs
Austropotamobius pallipes (Lereboullet)

Der Körper ist dunkelbraun bis olivgrün gefärbt und nur bis 12 cm lang. Die Scherenbereiche und Beine sind weißgrau, die Eier weisen eine anthrazitgraue Färbung auf. Nur im südbadischen Raum sind einzelne Vorkommen dieser Art bekannt in meist bewaldeten Gebieten zwischen Oberrhein und Schwarzwaldvorbergen in Gewässern mit guter Wasserqualität.

Galizischer Sumpfkrebs
Astacus leptodactylus (Eschscholtz)

Dieser bis 18 cm lange Krebs ist gelblich bis ocker gefärbt, seine Eier sind dunkelbraun. Die Scheren sind deutlich schmaler als beim Edelkrebs. Er ist sowohl tagsüber als auch nachts aktiv und gegen Sauerstoffdefizite weniger empfindlich als der Edelkrebs und verdrängt diesen deswegen vielfach.

Kamberkrebs
Orconectes limosus (Rafinesque)

Diese Krebsart ist gegen die Krebspest immun. Falls sie aber infiziert ist, ist sie Dauerausscheider. Der Kamberkrebs ist sehr wanderaktiv und besiedelt manche Flussgebiete neu. Er wird bis 13 cm lang. Seine Färbung ist gelblich bis hellbraun. Auf den Segmenten des Hinterleibs befinden sich paarige Flecken. Die Unterseite der Scheren ist gelblichweiß, die Eier sind schwarz. Tag- und nachtaktiv.

Signalkrebs
Pacifastacus leniusculus (Dana)

Der bis 15 cm große Körper ist braunschwarz gefärbt, die Scherenunterseite leuchtend rot, außer bei den hellblauen Flecken am Ansatz des beweglichen Scherenfingers. Die Eier sind schwarz. Tag- und nachtaktiv. Der Signalkrebs stammt aus Nordamerika. Bei wärmeren Temperaturen ist er im Wachstum dem Edelkrebs weit überlegen.

Roter amerikanischer Sumpfkrebs
Procambarus clarkii (Grard)

Der bis 15 cm lange Körper ist dunkelbraun bis schwarz, die Scheren vor allem auf der Oberseite leuchtend rot und mit ebenfalls rot gefärbten Warzen überzogen. Auch die Laufbeine sind rot gefärbt, ebenso die Übergänge zwischen den schwarzen Segmenten. Die Eier sind schwarz. Diese Krebsart lebt in stehenden Gewässern, in denen sie weiträumige Höhlensysteme gräbt und so eine Gefahr für Dämme und Deiche darstellt.

Wollhandkrabbe
Ericher sinensis (Milne-Edw.)

Vor Jahrzehnten schon gelangte sie mit Schiffen aus China nach Europa, breitete sich in Zuflüssen zum Meer rasch aus und kommt gelegentlich auch in unserem Raum im Rheingebiet vor. Sie wird bis 7,5 cm groß und gräbt lange Röhren in die Uferböschungen. Aber auch durch Zerstörung von Fischernetzen und Fischfraß schadet die Wollhandkrabbe sehr. Im Alter von 5 Jahren wird sie geschlechtsreif und wandert in Richtung Küste ins Brackwassergebiet zur Fortpflanzung. Danach sterben sie. Die Jungen wandern wieder flussaufwärts bis über 3 km/Tag. Typisch sind die mit einem dichten Haarpelz besetzten Scheren des Männchens.

Muscheln

Zusammen mit den Schnecken zählen Muscheln (Bivalvia) zum Stamm der

Weichtiere (Mollusca). Einige von ihnen unterliegen dem Fischereirecht und sind ganzjährig geschützt.

Muscheln haben einen symmetrischen Körper mit weitgehend bis auf die Mundöffnung reduziertem Kopf und eine zweiklappige Schale. Die beiden Schalen sind durch Schloss und Schlossband beweglich miteinander verbunden. Zwei Schließmuskeln halten die beiden Hälften zusammen. Der kräftige Fuß erlaubt den Muscheln langsames Kriechen. Auf den Kiemen befinden sich Flimmerhärchen, mit denen sowohl Atemwasser als auch Kleinstlebewesen als Nahrung eingestrudelt werden. Der seitlich abgeflachte Körper ist von Mantelklappen umhüllt, den beiden Schalenhälften aus Kalk und Perlmutt.

Aus den befruchteten Eiern entwickeln sich bewimperte Larven (Glochidien), die ins Wasser ausgeschieden werden. Gelangen sie auf einen Fisch, bilden sie in dessen Haut eine (harmlose) Cyste.

Teichmuschel
Anadonta spec.

Wird bis 20 cm lang und hat eine relativ dünne Schale ohne Schlosszähne. Sie ist länglich, oval.

Flussmuschel
Unio spec.

Diese bis 10 cm lange Muschel hat dicke Schalen mit Schlosszähnen. Sie ist eiförmig, kurz und doppelt so lang wie hoch.

Flussperlmuschel,
Margaritifera margaritifera

Hat dickwandige Schalen und wird bis 14 cm lang. Lebt nur in sauberen, kühlen und kalkarmen Bächen. Früher war sie höchstens durch Raubbau (Perlen) gefährdet, heute aber durch schlechte Wasserqualität. Vielfach ist sie ganz verschwunden.

Fragen zur Kontrolle

- Zählen Neunaugen zu den Fischen?
- Was sind Querder?
- Warum werfen Krebse von Zeit zu Zeit ihren Panzer ab?
- Was sind Butterkrebse?
- Warum verschwand die Flussperlmuschel in sehr vielen Gewässern?

Seefische

Angeln im Meer, besonders Hochsee- und Brandungsangeln in der Ost- und Nordsee wird immer beliebter. Daher sollen in einem kurzen Anhang die am häufigsten von Anglern gefangenen Fischarten der insgesamt 250 vorkommenden erwähnt werden. Wer mehr über maritime Fische erfahren möchte, dem sei entsprechende Spezialliteratur empfohlen.

Die meisten Fischarten in Nord- und Ostsee gehören zur Ordnung der Knochenfische. Die dorschartigen Fische sind die größte, formenreichste, wirtschaftlich bedeutendste und auch von Anglern bevorzugte Gruppe. An erster

Stelle sind die Dorsche selbst zu nennen. Die aus der Ostsee sind kleiner als die aus der Nordsee. Dort werden laichreife Dorsche auch Kabeljau genannt. Dorsche haben 3 Rückenflossen, 2 Afterflossen und am Unterkiefer 1 Bartel.

Der **Schellfisch** unterscheidet sich vom Dorsch durch einen schwarzen Fleck über der Brustflosse, während der **Wittling** einen schwarzen Fleck an der Schwanzwurzel aufweist, aber keinen Bartfaden.

Der **Köhler** mit 3 Rückenflossen und kleiner Bartel ist wohl am ehesten als rot gefärbter Seelachs in Öl bekannt. Genannt seien noch neben dem sog. **Franzosendorsch** und **Seehecht** die lebendgebärende **Aalmutter**, ein Standfisch der Seegrasregion.

Der einzige im Süßwasser lebende Vertreter aus der Dorschfamilie, die **Trüsche**, wurde bereits beschrieben.

An 2. Stelle sind die Plattfische mit dem seitlich zusammengedrückten Körper zu nennen. Es sind Grundfische ohne Schwimmblase. Ihre Oberseite ist dunkel gefärbt, die Unterseite hell. Die bekanntesten sind **Scholle** und **Kliesche**. Daneben sind noch **Seezunge** und **Heilbutt** zu nennen. Hingewiesen sei auch auf die bis 50 cm lang und 400 g schwer werdende **Flunder**, die zur Nahrungssuche ins Süßwasser aufsteigt und nach der eine Gewässerregion benannt ist.

Ein Bewohner des freien Wassers ist die **Makrele** mit ihren typischen dunklen Querbinden. Sie besitzt keine Schwimmblase und ist deswegen dauernd in Bewegung.

Von den Heringsartigen wurde der im Süßwasser lebende **Maifisch** schon beschrieben. Hier sei nur noch der in großen Schwärmen lebende **Hering** genannt und die nur halb so große **Sprotte**.

Zum Schluss sind noch die Haie und Rochen aus der Ordnung der Knorpelfische aufzuführen, die allerdings von Anglern seltener gefangen werden. Die am häufigsten gefangenen Arten sind **Heringshai, Hundshai,** der **Groß-** und **Kleingefleckte Katzenhai** sowie der **Stern-, Nagel-** und **Glattrochen.**

Fragen zur Kontrolle

- Welche Seefischart wandert auch ins Süßwasser?
- Welche Knorpelfischarten werden gelegentlich auch von Anglern gefangen?

Fischartenschutz – Ursachen der Gefährdung

Der Gefährdungsgrad der in Deutschland vorkommenden Fischarten ist in Tab. 9 nach Ländern aufgeführt. Daraus geht deutlich hervor, dass dieser von Region zu Region völlig unterschiedlich sein kann. Das weist auch darauf hin, dass schon innerhalb eines Flusssystems auf engstem Raum – z. B. durch Wanderungshindernisse – Fischarten gefährdet und in ihrer Existenz bedroht sein können.

Über die möglichen Ursachen der Gefährdung und des Aussterbens einiger Arten wird in Kapitel „Fischhege und Gewässerpflege“ berichtet. Hingewiesen sei hier vor allem auf Abb. 23, in der Umwelteinflüsse auf Biotop, Biozönose und auf Fische dargestellt sind. Diese Abb. zeigt, dass Fischartenschutz vor allem über Biotopschutz zu erreichen ist.

Tab. 9. Gefährdungsgrad der in Deutschland vorkommenden Fischarten
(nach: Jedicke „Die roten Listen“)
darin bedeuten: 0 = ausgestorben oder verschollen; 1 = vom Aussterben bedroht; 2 = stark gefährdet; 3 = gefährdet; R = extem selten; P = potenziell gefährdet; V = zurückgehend (Vorwarnung)

Name	Art	Bundesrepublik Deutschland	Baden-Württemberg	Bayern	Berlin	Brandenburg	Hamburg	Hessen	Mecklenburg-Vorpommern	Niedersachsen/Bremen	Nordrhein/Westfalen	Rheinland-Pfalz	Saarland	Sachsen	Sachsen-Anhalt	Schleswig-Holstein	Thüringen
Aal	Anguilla anguilla	3	2		3	R						0	0				
Aland	Leuciscus idus	3	2	3	3	3	3	2				3	3	2	3		0
Äsche	Thymallus thymallus	3	3	3		2	2	3	R	3		1	1	2	2		2
Bachforelle	Salmo trutta fario	3		V		2	2	R	3	3	3	2	3	2	3	2	3
Bachneunauge	Lampetra planeri	2	3	1	0	2	2	2	3	2	3	2	2	1	2	2	1
Barbe	Barbus barbus	2	3	3	0	1	1	3	0	2	3	2	2	2	1	2	1
Bitterling	Rhodeus sericeus amarus	2	2	2	1	1	2	2	3	1	1	1	1	1	2	3	0
Blaufelchen	Coregonus lavaretus	3		V		1			2			3			R	1	
Buntflossen-Groppe	Cottus poecilopus	0				0			0							0	
Döbel	Leuciscus cephalus				1	2	3		R					V	3	R	3
Dreistachliger Stichling	Gasterosteus aculeatus			3	3		R					3	3	V			
Elritze	Phoxinus phoxinus	3	3	3		2	2	3	2	2	3	3	2	2	2	2	2
Finte	Alosa fallax	2	0			0	1	0	0	2	0	0	0	0			
Flunder	Platichthys flesus		0			0	R	1			0						
Flussneunauge	Lampetra fluviatilis	2	1	1		0	2	0	1	2	1	1	0	0	1	3	0

Name	Art	Bundesrepublik Deutschland	Baden-Württemberg	Bayern	Berlin	Brandenburg	Hamburg	Hessen	Mecklenburg-Vorpommern	Niedersachsen/Bremen	Nordrhein/Westfalen	Rheinland-Pfalz	Saarland	Sachsen	Sachsen-Anhalt	Schleswig-Holstein	Thüringen
Frauen-nerfling	Rutilus pigus virgo	2	0	3													
Giebel	Carassius auratus gibelo								3			3					
Groppe	Cottus gobio	2	3	V		2	0	R	2	2		2	2	2	1	1	2
Gründling	Gobio gobio				3	3						3		V			
Hasel	Leuciscus leuciscus	3			1	3	3		2				3	3	3	3	3
Hecht	Esox lucius	3			3	3	3	3		3	3	2		V		3	3
Huchen	Hucho hucho	1	1	3													
Karausche	Carassius carassius	3	3	V			R	1		3				V	3		
Karpfen-Wildform	Cyprinus carpio	2		3				2									
Kaulbarsch	Acerina cernua			3	3		3						3	V	3		
Kleine Boden-renke	Coregonus acronius		0	2													
Kleine Maräne	Coregonus albula	3				2			3						R		
Lachs	Salmo salar	1	1	0		0	0	0		1	0	1	0	0	0	1	0
Maifisch	Alosa alosa	1	1	0		0	0	0		1	0	0	0	0		0	0
Mairenke	Chalcalburnus chalcoides mento	R															
Meerforelle	Salmo trutta trutta	2	1			0	2	1	2	2	1	1	0	0	0	3	0
Meerneunauge	Petromyzon marinus	2	1			0	2	1	1	1	0	1	0	0	0	2	
Moderlieschen	Leucaspius delineatus	3	3	V	3	2	R	R		R	3	R	3	V	3	3	2

Name	Art	Bundesrepublik Deutschland	Baden-Württemberg	Bayern	Berlin	Brandenburg	Hamburg	Hessen	Mecklenburg-Vorpommern	Niedersachsen/Bremen	Nordrhein/Westfalen	Rheinland-Pfalz	Saarland	Sachsen	Sachsen-Anhalt	Schleswig-Holstein	Thüringen
Nase	Chondrostoma nasus	2	3	3		0		3		1	3	2	1	0	0		0
Ostseeschnäppel	Coregonus lavaretus balticus								3							0	
Perlfisch	Rutilus meidingeri	1		1													
Quappe	Lota lota	2	2	2	1	2	2	2	3	3	2	2		1	2	3	0
Rapfen	Aspius aspius	3	2	V	3	3	3	3	R	3		R		2	1	3	0
Rotfeder	Scardinus erythrophthalmus						3	R				R		3			R
Schlammpeitzger	Misgurnus fossiles	2	1	2	1	2	2	1	3	2	2	2	2	2	2	3	0
Schleie	Tinca tinca				3	R		R									
Schmerle	Noemacheilus barbatulus	3		3	0	2	2			3		3	3	3	3	2	
Schnäpel	Coregonus oxyrhynchus	0	0			0	1	0	0	0	0	0		0	0	1	
Schneider	Alburnoides bipunctatus	2	2	2				1		0	1	2	1		0		0
Schrätzer	Gymnocephalus schraetzer	2	0	3													
Seeforelle	Salmo trutta lacustris	2	2	2													
Seesaibling	Salvelinus alpinus	2	2	R													
Steinbeißer	Cobitis taenia	2	1	1	1	2	2	1	3	2	2	2	2	1	1	3	0
Steingressling	Gobio uranoscopus	1		1													
Sterlet	Acipenser ruthenus	0		0													

Name	Art	Bundesrepublik Deutschland	Baden-Württemberg	Bayern	Berlin	Brandenburg	Hamburg	Hessen	Mecklenburg-Vorpommern	Niedersachsen/Bremen	Nordrhein/Westfalen	Rheinland-Pfalz	Saarland	Sachsen	Sachsen-Anhalt	Schleswig-Holstein	Thüringen
Stint	Osmerus eperlanus				1	3	R		2	R							
Stör	Acipenser sturio	0	0	0		0	0	0	0	0	0	0	0	0	0	0	0
Streber	Zingel streber	1	1	2													
Strömer	Leuciscus souffia agassizi	1	2	1				0									
Ukelei	Alburnus alburnus					3	3			3				V	3	3	R
Weißflossiger Gründling	Gobio albipinnatus	2		2													
Wels	Silurus glanis	2		R	2	R	0	3	2	2		3		3	1	2	0
Zährte	Vimba vimba	2	1	V		1	1		2	2	3			1	1	0	0
Zander	Stizostedion lucioperca							3		R		R					
Ziege	Pelecus cultratus	1		1		0			1					0			
Zingel	Zingel zingel	1	0	2													
Zobel	Abramis sapa	3		3													
Zope	Abramis ballerus	3		3		2	R		R	R				1	2	3	0
Zwergstichling	Pungitius pungitius				1	3	R							3			R

Gewässerökologie und Fischhege

Gewässerökologie – Lebensräume der Fische

Wasser ist die Grundlage allen Lebens. Fische sind wie alle Wasserlebewesen noch abhängiger davon als die Landbewohner. Um die Ansprüche der Fische an ihre Umwelt besser zu verstehen, ist neben einigen Kenntnissen über das Wasser selbst auch Verständnis für die Forderungen der verschiedenen Fischarten an ihre Lebensräume erforderlich.

Was ist Wasser?

Physikalisch betrachtet ist es eine klare Flüssigkeit, die bei 0 °C zu Eis wird und bei 100 °C verdampft. Bei 4 °C hat es seine größte Dichte, ist es am schwersten. Dies ist biologisch von allergrößter Wichtigkeit.

Chemisch betrachtet ist Wasser eine geruch- und geschmacklose Flüssigkeit. Es ist neutral, pH-Wert = 7, und kann viele Stoffe lösen; auch Gase.

Biologisch betrachtet ist reines Wasser toxisch. Es würde jede lebende Zelle aus osmotischen Gründen zum Platzen bringen.

Wasser besteht aus 2 Atomen Wasserstoff (H) und 1 Atom Sauerstoff (0). Die chemische Formel lautet H_2O. Reines Wasser kommt in der Natur nicht vor. Stets sind in ihm Salze, auch Nährstoffe gelöst.

Das Wasser der Erde befindet sich zu 97% in den Meeren. Nur 3% sind Süßwasser, von dem der größte Teil in den Polkappen und in Gletschern als Eis fest liegt. Wasser bedeckt rund 70% der Erdoberfläche und ist das universellste Lösungs- und Transportmittel.

Nach der Herkunft unterscheidet man beim Süßwasser gewöhnlich folgende Wasserarten:

Niederschlagswasser: Regen, Schnee, Tau, Rauhreif, Hagel, Dunst, Nebel.

Sein Mineralsalzgehalt ist minimal, mit Gasen aus der Luft ist es jedoch stärker angereichert bzw. sogar gesättigt. Zum größten Teil gelangt es direkt ins Meer.

Grundwasser entsteht aus Niederschlägen, die versickern und sich über wasserundurchlässigen Schichten ansammeln. Bei der Durchdringung des Bodens löst es in stärkerem Maße entsprechend seinem Gehalt an Kohlensäure Mineralstoffe. In der oberen Schicht des Bodens verliert es aber durch biologische Prozesse auch Sauerstoff.

Quellwasser ist natürliches Grundwasser, das an die Oberfläche gelangt. Seine Temperatur schwankt von 6–11 °C, im Mittel 8 °C.

Als **Oberflächenwasser** bezeichnet man alle fließenden und stehenden Gewässer.

In gleichem Maße wie sich die Wassermenge des Festlandes fortwährend durch Abfluss in die Meere, Verdunstung und Transpiration der Pflanzen verringert, wird sie stets durch Niederschläge innerhalb des großen Wasserkreislaufs wieder ergänzt. Zur Wasserverdunstung kommt es bei der Erwärmung von Wasser und Boden durch die Sonnenenergie. Aber auch die Pflanzen und besonders die Wälder geben viel Wasser an die Atmosphäre ab.

Von großer Bedeutung für die Erhaltung der Fischbestände sind die natürlichen Wasserrückhaltebecken der Böden sowie der Gebirge, auf denen der Schnee liegen bleibt und die auch während Trockenzeiten noch Wasser liefern.

Physikalische Eigenschaften

Dichte des Wassers

Wasser weist bei einer Temperatur von 4 °C die größte Dichte auf und ist somit bei dieser Temperatur am schwersten. 1 l Wasser = 1 dm^3 wiegt bei 4 °C genau 1000 g. Sowohl wärmeres als auch kälteres Wasser sind leichter. So wiegt z. B. 1 dm^3 Eis nur 916,8 g, es schwimmt auf dem Wasser. Diese Tatsache ist auch der Grund, warum es in tieferen Gewässern nicht zur Vereisung bis zum Gewässerboden kommt. Schließlich wirkt die Eisdecke isolierend und verhindert selbst bei größter Kälte eine totale Vereisung, die den Tod der Fische und anderer Lebewesen im Wasser bedeuten würde.

Bedeutung der Strömung

Bei der teilweise hohen Strömung in Bächen wird so viel Sauerstoff ins Wasser eingetragen, dass dieses gesättigt wird. Deswegen ist die Selbstreinigungskraft rasch fließender Gewässer mit vielen Turbulenzen größer als in stehenden oder langsam fließenden.

Von der Fließgeschwindigkeit des Wassers hängt auch die Bodenbeschaffenheit ab. Je stärker die Strömung, umso gröber ist der Gewässergrund.

In stehenden Gewässern wird Strömung vor allem durch Winde verursacht. Je nach Windstärke wird das Oberflächenwasser mehr oder weniger stark umgewälzt und dabei gleichzeitig auch Sauerstoff eingetragen.

Tab. 10. Auswirkungen der Strömungsgeschwindigkeit auf die Beschaffenheit des Bodengrundes

Strömungsgeschwindigkeit (m/sec)	Bodenbeschaffenheit
bis 1,20	Geröll, Schotter
0,35	Kies, grober Sand
0,20	Sand
0,12	Lehm, Schlamm

Tab. 11. Windstärke und Durchmischungstiefe

Windstärke	Durchmischungstiefe
2 m/sec = 7,2 km/h	nur Oberfläche
5 m/sec = 18,0 km/h	4– 7 m
10 m/sec = 36,0 km/h	6–12 m

Trübung, Lichtdurchlässigkeit

Trübungen des Wassers treten nach starken Regenfällen oder Überschwemmungen, aber auch bei starker Algenbildung in eutrophen Gewässern auf. Eingestrahltes Licht wird im Wasser von schwebenden Stoffen reflektiert und verursacht so die Trübung des Wassers.

In trübem Wasser dringt Licht nicht so tief ein wie in klarem. Aus diesem Grund erfolgt Assimilation und Primärproduktion nicht bis in so tiefe Zonen wie in klarem Wasser.

pH-Wert, Wasserstoffionenkonzentration

Der pH-Wert gibt den Reaktionszustand des Wassers an. Er wird hauptsächlich vom Verhältnis der freien Kohlensäure

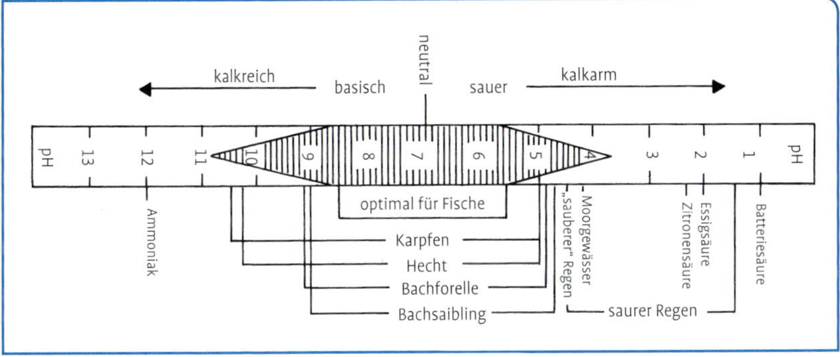

Abb. 18. Lebensraum verschiedener Fischarten in Abhängigkeit vom pH-Wert.

Tab. 12. Der pH-Wert

pH-Wert		Reaktion
unter	7	sauer
	7	neutral
über	7	alkalisch

zum gelösten Kalk bestimmt. Er gibt an, ob das Wasser sauer, neutral oder alkalisch reagiert. Die Werte reichen von 0–14.

Der pH-Wert beeinflusst die Lebensbedingungen der Fische sehr wesentlich. Günstige Werte für Fische liegen zwischen pH 6,5 bis 8,5. Fischsterben treten meist auf, wenn pH-Werte über 9,2 bzw. unter 5,5 liegen.

Durch den Eintrag saurer Niederschläge während der letzten 2–3 Jahrzehnte gewann das Auftreten saurer und für Fische schädlicher Regenfälle größeres Interesse.

Besonders gefährdet ist Wasser aus kalkarmen Gebieten, Mooren und Fichtenbeständen, das ohnehin schwach sauer ist.

Wassertemperatur

Mit steigender Temperatur verlaufen alle chemischen und biochemischen Reaktionen rascher, d. h. der Stoffwechsel aller Tiere, Pflanzen und auch Bakterien wird intensiver. Mit sinkender Temperatur verlangsamen sich alle Reaktionen und bei Annäherung an 0 °C kommen die meisten zum Stillstand. Das gilt auch für die Selbstreinigungskraft der Gewässer.

Die Temperatur beeinflusst weiterhin die Löslichkeit von Gasen im Wasser. Hier ist besonders an den lebenswichtigen Sauerstoff zu denken.

Mit steigender Temperatur sinkt der Sauerstoffgehalt, aber der Bedarf steigt.

Bei 0 °C gehen praktisch alle Fische ein. Die obere Grenze, die Fische gerade noch einige Zeit ertragen können, ist von Art zu Art verschieden.

Temperaturverlauf in Fließgewässern: In Quellen beträgt die Temperatur durchschnittlich 8 °C. Je weiter sich das Wasser von seinem Ursprung entfernt, umso stärker kommt der Einfluss der Lufttemperatur zur Geltung und es treten im Jahresverlauf große Temperatur-

Tab. 13. Löslichkeit von Sauerstoff im Wasser

Temperatur (°C)	gelöster Sauerstoff (mg/l)
0	14,6
5	12,8
10	11,3
15	10,1
20	9,1
25	8,3
30	7,6

Tab. 14. Maximal für Fische noch erträgliche Temperaturen

Fischart	Temperaturobergrenze (in °C)
Bachsaibling	25
Bachforelle	27
Hecht	28
Regenbogenforelle	29
Barsch, Schleie	30
Rotauge, Elritze	31
Döbel	36
Karpfen	38

schwankungen auf. Im Sommer ist Quellwasser im Vergleich zur Umgebung kühl, im Winter hingegen warm. Die Temperaturschwankungen im Quellwasser betragen im Jahresmittel nur 0–2 °C, im Unterlauf eines Flusses aber 20–30 °C.

Im Winter frieren Fließgewässer gewöhnlich nur in größerem Abstand von der Quelle und nur bei geringer Strömung zu. Durch Turbulenzen kann kaltes Wasser in Bächen und kleinen Flüssen auch in die Tiefe bis zum Grund gelangen, und es bildet sich Grundeis.

Temperaturverlauf in stehenden Gewässern: Im Frühjahr herrscht gewöhnlich in allen Seen von der Oberfläche bis zum Grund unabhängig von der Tiefe die gleiche Temperatur, d. h. das gesamte Wasser hat die gleiche Dichte. Bei stürmischen Winden kommt es dann selbst in großen, tiefen Seen zu einer Umwälzung der gesamten Wassermasse, zur Vollzirkulation.

Vom Frühjahr bis zum Sommer erwärmt sich das Wasser an der Oberfläche und langsam bis in tiefere Schichten, wobei die Temperatur mit der Tiefe abnimmt. Greifen nun Winde ein, wird das Wasser entsprechend der Windstärke mehr oder weniger durchmischt, wie bereits gezeigt wurde.

In einer Tiefe von 10–15 m bildet sich die sog. Sprungschicht. In dieser sinkt die Temperatur innerhalb weniger Meter auf die der Tiefenzone. Diese Sprungschicht trennt die Tiefenschicht von der Produktionszone. Greifen während dieser Zeit Winde ein, so bleibt diese Schichtung dennoch erhalten.

Mit Beginn des Herbstes und dem Absinken der Wassertemperaturen setzt der umgekehrte Vorgang ein wie im Frühjahr. Das Wasser an der Oberfläche in der Produktionszone kühlt ab, bis im gesamten See in allen Tiefen die gleiche Temperatur herrscht. Dann kommt es zur Herbstvollzirkulation bei starker Windeinwirkung, d. h. der See wird total umgewälzt.

Sinkt die Temperatur im Winter weiter unter 4 °C, dann wird das Wasser wieder leichter, schwimmt nach oben und friert bei 0 °C. Im Frühjahr nach Erwärmung und Eisschmelze kommt es bei Stürmen erneut zur Vollzirkulation, so dass von oben bis unten gleiche Temperaturen herrschen.

Sehr große und tiefe Seen frieren im Winter selten ganz zu. Die Abkühlung der großen Wassermassen dauert hier bis in den Januar/Februar.

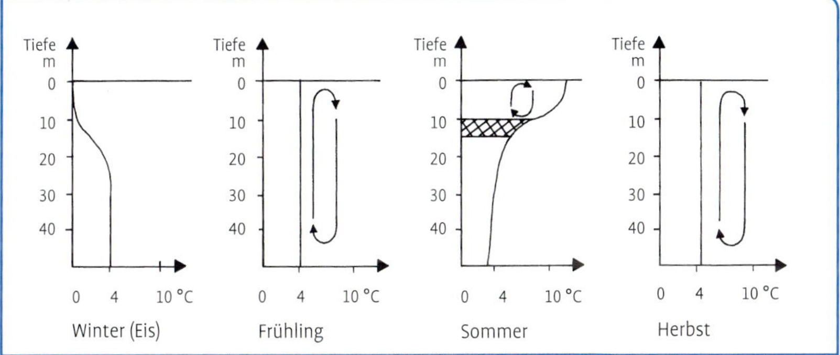

Abb. 19. Temperaturverhältnisse in stehenden Gewässern zu verschiedenen Jahreszeiten. O = Oberflächenschicht = Epilimnion. S = Sprungschicht = Metalimnion. T = Tiefenschicht = Hypolimnion.

Eine Herbstvollzirkulation fällt deshalb häufig aus. Der Bodensee friert z. B. innerhalb von 100 Jahren nur einmal ganz zu.

Chemische Eigenschaften

Sauerstoff

Fische benötigen zur Atmung je nach Art mehr oder weniger viel Sauerstoff. Forellen verlangen, um gut gedeihen zu können, 8 mg/l; unter 5 mg/l wird es für sie kritisch und unter 3 mg/l ersticken sie. Karpfen genügen schon 5 mg/l, sie ersticken erst bei einer Sauerstoffkonzentration unter 1 mg/l.

Der meiste Sauerstoff gelangt aus der Luft ins Wasser. Je niedriger die Temperatur ist, umso mehr Sauerstoff ist in Wasser löslich und umgekehrt, wie schon gezeigt wurde. Dies erklärt auch, dass man Fischarten mit hohem Sauerstoffbedarf vor allem in kühlen Gewässern findet, so Forellen in Bächen und Flüssen in Quellnähe oder in höher gelegenen Seen.

Bei Vollzirkulation gelangt sauerstoffhaltiges Wasser von der Oberfläche bis in alle Tiefen. In strömendem Wasser ist der Eintrag besonders bei Turbulenzen sehr hoch und die Sauerstoffsättigung rasch erreicht.

Sehr wichtige Sauerstofflieferanten sind ferner die Unterwasserpflanzen und das pflanzliche Plankton. Beide entziehen bei Licht dem Wasser Kohlensäure und geben gleichzeitig Sauerstoff ab (= Assimilation). Sind in Seen sehr viele Algen vorhanden, kommt es tagsüber in warmem Wasser zur Sauerstoffübersättigung. Diese findet man dann auch in Fischen. Tritt nun plötzlich Druckabfall ein, z. B. bei Windeinwirkung, kommt es bei Fischen zur sog. Gasblasenkrankheit, da diese mit der Gasübersättigung nicht rasch genug fertig werden (s. S. 35).

Bei starker Algenproduktion, also bei Wasserblüten werden am späten Nachmittag die höchsten Sauerstoffkonzentrationen gemessen und die niedrigsten gegen Ende der Nacht.

Bekanntlich erfolgt die Sauerstoffproduktion nur bei Licht, also nicht nachts.

Pflanzen und Algen zehren nachts Sauerstoff (= Dissimilation).

Fäulnisfähige Stoffe, wie abgestorbene Pflanzen und Tiere, werden im Wasser durch Bakterien unter Sauerstoffverbrauch zersetzt. In fließenden Gewässern wird dieser laufend wieder ersetzt. Hingegen kommt es in stehenden Gewässern unterhalb der Sprungschicht in der Tiefenzone bei hohem Eintrag fäulnisfähiger Stoffe schließlich zu vollständigem Verschwinden von Sauerstoff, der erst bei der Vollzirkulation wieder eingetragen wird. In Zonen ohne Sauerstoff findet man keine Tiere und Pflanzen, nur noch Bakterien.

Gesamthärte

In natürlichen Gewässern sind Calzium (Ca) und Magnesium (Mg) überwiegend an Kohlensäure (H_2CO_3) gebunden und nur zu einem sehr geringen Teil an andere Säuren. In ausgesprochenen Gipsgewässern, die selten sind, liegt Calzium als Calziumsulfat ($CaSO_4$), also als Gips vor. Alle Calzium- und Magnesiumverbindungen zusammen ergeben die Gesamthärte des Wassers.

Carbonathärte – Säurebindungsvermögen (SBV)

Unter Carbonathärte, die nur ein Teil der Gesamthärte ist, versteht man die an Kohlensäure gebundenen Anteile des Calziums und Magnesiums.

Das Säurebindungsvermögen (SBV), auch Alkalität genannt, ist ein Maß für den Gehalt an Kalk, an Calziumbicarbonat ($CaHCO_3$) und Calziumcarbonat ($Ca(CO_3)_2$). Diese Verbindungen sind gleichzeitig Kohlensäureträger in einer für Pflanzen und Algen besonders wirksamen Form. Das SBV zeigt somit auch die Fruchtbarkeit eines Gewässers hinsichtlich des Kalkgehaltes an. So sind Gewässer mit SBV-Werten unter 0,5 ertragsarm, von 0,5–1,5 mäßig fruchtbar, über 1,5 fruchtbar. 1,0 SBV entspricht 2,8° dH (Carbonathärte).

Tab. 15. Einteilung des Wassers nach Härtegraden

Härtegrad (°dH)	Zustand
0– 4	sehr weich
4– 8	weich
8–18	mittelhart
18–30	hart
über 30	sehr hart

Kalkarme Gewässer weisen häufig große pH-Schwankungen auf und sind meist schwach sauer, kalkreiche hingegen haben einen stabilen pH-Wert. Gelangt in kalkarme Gewässer saurer Regen oder viel Schneeschmelzwasser, sinkt der pH-Wert u. U. sogar in für Fische ungünstige Bereiche.

In Teichen kann durch Zugabe von Kalk die Fruchtbarkeit gesteigert werden. Gleichzeitig wird dadurch auch der Teichboden verbessert.

Zum Stickstoffkreislauf

Stickstoff (N) ist mit das wichtigste biogene Element. Es stellt den Hauptanteil im Eiweiß. Beim Absterben von Bakterien, Algen, Pflanzen und Tieren entsteht beim Abbau über verschiedene Zwischenstufen Ammonium (NH_4, = Ammonifikation). Dieses wird durch bestimmte Bakterien bei Anwesenheit von Sauerstoff über Nitrit (NO_2) zu Nitrat (NO_3) oxidiert (Nitrifikation). Sowohl Ammonium als auch Nitrat können von Pflanzen und Algen als Nährstoff wieder aufgenommen und beim Eiweißaufbau verwendet werden.

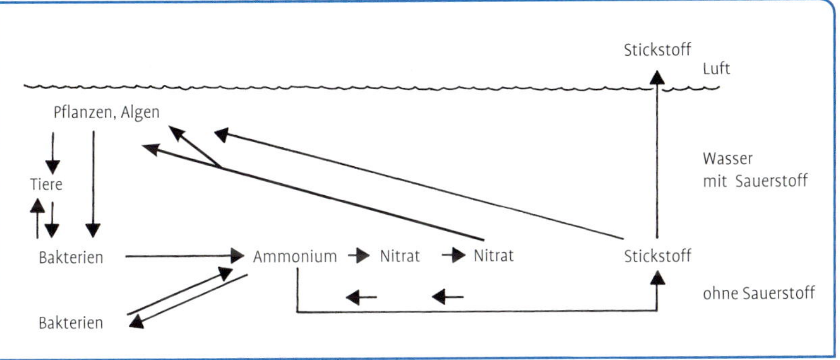

Abb. 20. Stickstoffkreislauf (stark vereinfacht).

Fehlt Sauerstoff, wird Eiweiß nur bis zu Ammonium abgebaut. Nitrifikation findet nicht statt. Vorhandenes Nitrat und auch Nitrit werden zu Ammonium reduziert, teilweise auch zu freiem Stickstoff (Denitrifikation).

In reinem Wasser findet man höchstens Spuren von Ammonium. Ob dieses nun als für Fische giftiges Ammoniak (NH_3) vorliegt, oder als ungiftiges Ammonium (NH_4) hängt vom pH-Wert ab. Im sauren Bereich unter pH 7 ist das unschädliche Ammonium vorhanden, über pH 7 wandelt sich dieses in das toxische Ammoniak um.

Nitrit ist ebenfalls in reinem Wasser in minimalen Konzentrationen vorhanden. Toxisch ist es nur als salpetrige Säure, die erst bei pH-Werten unter 6 entsteht.

Nitratgehalte bis 35 mg/l sind als normal zu betrachten. Höhere Konzentrationen sprechen für Einleitung von häuslichem oder landwirtschaftlichem Abwasser. Dasselbe gilt auch für höhere Ammoniumwerte.

Biologische Verhältnisse

Wasserpflanzen

Überwasserpflanzen (Gelegegürtel). Schilf, Binsen, Rohrkolben, Wasserschwaden, Igelkolben, Seggen, Kalmus, Froschlöffel und andere zählen hierzu. Sie geben kaum Sauerstoff ans Wasser ab. Sie besiedeln die Uferregion und führen besonders in Weihern und Altarmen von Gewässern zu Verlandungen. Andererseits verfestigen sie das Ufer und bilden Laichplätze für verschiedene Fischarten. Auch für manche Vogelbrut ist diese Zone von großem Interesse.

Schwimmblattpflanzen. Sie besitzen auf der Wasseroberfläche schwimmende Blätter. Hierher zählen Weiße Seerosen, Gelbe Teichrose, Schwimmendes Laichkraut, Wasserhahnenfuß, Wasserknöterich, Wassernuss, Wasserlinsen u. a. Außer der letzt genannten Art sind alle mit Wurzeln fest im Boden verankert. Schwimmblätter geben kaum Sauerstoff ans Wasser ab, sie dienen aber vielen Fischnährtieren als Substrat und Nahrung. Bei Massenauftreten verhindern sie den Lichteinfall und verringern die

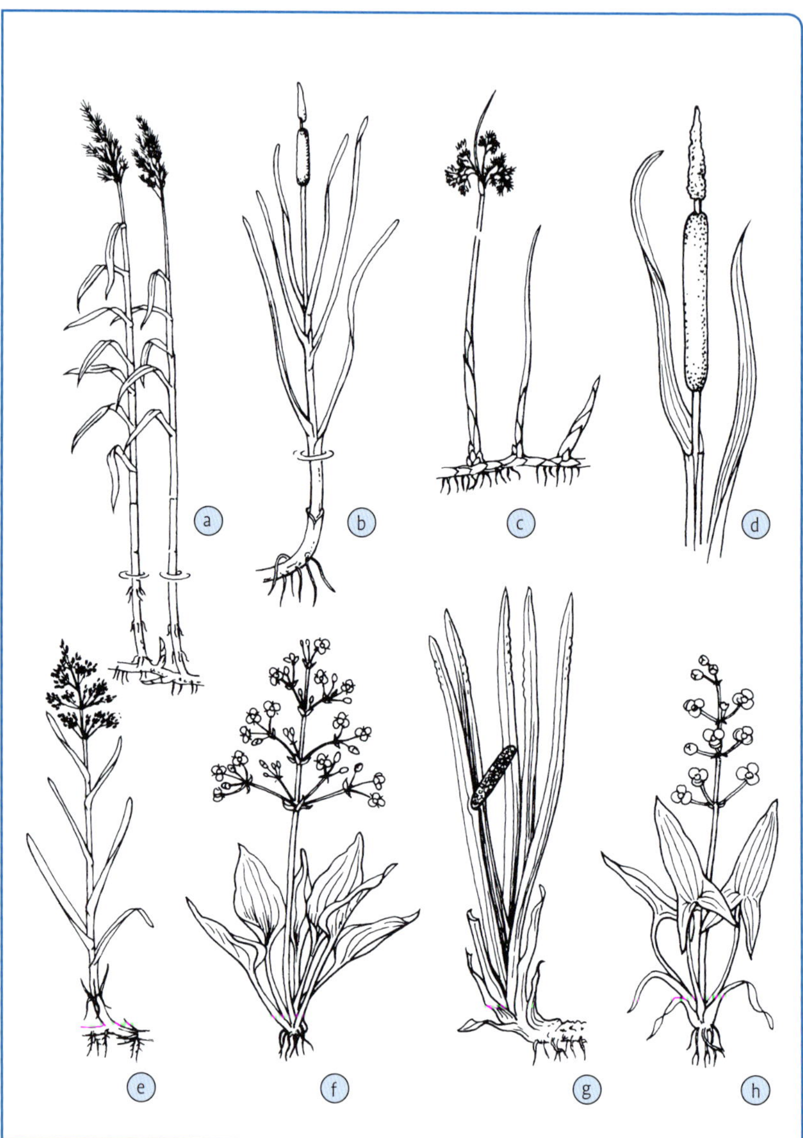

Tafel 1. a) Schilfrohr, b) Schmalblättriger Rohrkolben, c) Flatterbinse, d) Rohrkolben, e) Wasserschwaden, f) Froschlöffel, g) Kalmus, h) Pfeilkraut.

Primärproduktion. Da sie auch die Verlandung fördern, ist eine zu starke Ausbreitung zu verhindern.

Unterwasserpflanzen. Sie sind zumeist mit Wurzeln im Boden verankert und leben untergetaucht. Am häufigsten sind die verschiedenen Laichkrautarten anzutreffen, ferner Fließender Wasserhahnenfuß, Wasserpest, Hornblatt, Quellmoos, Armleuchteralgen, Wasserstern, Ähriges Tausendblatt u. a. Für die Fischerei sind Unterwasserpflanzen ausgesprochen nützlich. Sie reichern das Wasser mit Sauerstoff an, bieten Krautlaichern Laichmöglichkeiten, liefern pflanzenfressenden Fischen Nahrung und dienen Algen als Aufwuchsplatz. Zudem sind sie ein geeignetes Versteck für kleine Fische. Auf diese Zone ist in allen Gewässern zur Förderung der Fischerei besonders Augenmerk zu legen. Besonders bei neu entstehenden Baggerseen ist rechtzeitig auf Ausbildung dieser Zone hinzuwirken.

Pflanzliches Plankton

Darunter versteht man mikroskopisch kleine Schwebeorganismen, die wie höhere Pflanzen Chlorophyll zur Assimilation enthalten. Man kennt Blaualgen, Grünalgen, Geißelalgen, Kieselalgen u. a. Treten diese in Massen auf, spricht man von einer Wasserblüte. Das Wasser erscheint dann bläulich, gelblich, grünlich oder bräunlich gefärbt. Gleichzeitig wird dabei auch die Sichttiefe geringer.

Phytoplankton bildet die Grundnahrung für die meisten Rädertierchen und Planktonkrebse. Von diesen ernähren sich wiederum Fischbrut und Jungfische, aber auch viele große Fische, wie z. B. Felchen. Sterben Algenmassen

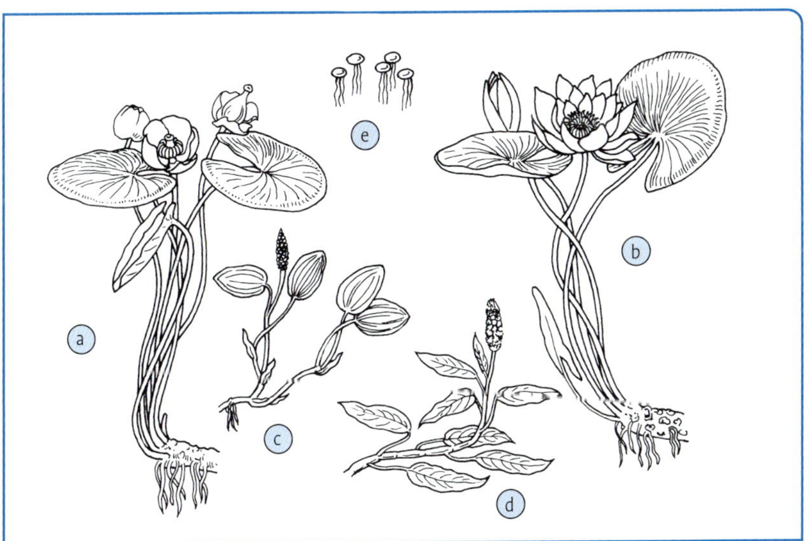

Tafel 2. a) Gelbe Teichrose, b) Weiße Seerose, c) Schwimmendes Laichkraut, d) Sumpfknöterich, e) Wasserlinsen.

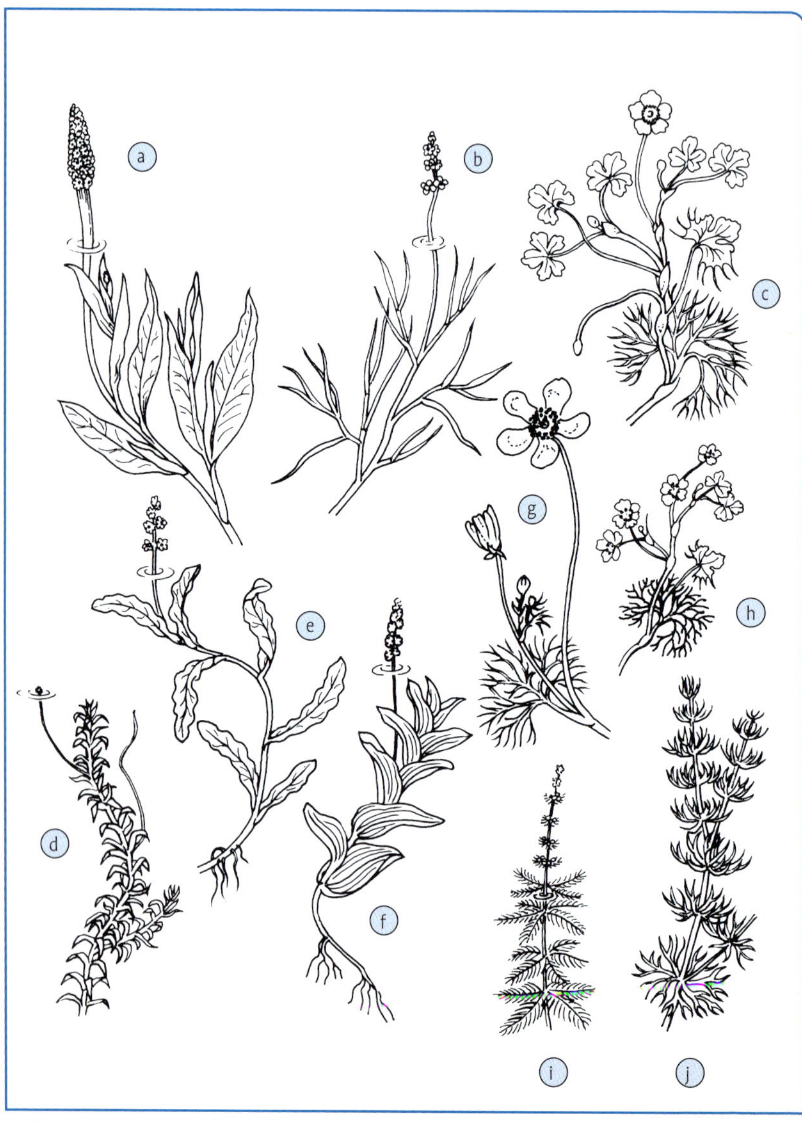

Tafel 3. a) Spiegelndes Laichkraut, b) Kammförmiges Laichkraut, c) Gemeiner Wasserhahnenfuß, d) Wasserpest, e) Krauses Laichkraut, f) Durchwachsenes Laichkraut, g) Flutender Hahnenfuß, h) Schlaffer oder Haarblättriger Hahnenfuß, i) Ähriges Tausendblatt, j) Rauhes Hornkraut.

plötzlich ab, wird bei Zersetzung durch Bakterien Sauerstoff verbraucht und es kann zu Sauerstoffmangel und als Folge zu Fischsterben kommen.

Aufwuchs

Viele Algen und Mikroorganismen siedeln sich auf Pflanzen, Steinen u. a. als Unterlage an. Solchen Aufwuchs findet man besonders häufig in der lichtdurchfluteten Uferzone von Seen, aber auch in Flüssen. Sie dienen vielen Kleintieren als Nahrung, die wiederum von Fischen als Futter aufgenommen werden. In Fließgewässern ist dies oft die wichtigste Fischnahrung. Besonders

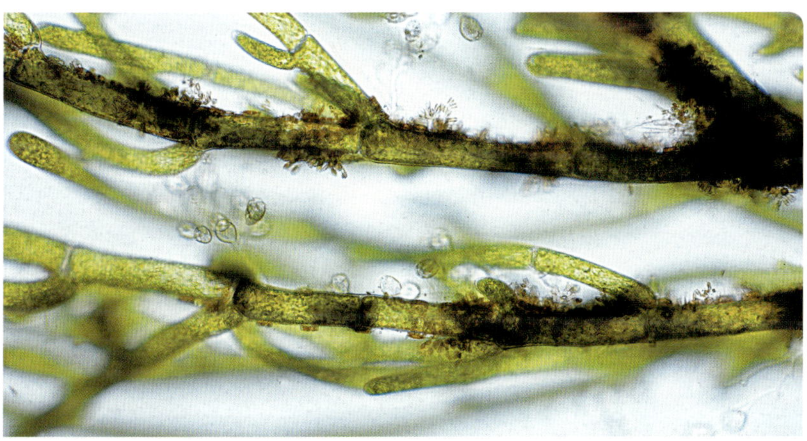

Abb. 21. Fädige Grünalgen mit Aufwuchs von Kieselalgen und Glockentierchen.

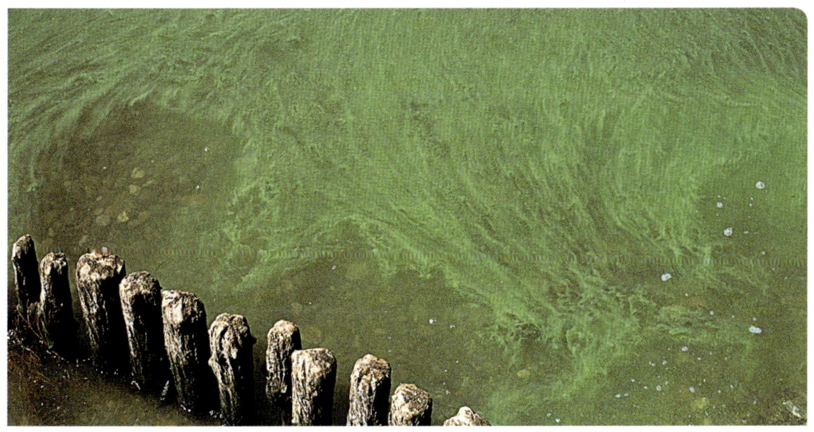

Abb. 22. Wasserblüte. Die gelbgrüne Färbung entsteht durch starke Algenbildung.

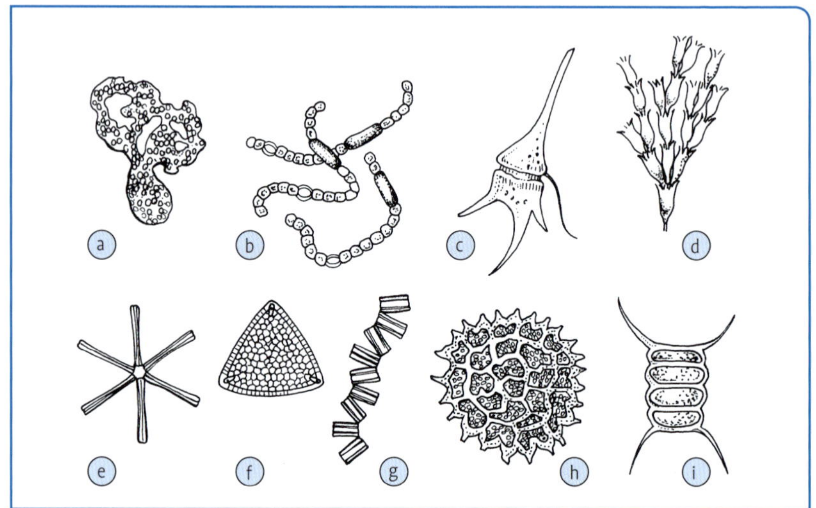

Tafel 4. Blaualgen (a, b), Geißelalgen (c, d), Kieselalgen (e, f, g), Grünalgen (h, i).

stark ist der Aufwuchs in eutrophen Seen.

Pflanzen als Fischnahrung
Viele Weißfische, vor allem Rotfedern ernähren sich teilweise auch von Pflanzen. Dem aus Ostasien eingeführten Graskarpfen dienen Unterwasserpflanzen als vorzügliche Nahrungsquelle, während sich der ebenfalls aus Ostasien stammende Silberfisch von pflanzlichem Plankton ernährt.

Wassertiere
Flohkrebse werden bis 2 cm lang. Ihre Nahrung besteht vorwiegend aus Tier- und Pflanzenresten. Sie leben in sauerstoffreichem, kalkhaltigem Wasser. In Forellengewässern sind sie die bevorzugte Fischnahrung.
Wasserasseln treten in stärker mit organischen, fäulnisfähigen Substanzen angereicherten Gewässern auf als die Flohkrebse. Auch sie sind eine gute Fischnahrung.
Muscheln. In vielen Gewässern treten die 2 cm großen **Kugelmuscheln** und die bis 1 cm großen **Erbsenmuscheln** auf. Einige Fischarten nehmen diese als Nahrung auf.
Schnecken. Bei den Schnecken ist der Fuß des weichen Körpers als Kriechsohle ausgebildet. Sie besitzen einen Kopf und eine Kalkschale, in der der Eingeweidesack spiralig gewunden untergebracht ist. Wasserschnecken findet man gewöhnlich in größerer Anzahl in pflanzenreichen Gewässern. Auch diese dienen manchen Fischarten als Nahrung. Vielfach sind Schnecken aber auch Zwischenwirt gefährlicher Fischparasiten, wie z. B. bei der Wurmstarkrankheit.
Würmer. **Schlammröhrenwürmer,** Verwandte des Regenwurms, leben am

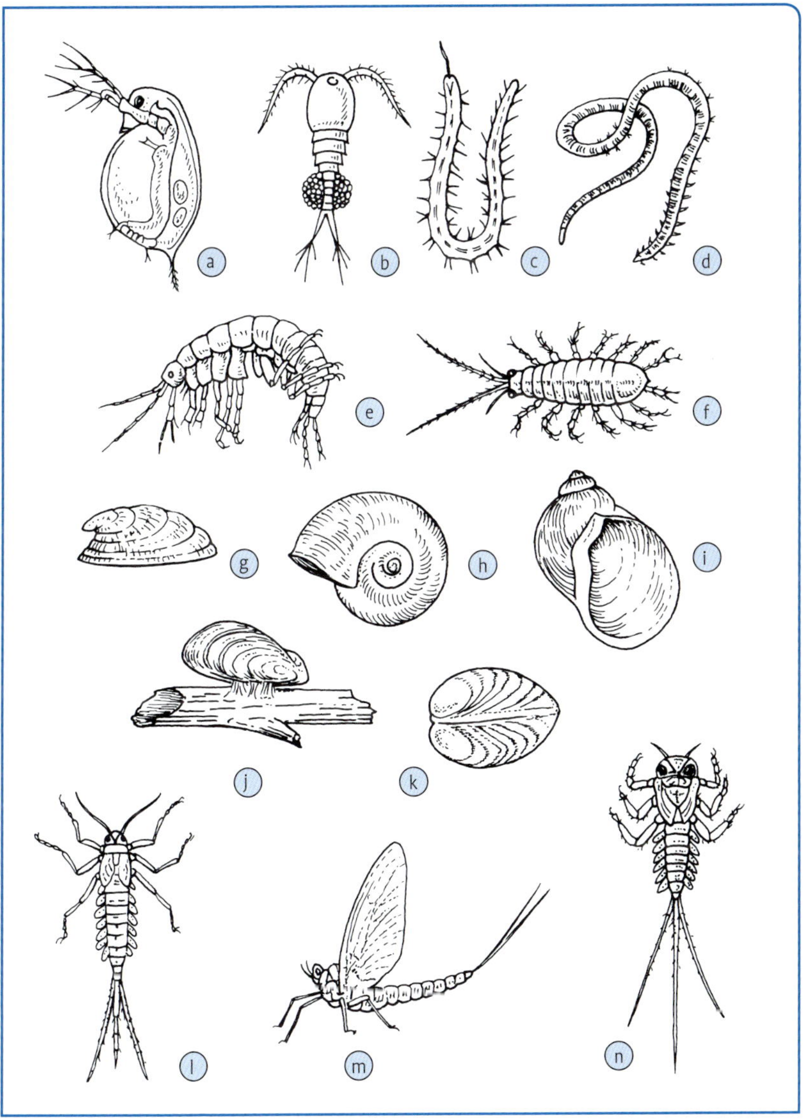

Tafel 5. a) Wasserfloh, b) Hüpferling, c, d) Schlammröhrenwurm, e) Flohkrebs, f) Wasserassel, g) Napfschnecke, h) Tellerschnecke, i) Schlammschnecke, j) Wandermuschel, k) Kugelmuschel, l) Eintagsfliegenlarve, m) Vollkerf einer Eintagsfliege, n) Eintagsfliegenlarve.

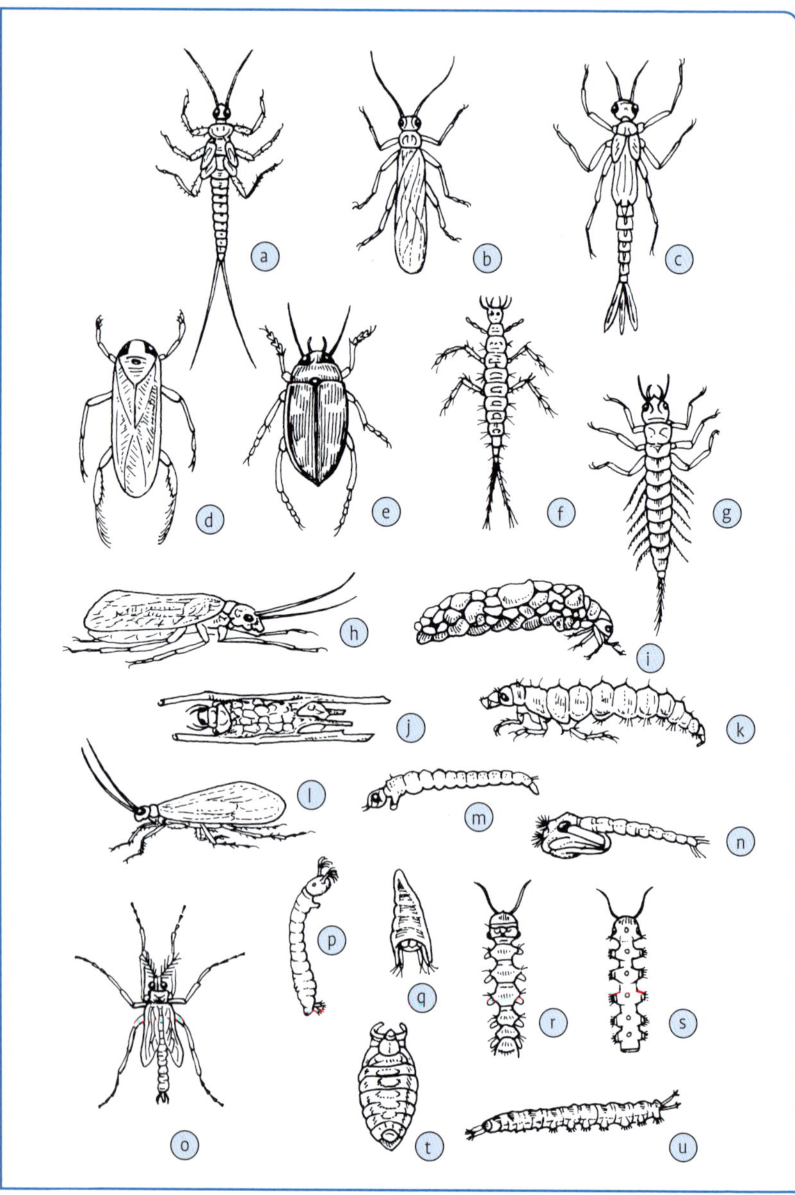
a
b
c
d
e
f
g
h
i
j
k
l
m
n
o
p
q
r
s
t
u

Gewässergrund. Massenvorkommen weisen auf starke Belastung mit fäulnisfähigen Stoffen hin. Sie werden vor allem von verschiedenen Cypriniden verwertet.

Egel. Besitzen 2 Saugnäpfe an den Körperenden. Sie leben in mäßig bis stärker belasteten Gewässern zwischen und unter Steinen. Auch sie werden von manchen Fischarten als Nahrung aufgenommen.

Insekten. Diese haben 3 Bein- und meist 2 Flügelpaare. Ihre Entwicklung erfolgt entweder mit oder ohne Puppenstadium.

Vollkommene Verwandlung: Ei – Larve (Made, Raupe) – Puppe – fertiges Insekt.

Unvollkommene Verwandlung: Ei – Larve – fertiges Insekt.

Insektenlarven und auch -puppen bilden in den meisten Gewässern die wichtigste Fischnahrung.

Eintagsfliegen. Man erkennt sie an den seitlich am Hinterleib stehenden Kiemenplättchen und an den 3 (2) Schwanzborsten. Aus der Larve entsteht nach meist einjähriger Entwicklungszeit das sog. Subimagostadium, das zwar flugfähig ist, aber noch nicht geschlechtsreif. Nach einer Häutung entsteht daraus das fertige Insekt. Bei diesem stehen die aneinander gelegten Flügel in Ruhestellung senkrecht nach oben. Stunden bis Tage nach der Befruchtung und Eiablage gehen Eintagsfliegen zugrunde. Die im Wasser lebenden Larven ernähren sich von Pflanzen und Aufwuchsalgen. In manchen Gewässern sind sie die wichtigsten Fischnährtiere und werden deswegen häufig als Köder zum Flugangeln nachgeahmt.

Steinfliegen. Ihre Larven besitzen 2 Schwanzborsten und 2 Fußkrallen. Kleine Arten ernähren sich von Wasserpflanzen, große von Kleintieren. Ihr Larvenstadium dauert 1–3 Jahre. Geschlechtsreife Insekten schlüpfen ohne Puppenstadium am Ufer. In Ruhestellung sind die Flügel flach übereinander gelegt. Steinfliegen stellen in Gebirgsbächen nicht nur eine gute Nahrung für Fische dar, sie sind auch Anzeiger hervorragender Wasserqualität.

Libellenlarven, Wasserwanzen. Diese leben räuberisch in stehenden und langsam fließenden Gewässern. Große Arten fressen auch Fischbrut und Kaulquappen. Gelegentlich werden diese Arten auch von Fischen als Nahrung aufgenommen.

Käfer. Diese machen eine vollkommene Verwandlung durch. Es gibt viele Arten, die sich als Larven, Puppen und als fertiges Insekt im Wasser aufhalten. In Gebirgsseen können sie einen bedeutenden Beitrag zur Fischernährung liefern.

Schlammfliegen. Ihre Larven leben räuberisch im Gewässerschlamm. Kenntlich sind sie an einem langen Schwanzfaden. Ihre Verpuppung erfolgt an Land. Die geschlechtsreifen Fliegen sind schlechte Flieger mit plumpem, dunklem Körper und 4 Flügeln, die in Ruhe dachförmig zusammen gelegt wer-

Linke Seite: Tafel 6. a) Steinfliegenlarve, b) Vollkerf einer Steinfliege, c) Libellenlarve, d) Ruderwanze, e) Schwimmkäfer, f) Schwimmkäferlarve, g) Schlammfliegenlarve, h) Vollkerf einer Schlammfliege, i) Köcherfliegenlarve mit Köcher, j) Köcherfliegenlarve mit Köcher aus Pflanzenteilen, k) Köcherfliegenlarve ohne Köcher, l) Vollkerf einer Köcherfliege, m) Zuckmückenlarve, n) Zuckmückenpuppe, o) Vollkerf einer Zuckmücke, p) Kriebelmückenlarve, q) Puppe einer Kriebelmücke, r) und s) Larven einer Lidmücke, t) Puppe einer Lidmücke, u) Stechmückenlarve.

den. In vielen Gewässern sind sie ein wichtiger Nahrungsbestandteil für Fische.

Köcherfliegen. Die meisten Arten bauen als Larven zum Schutz ihres weichen Hinterleibs einen Köcher aus Pflanzenteilen, Sand und Steinchen (Sprock). Sie nähren sich von Pflanzen, einige köcherlose Arten leben aber auch räuberisch. Verschiedene Arten spinnen zum Beutefang Fangnetze. Das Puppenstadium wird im Wasser durchlaufen. Die schmetterlingsähnlich fliegenden Insekten haben behaarte Flügel und Körper. In Ruhestellung sind die 4 Flügel dachförmig gefaltet. Köcherfliegen sind eine sehr wichtige Fischnahrung.

Zweiflügler. Sie kommen in den meisten Gewässern als Larven und Puppen vor. Besonders zahlreich vertreten sind verschiedene Zuckmückenlarven (Chironomiden), deren Larven man an Wasserpflanzen und in besonders großen Mengen am Gewässerboden stehender Gewässer finden kann. Sie sind überall eine wichtige Fischnahrung.

Zooplankton. Die wichtigsten Vertreter sind niedere Krebse, wie Wasserflöhe und Hüpferlinge, sowie Rädertierchen und Wimpertierchen. Die Menge an tierischem Plankton ist vom vorhandenen pflanzlichen Plankton abhängig. Es ist die wichtigste Nahrung für Fischbrut, Jungfische, aber auch für bestimmte Fischarten.

Anflug- und Einschwemmnahrung. Während der Sommermonate werden häufig auch Landinsekten ins Wasser getrieben und liefern ein nicht zu vernachlässigendes Nahrungsangebot für Fische. Besonders hoch ist dieser Anteil in den nahrungsarmen Gebirgsseen und Bächen. Auch während Regenperioden wird die Nahrungspalette der Fische durch Einschwemmung von Regenwürmern und Landschnecken beträchtlich vergrößert.

Eutrophierung

Phosphor ist ebenfalls ein wichtiger Bestandteil aller Organismen. Er bestimmt im wesentlichen die Produktion in stehenden Gewässern. Gelangen in diese zu viele Phosphor- und auch Stickstoffverbindungen kommt es zur Anreicherung von Nährstoffen, also zur Eutrophierung mit all ihren erst positiv erscheinenden, aber nach wenigen Jahren deutlich sichtbar negativen Folgen wie:

- Zunahme der Primärproduktion, Verkrautung, übermäßige Algenbildung,
- Verringerung der Sichttiefe, biogene Entkalkung bei Massenentwicklung von Algen, verbunden mit einem pH-Anstieg und Umwandlung von Ammonium in das fischtoxische Ammoniak (Fischsterben sind häufig die Folge),
- bei Algenblüten kommt es tagsüber zu mehr oder weniger starker Sauerstoffübersättigung und nachts zu Sauerstoffzehrung,
- Faulschlammbildung am Grund und darüber Sauerstoffschwund,
- Fischnährtiere verschwinden, der Lebensraum der Fische wird kleiner,
- der Fischertrag steigt anfangs,
- das Fischspektrum ändert sich, die Artenzahl wird geringer, gleichzeitig nimmt die Individuenzahl zu,
- Zunahme von Fischkrankheiten. Stickstoff- und Phosphorverbindungen gelten für Gewässer als Schadstoffe, wenn ihre Konzentration zu hoch ist und zu Eutrophie führt.

Man bedenke: aus 1 kg Phosphor kann 100 kg Algenbiomasse entstehen, die beim Abbau durch Bakterien 150 kg Sauerstoff zehrt.

Die wichtigsten Phosphorquellen sind häusliche und landwirtschaftliche Abwässer. Bei Regen und Überschwemmungen werden von gedüngten Flächen Düngestoffe weggeschwemmt. Aber auch an viele kleine Phosphorquellen ist zu denken. So liefert ein mittelgroßer Baum im Herbst über sein Falllaub rund 10 g Phosphor, um hier nur ein Beispiel zu nennen.

Stoffumsatz in Gewässern

Ein gesunder Lebensraum (Biotop) enthält:

Produzenten: Algen und Pflanzen produzieren aus anorganischen Stoffen, d. h. Nährsalzen und Kohlensäure mit Hilfe der Sonnenenergie organische lebende Substanz = Assimilation.

Konsumenten: Von Algen und Pflanzen ernähren sich Kleintiere, auch manche Fische, von diesen wiederum größere Wassertiere und räuberische Insektenlarven und Fische sowie andere Pflanzen- und Tierfresser.

Destruenten: Bakterien und Pilze nähren sich von organischem Material, sie zersetzen und mineralisieren organische Substanzen. Die entstehenden anorganischen Stoffe dienen teilweise wieder Produzenten als Nährstoff.

Zwischen den Gruppen herrscht ein „biozönotisches Gleichgewicht", d. h. Individuenzahl und die verschiedenen Arten halten sich die Waage. Ändern sich die Umweltverhältnisse, kommt es zu einer Verschiebung des Gleichgewichts. Bei Verschlechterung erfolgt eine Abnahme der Artenzahl und Zunahme weniger empfindlicher Arten und umgekehrt.

Zwischen den einzelnen Populationen einer Lebensgemeinschaft bestehen enge Räuber-Beute-Beziehungen. Diese werden gewöhnlich in einer Nahrungskette dargestellt. Im Wasser sieht diese wie folgt aus:

Phytoplankton → Zooplankton → Friedfisch → Raubfisch.

Der Energiefluss liegt pro Nahrungskettenglied bei ca. 10%. Dazu folgendes Beispiel:

Aus 1000 kg Algen können rund
100 kg Zooplankton entstehen,
aus diesen
10 kg Friedfisch und
aus diesen
1 kg Raubfisch.

Die Anzahl der Organismen ist vom Untergrund bzw. dem Substrat abhängig:

- in sandigen Böden findet man wenig Tiere je Flächeneinheit,
- unter oder auf Steinen ist ihre Anzahl rund 100-fach höher,
- in schlammigen Böden ca. 150-fach und
- auf Wasserpflanzen sogar um das 300-fache höher.

Biologische Beurteilung von Fließgewässern (Gewässergüteklassen)

Genau so wie manche Fischarten einen hohen Sauerstoffbedarf aufweisen und andere nicht, gibt es auch unter den Fischnährtieren solche, die nur dort leben, wo das Wasser ganz oder zumindest nahezu mit Sauerstoff gesättigt ist. Andere wiederum leben in stärker belastetem Wasser mit niedrigeren Sauerstoffkonzentrationen.

Tab. 16. Einige typische Indikatororganismen

Tierart	Gewässergüte
Lidmückenlarve	1,1
Steinfliegenlarve	1,4
Groppe	1,5
Bachneunauge	1,5
flache Eintagsfliegenlarve	1,7
Köcherfliegenlarve	1,8
Bachflohkrebs	2,0
Weißer Strudelwurm	2,1
Großer Schneckenegel	2,2
Kugelmuschel	2,3
Schlammschnecke	2,3
Rollegel	2,7
Wasserassel	2,7
Rote Zuckmückenlarve	3,4
Roter Schlammröhrenwurm	3,5
Rattenschwanzlarve	4,0

Um die Güte in Fließgewässern zu ermitteln, wird geprüft, welche **Güteindikatoren** in der zu untersuchenden Gewässerstrecke leben. Man unterscheidet 4 Güteklassen mit Zwischenstufen.

Güteklasse I = oligosaprob
(Farbdarstellung blau):
Wasser stets oder zumindest nahezu sauerstoffgesättigt. Vorhanden sind gewöhnlich viele verschiedene Insektenlarven, aber die Individuendichte ist gering. Typische Fischarten: Salmoniden, Groppe, Bachneunauge.

Güteklasse II = beta-mesosaprob
(grün):
Sauerstoffzehrung um 25%, da mäßig verunreinigt. Viele Kleintierarten sind in großer Zahl vorhanden. Es handelt sich zumeist um ertragreiche Fischgewässer mit verschiedenen Fischarten. In solchen Gewässern werden beste Salmonidenerträge erzielt.

Güteklasse III = alpha-mesosaprob
(gelb):
Die organische Belastung ist stark, daher der Sauerstoffgehalt gering. Örtliche Faulschlammbildung ist möglich. Nur wenige Tierarten sind vorhanden, wie Schlammegel und Wasserassel. Karpfenartige, Aale und Stichlinge können in solchen Gewässern noch auftreten.

Güteklasse IV = polysaprob
(rot):
Außergewöhnlich stark belastet, geringer Sauerstoffgehalt. Tiere: Schlammröhrenwürmer und Rote Zuckmückenlarven meist in großer Zahl.

Erwähnt sei noch die sog. Vernichtungszone (schwarz), in der toxische Abwässer alles Leben vernichteten.

Durch biologische Untersuchungen in Gewässern ermittelt man deren Lebensgemeinschaft. Diese gibt uns Auskunft über die während eines längeren Zeitraumes verursachten Belastungen und hilft vielfach auch, die fraglichen Einleitungsstellen aufzufinden. Die Ursachen der Verschmutzung aber kann sie nicht aufzeigen. Hierzu sind chemische Untersuchungen erforderlich.

Die Lebensräume der Fische

Regionen der Fließgewässer

Bei Fließgewässern ändert sich von ihrem Ursprung, der Quelle, bis zur Mündung ins Meer die Strömungsgeschwindigkeit, Quantität und Qualität des Wassers, die Bodenbeschaffenheit, Pflanzenwelt und die Zusammensetzung der Tierarten. Da sich auch die Zusammensetzung der Fischarten ändert, teilt man die Fließgewässer in verschiedene Regionen ein entsprechend den Hauptfischarten. Zwischen den einzelnen Bereichen besteht keine scharfe Abgrenzung, sie gehen allmählich ineinander über.

Forellenregion. Wasser schnell fließend, starkes Gefälle, Grund steinig, sauerstoffreich, sommerkalt, geringe Temperaturschwankungen. Häufig sind Quellmoos und Brunnenkresse vorhanden. Häufige Fischnährtiere sind: Stein-, Eintags- und Köcherfliegenlarven sowie Bachflohkrebse.

Leitfisch ist die Bachforelle. Nebenfische sind: Bachsaibling, Groppe, Elritze, Schmerle, Gründling.

Äschenregion. Hier herrscht geringeres Gefälle, aber eine größere Wasserführung vor. Grund sandig bis steinig. Oft sind viele Wasserpflanzen vorhanden. Wassertemperaturschwankungen sind hier etwas stärker als in der Forellenregion. Im Winter kälter, im Sommer wärmer. Der Sauerstoffgehalt ist meist noch hoch bis gesättigt. Nährtiere wie in der Forellenregion. Hinzu kommen noch Schnecken und Egel.

Tab. 17. Natürliche und künstliche Gewässerformen

Gewässerformen	natürliche		künstliche
fließende Gewässer	Gräben Bach kleiner Fluss großer Fluss Strom	bis 1 m breit 1– 5 m breit 5–25 m breit 25–100 m breit über 100 m breit	betonisierte Gräben Meliorationsgräben Kanäle
stehende Gewässer	Tümpel: Flache, temporäre Süßwasseransammlungen mit stark schwankenden Wasserständen. Weiher: Flachwasserseen, geringe Tiefe, teils über Mönch ablassbar, Temperaturschichtung nur vorübergehend, wird immer wieder durch Winde gestört. See: Tiefere Gewässer, in denen sich während der warmen Sommermonate eine deutlich ausgeprägte Temperaturschichtung entwickelt.		Teiche: ablassbar über Mönch Baggerseen: Speisung durch Grund- oder Regenwasser. Ufer vielfach monoton, ungegliedert, ohne Flachwasserzone. Junge Baggerseen sind meist oligotroph, alte eutroph. Altwasser: Von Flüssen abgeschnittene Gewässerteile, bleiben aber vielfach mit diesen in Verbindung. Ideale Laichgebiete für Fische. Stauseen, Talsperren: Häufige Änderung des Wasserstandes erschwert die Bewirtschaftung und ist ungünstig für die Entwicklung von Wasserpflanzen.

Leitfisch ist die Äsche. Nebenfische sind: Forellen, Huchen, Döbel, Nase, Hasel, Barbe, Hecht.

Barbenregion. Die Strömung wird langsamer und gleichmäßiger. Der Boden ist sandig. Sauerstoffgehalt an der Oberfläche hoch, über Grund niedriger. Reichlicher Pflanzenwuchs. Temperaturschwankungen zwischen Sommer und Winter werden größer. Fischnährtiere sind Egel, Schnecken, rote Zuckmückenlarven und roter Schlammröhrenwurm.

Leitfisch ist die Barbe. Nebenfische sind: Nase, Rotauge, Hecht, Aland, Döbel, Hasel, Wels, Aal.

Brachsenregion. Träge fließende Flüsse und Ströme mit schlammigem Grund. Am Boden Sauerstoffmangel. Weist starke Temperaturschwankungen zwischen Sommer und Winter auf. Fischnährtiere im wesentlichen Egel, Schnecken, Asseln, rote Zuckmückenlarven, Schlammröhrenwürmer; vielfach nur die beiden zuletzt genannten.

Leitfisch ist der Brachsen. Nebenfische: Zander, Hecht, Aal, Karpfen, Schleie, Rotauge, Rotfeder, Güster, Barsch, Wels.

In dieser Region kommen die meisten Fischarten vor.

Kaulbarsch-/Flunderregion, auch Brackwasserregion. Salz- und Süßwasser gemischt. Strömung gering, ebenfalls der Sauerstoffgehalt. Leitfische sind Kaulbarsch und Flunder. Nebenfische: Stint, Aal, Rotauge, Brachsen, Güster.

Fischereiliche Seenklassifizierung

Entsprechend der Häufigkeit bestimmter Fischarten unterscheidet man auch bei Seen verschiedene Typen.

Saiblings-, Forellensee. Tiefe, oligotrophe bis mesotrophe Hochgebirgs- und Voralpenseen mit klarem Wasser bis über Grund. Die Ufer fallen meist steil ab und die Ufervegetation ist nur sehr schwach entwickelt oder fehlt ganz.

Vorkommende Fischarten: Seesaibling, Seeforelle, Bachforelle, Laube, Elritze, Groppe, Schmerle, Barsch.

Felchen- oder Maränensee. Tiefe, oligotrophe bis mesotrophe Seen mit kühlem Wasser. Der Sauerstoffgehalt über Grund beträgt meist über 4 mg/l. Die Uferzone ist schmal.

Vorkommende Fischarten: Felchen, Seeforelle, Seesaibling, Barsch, Hecht, Trüsche, Zander, Aal, Laube, Rotauge und andere Weißfischarten.

Brachsenseen. Eutrophe Seen mit großem, flachem Uferbereich und schlammigem Grund. Hohe Fischerträge bis 80 kg/ha und mehr sind normal. Diese sind umso höher, je größer die Uferzone ist.

Vorkommende Fischarten: Brachsen, Rotauge, Karpfen, Schleien u. a. Weißfischarten, Hecht, Wels, Aal.

Hecht-Schlei-See. Breite, flache Uferzone, große „Laichwiesen“, viele Wasserpflanzen. Praktisch nur krautreicher Uferbereich mit ausgedehntem Schilfgürtel und ohne Tiefenzone. Sehr hohe Fischerträge bis 100 kg/ha und mehr; davon bis 10 kg Hecht und 60 kg Schleien.

Vorkommende Fischarten: Hecht, Schleie, Rotauge, Rotfeder, Karpfen u. a. Weißfischarten, Barsch, Aal, Moderlieschen, Schlammpeitzger und Bitterling.

Zandersee. Trübes Wasser, hohe Nahrungsproduktion. Zandererträge bis 15 kg/ha.

Vorkommende Fischarten: Zander, Laube, Stint, Barsch, Aal, Rotauge u. a. Weißfischarten.

Tab. 18. Vorkommen einzelner Fischarten in den verschiedenen Fließgewässerregionen

Forellenregion	Äschenregion	Barbenregion	Brachsenregion	Brackwasserregion
Bachforelle				Flunder
Bachsaibling				Kaulbarsch
	Äsche			
	Huchen			
	Lachs			
	Döbel			
		Barbe		
			Brachsen	
		Hecht		
		Rotauge		
			Karpfen	
			Wels	
			Zander	
			Schleie	
		Barsch		
	Strömer			
Mühkoppe				
Bachneunauge				
Schmerle				
Elritze				
		Gründling		
	Schneider			
	Trüsche			
		Aal		
Edelkrebs				

Tab. 19. Fischertragsklassen (in kg/ha)

a) fließende Gewässer	Klasse	Bäche der Forellen- und Äschenregion		Flüsse und Ströme der Barben- und Brachsenregion
	I	200<		100<
	II	100–200		50–100
	III	50–200		25– 50
	IV	25– 50		10– 25
	V	< 25		< 10
b) stehende Gewässer	**Klasse**	**oligotroph**	**mesotroph**	**eutroph**
	I	20<	40<	80<
	II	10–20	20–40	40–80
	III	5–10	10 20	20–40
	IV	2– 5	5–10	10–20
	V	< 2	< 5	< 10

Zonierung stehender Gewässer. In Seen unterscheidet man die Freiwasserzone (Pelagial) und die Bodenzone (Benthal). Letztere wird noch in die Tiefenzone (Profundal) und die Uferzone (Litoral) gegliedert. In der letzt genannten finden wir sowohl Überwasserpflanzen als auch Schwimmblatt- und Unterwasserpflanzen.

Fischereilich betrachtet ist der Uferbereich der fruchtbarste Teil eines Sees. Hier finden die Fische die meiste Nahrung. Die Erträge sind um rund das 5-fache höher als in der Freiwasserregion.

Fragen zur Kontrolle

- Was ist Wasser?
- Welche Wasserarten unterscheidet man entsprechend ihrer Herkunft?
- Welche Bedeutung hat die Wasserströmung?
- Was bedeutet der pH-Wert?
- Welchen Einfluss hat die Temperatur auf die Gaslöslichkeit im Wasser?
- Was versteht man unter Vollzirkulation?
- Wie hoch ist die Dichte von Wasser bei 4 °C?
- In welche Gruppen teilt man die Pflanzen entsprechend ihrem Standort am/im Wasser ein?
- Was versteht man unter Aufwuchs?
- Welche Fischarten ernähren sich auch von Pflanzen?
- Was bedeutet Eutrophierung?
- Was bedeutet Biozönotisches Gleichgewicht?
- Was versteht man unter Gewässergüteklassen?
- In welche Regionen werden Fließgewässer eingeteilt?
- Welche Fischarten leben in den einzelnen Regionen noch neben der Leitform?
- Wie werden stehende Gewässer fischereilich klassifiziert?
- Welche Zonen unterscheidet man in Seen?
- Bei welcher Temperatur ist Wasser am schwersten?
- Was verursacht die Schichtung von Seen?
- In welcher Fließgewässerregion verzeichnet man die höchsen Fischerträge/ha?
- Was sind Indikatororganismen?
- Welche Fischart zeigt eine gute Wassergüte an?
- Was versteht man unter Produzenten?

Fischhege – Gewässerpflege

Was unter Hege zu verstehen und wer dazu verpflichtet ist, ist im Fischereigesetz festgelegt. Weiteres hierzu s. Seite 178.

Bestandsförderung

Förderung der natürlichen Fortpflanzung

Vielfach kann auf Besatzmaßnahmen verzichtet werden, wenn den vorhandenen Fischarten das Laichen erleichtert bzw. überhaupt erst ermöglicht wird. Um dies zu erreichen, ist in Fließgewässern in erster Linie für deren Durchgängigkeit zu sorgen, damit die Fische an ihre Laichplätze gelangen können. Zu denken ist bei dieser Maßnahme aber auch an Jungfische, die eventuell bei einem Hochwasser abgetrieben wurden und nicht mehr hochwandern können.

Viele solche Fehler, besonders in kleinen Bächen und Flüssen, könnten ohne große Schwierigkeiten wieder gutgemacht werden. Steinschüttungen vor Sohlschwellen und kleineren Stauwehren oder Fischtreppen bei höheren Unterbrechungen sind zu errichten.

In der Forellenregion sollten die Höhenunterschiede an Schwellen und Wehren nicht mehr als 0,3 m betragen, in den übrigen sollten sie 0,2 bis 0,25 m nicht überschreiten. Das Wasser unterhalb von Schwellen sollte bei Niedrigwasser mindestens 0,3 m tief sein.

Diese Zahlen erscheinen auf den ersten Blick sehr niedrig, wenn man sie mit den bekannten Sprunghöhen von Fischen vergleicht:

- Lachs 1,0–1,7 m
- Bachforelle 0,7–0,8 m
- Barbe 0,6–0,7 m
- Brachsen 0,3–0,4 m
- Nase, Rotauge 0,2–0,3 m

Die genannten Zahlen sind Höchstwerte, die bei weitem nicht alle Fische erzielen. Auch gibt es Kleinfischarten wie Groppe oder Bachneunauge, für die die Überwindung von nur 0,1 m schon unmöglich ist.

An vielen geeigneten Stellen kann die natürliche Fortpflanzung durch Einbringen von Kies oder Sand für Bodenlaicher unterstützt werden. Die Förderung von Wasserpflanzen und Röhricht, auch deren Neuanpflanzung, kann die Laichablage von Krautlaichern fördern.

Während der Laichzeit dürfen keine Baggerarbeiten oder Räumungen an diesen Gewässerstrecken erfolgen.

In Weihern und Seen fördern Nester aus Bäumen und Ästen die Laichablage von Zandern. Girlanden aus Kunststoff wiederum können Laichhilfen für die Krautlaicher, Karpfen und Schleie darstellen. Zu nennen ist noch die sog. W-V-Box, in die befruchtete Forelleneier eingebracht und die dann in Gewässer eingesetzt wird.

Schonmaße (s. auch Anhang 1)

Damit genügend Fische das fortpflanzungsfähige Alter erreichen und mindestens einmal zum Ablaichen kommen, werden für gefährdete Fischarten Fangmindestmaße zu deren Schonung festgesetzt. Unter Schonmaß versteht man die Mindestlänge für Fische und Krebse, für die ein Aneignungsrecht besteht. Das gesetzlich vorgeschriebene Schonmaß darf der Fischereiberechtigte oder Pächter zwar erhöhen, aber nicht verringern. Die Mindestlänge eines Fisches wird von der Kopfspitze bis zum Ende der natürlich ausgebreiteten Schwanzflosse gemessen; am Bodensee aber von der Kopfspitze bis zum Ende der zusammengelegten Schwanzflosse.

Schonzeiten
Um eine Störung des Laichgeschäftes zu vermeiden, werden für bestimmte Fischarten während deren Laichzeit Schonzeiten verordnet.

Schongebiete
Viele Fischereirechtsinhaber und auch Pächter haben in manchen Gewässern Schongebiete festgelegt, in denen teilweise ganzjährig, meist aber nur während der Laichzeit bestimmter Fischarten nicht gefischt werden darf. Weiterhin untersagen sie in diesem Bereich jegliche Beunruhigung der Fische durch Bade- und Bootsbetrieb. Außerdem ist während dieser Zeiten das Mähen von Wasserpflanzen sowie die Entnahme von Sand und Kies untersagt.

Fischbesatz
Ziel jeglicher Gewässerbewirtschaftung sind möglichst hohe und kontinuierliche Erträge. Jedes Gewässer ist aber anders und daher auch jedes Einzelne als Individuum zu betrachten und zu behandeln. Es gibt daher auch kein allgemeingültiges Patentrezept für die Bewirtschaftung. Mehrjährige Beobachtung und Erfahrung geben aber Hinweise.
Um die einheimischen Fischbestände zu erhalten, ist vielfach auch Besatz einzelner Fischarten erforderlich. Zunehmende Anglerzahlen und Fangwünsche sind jedoch keine Begründung für einen Fischbesatz. Er darf nur dort erfolgen, wo er auch notwendig ist z. B.:

- nach Fischsterben und Beendigung einer Krankheit,
- nach Renaturierung von Gewässern,
- nach Zerstörung von Laichplätzen und Aufenthaltsräumen von Jungfischen,
- beim Vorhandensein vieler Fischfeinde,
- wenn Fischwanderung unmöglich ist,
- bei Eu- und Oligotrophierung,
- nach Baumaßnahmen u. a.

Die Besatzmenge und die Auswahl der einzusetzenden Fischarten dürfen sich nicht nach den Wünschen einzelner Angler richten. Maßstab ist ausschließlich die natürliche Ertragsfähigkeit der Gewässer, also das Nahrungsangebot und der Gewässertyp. Daher ist vor jedem Besatz zu klären:

- sind alle Räume im Gewässer genutzt,
- ist die Besatzzeit richtig gewählt,
- ist stets genügend Nahrung und Wasser vorhanden (Mindestwassermenge),
- stimmt das Verhältnis Raubfisch zu Friedfisch = 1:10 und Bodentierfresser zu Planktonfresser = 1:2 usw.?

Oft wird Besatz übertrieben, einfach weil angenommen wird: viel Besatz bedeutet viel Hege. Beim Besatz muss es aber stets heißen: nur so viel wie unbedingt nötig.
Quantität hat sich bis heute noch nie bewährt. Gewöhnlich bringt zu viel Besatz keinen höheren Ertrag, im Gegenteil er schadet nur und führt zu Verbuttung, Kannibalismus oder Krankheit. Auch können Arten durch starke Nahrungskonkurrenz verdrängt werden.

Die in den Tabellen 20 und 21 genannten Faustzahlen können als Anhaltspunkte für Besatzmengen dienen. Es sollte stets mit niedrigen Zahlen begonnen und langsam an die obere Grenze herangetastet werden. Bei Fließgewässern ist zusätzlich vor jedem Besatz zu prüfen, ob, wieviel und welche Fischarten in den einzelnen Gewässerabschnitten eingesetzt wurden. Zweckmäßigerweise sollten Fließgewässer von allen Anliegern gemeinsam bewirtschaftet werden.

Beim Kauf von Satzfischen ist ganz besonders darauf zu achten, dass nur Fische geliefert werden, die frei sind von Krankheiten, Seuchen und Parasiten. Die beste Gewähr dafür bieten vom Fischgesundheitsdienst überwachte Satzfischbetriebe. Bewährt hat sich der Bezug von Lieferanten, die ausschließlich heimische Fischarten produzieren.

Tab. 20. Fischbesatz in Fließgewässern (Stück/ha)

Satzfischart		Forellenregion	Äschenregion	Barbenregion	Brachsenregion
Bachforellen	v	5000–10 000	–	–	–
Bachforellen	1-s.	500– 100	400–800	–	–
Bachforellen	1-j.	250– 500	200–400	–	–
Äschen	1-s.	–	400–800	–	–
Äschen	1-j.	–	200–400	–	–
Hecht	v	–	–	50–100	100–150
Zander	1-s.	–	–	30– 50	40– 60
Schleien	2-s.	–	–	80–100	100–120
Karpfen	1-s.	–	–	60–100	80–120
Karpfen	2-s.	–	–	20– 30	30– 40
Glasaale*		–	–	100–300	200–250

* fehlt Aufstiegsmöglichkeit dann 2- bis 5-mal mehr

Tab. 21. Fischbesatz in stehenden Gewässern (Stück/ha bzw. kg/ha)
(1. Zahl für oligotrophe und 2. für eutrophe Seen)

Satzfischart	Temperaturschichtung im Sommer nein	ja	Talsperren, Stauseen
Coregonen v	–	1000–5000	1000–5000
Seeforellen 1-s, 1-j.	–	100– 300	100– 300
Seesaibling 1-s, 1-j.	–	100– 200	100– 200
K_2	50–200	50– 500	50– 200
S_2	50–200	100– 500	50– 200
H_v	100–400	50– 500	50– 100
Z_1	40–100	50– 250	20– 50
Glasaale	150–500	100– 300	50– 300
Lauben (Uklei)*	–	50– 100 kg	40– 60 kg
Rotaugen*	10– 50 kg	10– 50 kg	40– 60 kg

* alle Altersstufen und Größen

Bemerkt sei noch, dass Trüschen und Aale, die große Laichräuber sind, nie in Salmonidengewässer gesetzt werden. Auch in Krebsgewässer dürfen keine Aale gebracht werden, die mit Vorliebe sog. Butterkrebse fressen. Hechte sind wegen Kannibalismus nur einzeln und zwar in Ufernähe möglichst in Krautbänken einzusetzen. Unter keinen Umständen dürfen genetisch veränderte Fische in öffentliche Gewässer gebracht werden.

Alter der Besatzfische

Es gilt der altbewährte Grundsatz „Fische so jung wie möglich einsetzen" in den allermeisten Fällen immer noch. Junge Fische passen sich leichter einer neuen Umgebung an als ältere. Sie sind allerdings gegen Umwelteinflüsse empfindlicher, so dass man höhere Besatzzahlen wählen muss.

Am besten bewährt haben sich folgende Altersstufen:

- Forellenartige: vorgestreckte Brut bis einsömmrige Fische
- Karpfenartige: ein- bis zweisömmrige
- Hecht und Felchen: vorgestreckte Brut
- Zander: einsömmrige
- Aal: Glasaale

Fehlen die Kinderstuben für die Brut und Jungfische, hilft nur der Besatz mit größeren, älteren Fischen. Werden Gewässer während der Wintermonate von Fischfressenden Vögeln wie Kormoran, Gänsesäger und Graureiher stark heimgesucht und die Jungfische mehr oder weniger stark dezimiert, dann sollten im Frühjahr größere Fische eingesetzt werden.

Erwähnt sei noch, dass der pH-Wert zu berücksichtigen ist. In saure Gewässer sollten im Frühjahr nach der Schneeschmelze nur einjährige Fische eingesetzt werden. Diese sind weniger empfindlich gegen niedere pH-Werte als Brut.

Besatz mit Kleinfischarten

Nach Fischsterben und bei Gewässerrenaturierung sind bei Besatzmaßnahmen auch die Kleinfischarten zu berücksichtigen, denn sie spielen eine wichtige Rolle in der Nahrungskette. Besonders für die Raubfische stellen sie eine bedeutsame Nahrungsgrundlage dar. Bei ihrem Besatz ist genau wie bei größeren Fischarten darauf zu achten, dass sie auch ins Gewässer passen. So hat z. B. das Moderlieschen nichts in der Forellenregion zu suchen. Es wird dort mit Sicherheit abwandern, wenn es kann, oder eingehen.

Soll ein Gewässer wieder besiedelt werden, dann reichen 1000–2000 Individuen/l pro ha aus, um innerhalb von 1–3 Jahren den Bestand wieder erfolgreich aufzubauen. Sind Bitterlinge einzubringen, dann sind zusätzlich zu 2000 Exemplaren dieser Fischart noch 1000 Muscheln/ha einzusetzen.

Soll Krebsbesatz erfolgen, dann sind 150 zweisömmrige Tiere/km Bachlauf bzw. Uferlänge in zwei aufeinander folgenden Jahren einzusetzen.

Fischtransport

Verletzte Fische verpilzen häufig. Aus diesem Grund sind Fische vor und während eines Transportes äußerst sorgfältig zu behandeln, damit es zu keinen Flossenschäden, Schleimhautverletzungen und Schuppenverlusten kommt.

Kescher für die Entnahme der Fische aus dem Wasser sollen kleinmaschig, knotenlos und aus Garn gefertigt sein.

Der Transport muss entsprechend der Fischmenge in großen Transportgefäßen mit glatten Innenwänden erfolgen. Auf gute Sauerstoffversorgung ist allergrößter Wert zu legen. Vor dem Aussetzen ins Wasser ist zumeist ein allmählicher Temperaturausgleich erforderlich, um einen Temperaturschock zu vermeiden. Kammschupper dürfen nie mit Rundschuppern transportiert werden.

Fischfang

Eine gute Gewässerbewirtschaftung verlangt auch eine angemessene Entnahme fangreifer Fische. Wird nicht laufend ein Teil der Produktion abgeschöpft, ist niemals ein einwandfreier Fischbestand zu erwarten. Der Fischfang darf allerdings nicht einseitig sein, d. h. dass nur die eine oder andere Fischart dem Wasser entnommen wird. Das Gleichgewicht im Fischbestand muss erhalten bleiben. Dazu ist es erforderlich, dass der Befischungsdruck nicht zu hoch wird, auch wenn die Zahl der Angler recht hoch ist. Aber auch ein zu geringer Befischungsdruck kann schaden. Nimmt eine Fischart überhand, ist sie gezielt zu befischen. In solchen Fällen kann auch Gemeinschaftsfischen als Hegefischerei angebracht sein. Jedenfalls sind die Angelmethoden so zu wählen, dass möglichst keine Fische während der Schonzeit gefangen werden und keine untermaßigen.

Muss in einem Fischgewässer der Fischbestand reguliert werden, sollte auch geprüft werden, ob eventuell die Elektrofischerei als rasche Hilfe eingesetzt werden kann.

Die oft gehörten Bezeichnungen „Fischunkraut“ oder „Minderfisch“ für Fische, die man aus welchen Gründen auch immer nicht haben oder fangen will, sollten heute eigentlich der Vergangenheit angehören. Jede Fischart hat am richtigen Platz ihren Wert und ist zu hegen, also auch zu fangen.

Fangstatistik

Zur Prüfung richtiger Gewässerbewirtschaftung und auch zur Schadensberechnung nach Fischsterben sind gut geführte Fangstatistiken erforderlich. Sie sind auch eine wichtige Grundlage bei Hege- und Besatzmaßnahmen. Eine Fangstatistik sollte folgende Angaben enthalten:

- **Gewässername**
- **Fangtag** (es sind auch Tage einzutragen, an denen nichts gefangen wurde, um Angaben über die Angelintensität zu erhalten)
- **Fischart**
- **Länge** (in cm)
- **Gewicht** (in kg)
- **Geschlecht** (das Verhältnis Milchner zu Rogner sollte etwa 1:1 sein)

Auch Angler mit Gastkarten müssen Angaben liefern.

Am Jahresende hat der Gewässerwart alle Karten auszuwerten und zu prüfen, ob sich der Ertrag verbessert oder verschlechtert hat, ob Besatz und mit welchen Arten erforderlich ist und ob auch die richtigen Fischarten aus dem Wasser gefangen wurden.

Um Vergleiche mit anderen Gewässern und auch der Literatur anstellen zu können, sind alle Angaben über den Gesamtertrag und die einzelnen Fischarten in kg/ha zu berechnen.

Verbuttung

Die Ursache für Verbuttung, d. h. im Wachstum zurück gebliebene Fische, sind fast immer die Folge falscher bzw.

nicht ordnungsgemäßer Bewirtschaftung. In Frage kommen:

- unzureichende Befischung,
- zu starker Raubfischfang,
- zu hoher Fischbesatz,
- zu hohe natürliche Fortpflanzungsrate,
- falscher Besatz.

Stets handelt es sich bei der verbutteten Fischart um die Folgen von Nahrungsmangel.

Ein Vergleich der Fang- und Besatzstatistik zeigt gewöhnlich die Ursache auf, d. h. lässt auf falsche oder richtige Bewirtschaftung schließen.

Fischschädlinge

Verschiedene Wasserwanzen, Großlibellenlarven, Gelbrandkäfer und deren Larven können Fischbrütlinge und Jungfische überwältigen. Treten solche oder auch die stechend-saugenden Rückenschwimmer gar in Massen auf, können sie in kleinen Gewässern schädlich für den Fischbestand werden. Aus der Klasse der Würmer sind die Strudelwürmer zu nennen, die große Mengen an Fischlaich vernichten können.

Von den fischereischädlichen Vögeln sind zu nennen: Kormoran, Gänsesäger, Graureiher. Auch die Lachmöve ist hier aufzuführen, vor allem als Überträger von Fischparasiten.

Weiterhin ist das Auftreten von Bisamen oder anderen Schadorganismen, die die Ufersicherheit gefährden können, zu verhindern.

Im Interesse eines ausgewogenen und gesunden Fischbestandes ist stets auf das Vorkommen von Fischschädlingen zu achten. Diese sind unter Beachtung aller Gesetze vom Gewässer fernzuhalten .

Maßnahmen bei Fischsterben und Fischkrankheiten

Verhalten bei Fischsterben

Die meisten Fischsterben werden durch Abwässer wie Jauche, Cyanid, Spritzmittel usw. verursacht, aber auch vielfach durch Sauerstoffmangel nach Einleitung organischer fäulnisfähiger Substanzen. Manche Fischkrankheiten können ebenfalls zu Fischsterben mit hohen Verlusten führen.

Bei Vergiftungen gehen gewöhnlich alle Fischarten und Altersstufen ein. Bei Krankheiten hingegen wird meist nur eine Fischart oder Fischfamilie, manchmal sogar nur eine Altersklasse betroffen. Fischsterben durch Vergiftung verlaufen gewöhnlich sehr rasch, die bei Krankheiten hingegen aber eher schleichend.

Tab. 22. Verhaltensanomalien bei Fischsterben

- Atemfrequenz erhöht/erniedrigt
- Spei-, Schluckbewegungen
- Über-, Unterempfindlichkeit
- beschleunigtes/verlangsamtes Schwimmen
- Umherschießen/Scheuern
- Verlust des Orientierungsvermögens
- Lähmung

Tab. 23. Erkennbare Veränderungen bei Vergiftung/Fischsterben

Haut:	Verfärbung dunkel/hell, Rötung, Trübung, Hautablösung, vermehrte/verringerte Schleimsekretion
Kiemen:	Farbänderung dunkel/hell, Schwellung der Kiemenblättchen, Zerstörung der Kiemenenden, Verschleimung, Blutungen
Augen:	Trübung, Erblindung
Flossen:	Verfärbung, Ausfaserung
Kiemendeckel:	im Tod abstehend/anliegend
Maul:	im Tod offen/geschlossen

Tab. 24. Hinweise auf mögliche Ursachen

Krampfhaftes Springen, Umherschießen	• Säuren, Chlor
Säurestellung	• Säuren
Notatmung	• Sauerstoffmangel, Säuren, Chlor, Schwermetalle
Kiemendeckel im Tod geschlossen	• Säuren, Laugen
Kiemendeckel offen	• Sauerstoffmangel, Ammoniak
Flossenausfaserung	• Laugen, Ammoniak, Chlor
Verätzung von Haut und Kiemen	• Säuren, Laugen, Chlor, Schwermetalle

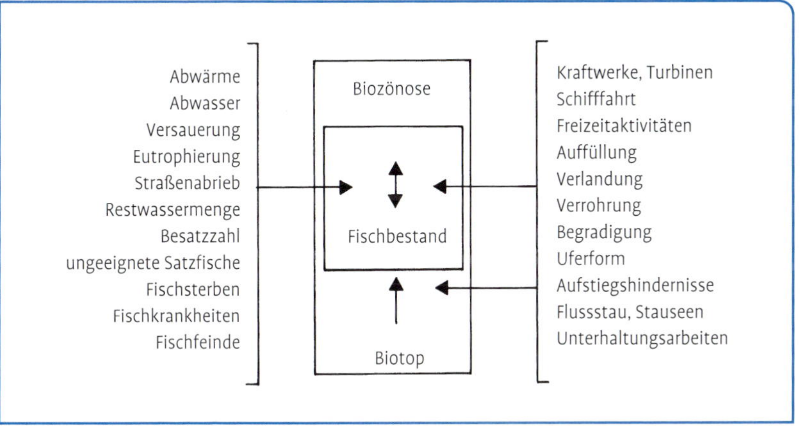

Tab. 24. Umwelteinflüsse auf Biotop, Biozönose und Fische.

Einzelne tote Fische können vergraben oder mit dem Hausmüll entsorgt werden. Handelt es sich aber um viele eingegangene Fische, dann sind diese einzusammeln und der nächsten Tierverwertung zuzuführen.

Bei Fischsterben sind weiterhin möglichst alle Verhaltensanomalien und erkennbaren Veränderungen bei Fischen aufzuzeichnen, da sie häufig die Suche nach der Ursache bzw. dem Verursacher erleichtern (s. Tab. 22 bis 24).

Gewässerverunreinigungen bzw. Fischsterben sind unverzüglich der nächsten Polizeidienststelle zu melden. Außerdem sind die auf Seite 190 bis 192 genannten Maßnahmen zu befolgen.

Therapie von Fischkrankheiten

Die Behandlung von Fischkrankheiten erfordert als erstes eine exakte Diagnose. Diese wird vom zuständigen Fischgesundheitsdienst erstellt, der auch die geeigneten Therapiemaßnahmen empfiehlt.

Kranke und krankheitsverdächtige Fische sind schnell und möglichst lebend zur Untersuchung zu bringen, da Haut- und Kiemenparasiten tote Fische rasch verlassen.

In Teichen sind die meisten Fischkrankheiten medikamentös zu behandeln, nicht aber in freien Gewässern. In diesen muss durch verstärkten Fang die Ansteckungsmöglichkeit verringert werden, um die Krankheit langsam zum Erlöschen zu bringen.

Während dieser Zeit sollten alle Schonmaßnahmen aufgehoben sein (nur mit Genehmigung der Fischereibehörde möglich). Auch sollte solange eine Krankheit vorliegt oder auch nur der Verdacht besteht, kein Neubesatz erfolgen. Bei Krankheiten mit Wirtswechsel sollte auch gegen die Zwischen- bzw. Endwirte vorgegangen werden.

Grundsätzlich sind kranke und tote Fische aus dem Wasser zu entfernen und unschädlich zu beseitigen. Weiterhin darf nur Besatz mit einwandfrei gesunden Fischen erfolgen, um jegliches Einschleppen von Krankheitserregern zu vermeiden.

In ablassbaren Gewässern sollte stets nach dem Abfischen durch Ausbringung von Branntkalk desinfiziert werden. Dabei entsteht eine starke Lauge, die praktisch alle Krankheitserreger vernichtet. Auch Transportgefäße sind vor jedem Einsatz zu desinfizieren.

Hingewiesen sei auch noch auf die Anzeigepflicht einiger Fischkrankheiten (s. Seite 194).

Gewässerpflege

Jede Veränderung an oder in natürlichen Gewässern wirkt sich nicht nur auf das Biotop, sondern auch auf die Biozönose und somit auf den Fischbestand negativ aus. In der Abb. 23 sind die wichtigsten Beziehungen Biotop-Biozönose und Gewässerveränderungen-Umwelteinflüsse schematisch dargestellt.

Zur Sicherung der Fischbestände und der Gewässer sind in erster Linie folgende Maßnahmen erforderlich:

- Abwasser und düngende Stoffe fernhalten,
- Lebensräume entschlammen, entlanden; Sedimentfallen bauen,
- Gestaltung und Pflege der Ufervegetation, keine Intensivkulturen an Gewässern,
- Wanderungshindernisse beseitigen,
- Turbinen, Kraftwerke „fischgerecht“ gestalten,
- Einschränkung bzw. Unterbindung von Freizeitaktivitäten wie Bootsbetrieb, Eislaufen usw.

Fragen zur Kontrolle

- Wie kann der Fischbestand gefördert werden?
- Verlangt Gewässerbewirtschaftung auch Fischfang?
- Wozu dient die Fangstatistik?
- Was bedeutet Verbuttung?
- Worauf lässt Verbuttung schließen?
- Was ist bei Fischsterben zu tun?
- Welches sind die wichtigsten Maßnahmen zur Sicherung der Fischbestände?

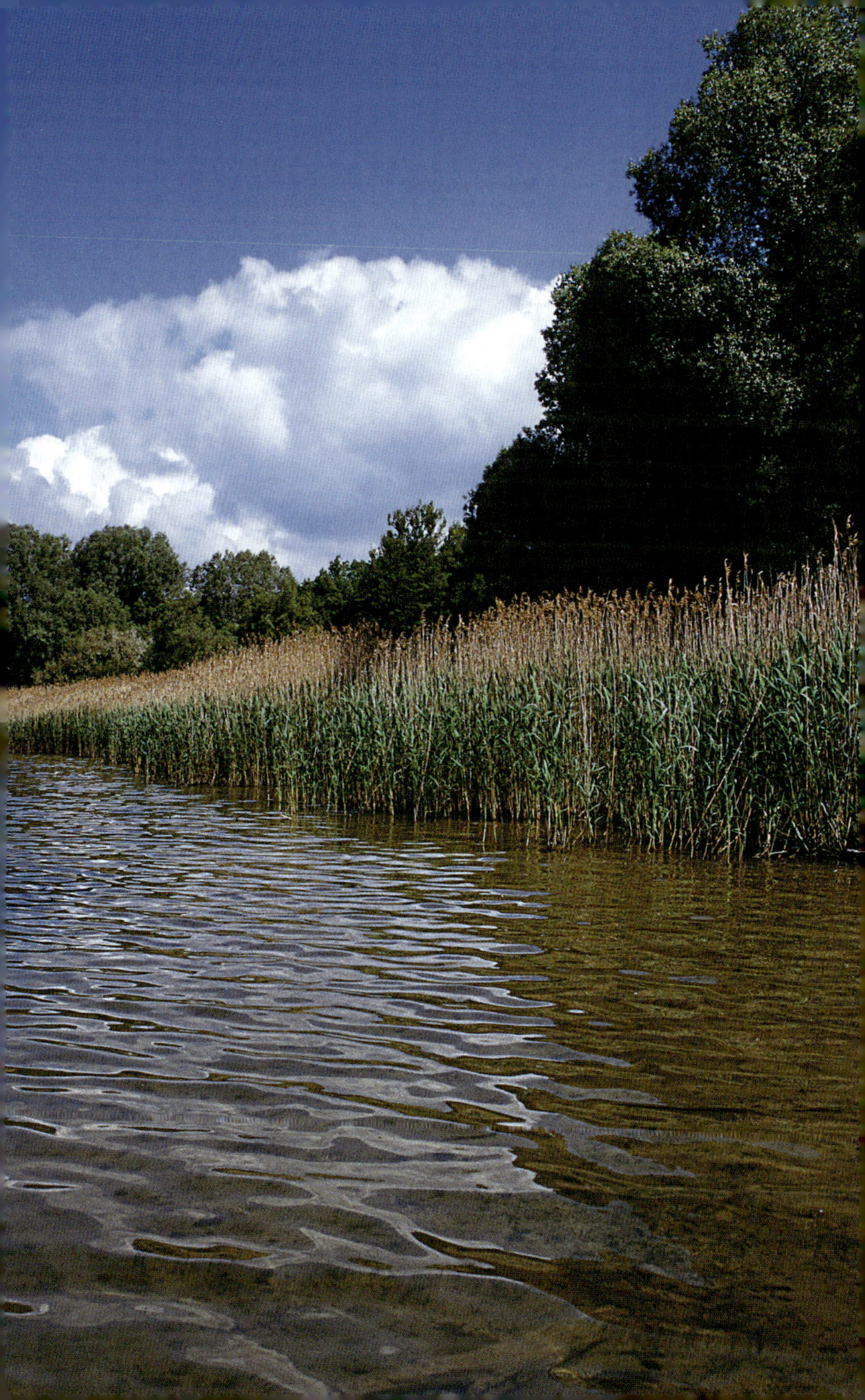

Fanggeräte und deren Gebrauch

Jedes Jahr besuchen ca. 80 000 zukünftige Angler die Vorbereitungslehrgänge für die Staatliche Fischerprüfung. Die Teilnehmer befassen sich in der Regel erstmals mit Haken, Schnüren, Ruten, Rollen und sonstigem Zubehör. Für die waidgerechte Angelfischerei ist es unerlässlich, dass der Angler gute Grundkenntnisse im Gebrauch und in der Zusammenstellung der vom Handel angebotenen Angelgeräte erwirbt und eine fachgerechte Anwendung, auch im Sinne des Tierschutzes, praktiziert. Er muss wissen, welche einzelnen Geräte und Gerätezusammenstellungen sich für den Fang bestimmter Fische eignen, sonst besteht die Gefahr, dass er zum Beispiel seine Rute zu kurz, zu lang, zu weich oder zu hart, die Schnur zu dünn oder zu dick, den Haken zu klein oder zu groß wählt. Eine unsachgemäße Zusammenstellung seines Angelgerätes kann den geangelten Fisch durch Gerätebruch oder Schnurriss gefährden, so dass er verludert.

Dem Lehrgangsteilnehmer müssen also die notwendigen Grundkenntnisse im Theoretischen sowie im Praktischen vermittelt werden, um einen fach- und waidgerechten Fang zu ermöglichen.

Später kann sich der Angler auf eine Angelart spezialisieren. Als Spinnfischer, Fliegenfischer etc. wird er spezielle Kurse besuchen, ergänzende Fachliteratur lesen und sich selbständig auf dem Angelgerätemarkt orientieren.

Die Hersteller von Angelgeräten und Zubehör bringen laufend neue Produkte auf den Markt. Der technologische Fortschritt und neue Werkstoffe, die teilweise sogar aus der Raumfahrtforschung kommen, werden auch zukünftig den Markt für den Angler, der sich nicht fortlaufend mit dem Thema beschäftigt, schwer durchschaubar machen.

Die bisher erworbenen Kenntnisse aus den anderen Sachgebieten, Allgemeine Fischkunde, Spezielle Fischkunde und Gewässerkunde, fließen nahtlos in die Gerätekunde ein. Wer durch einen guten Fang belohnt werden möchte, muss sich vor der Zusammenstellung der Angelrute drei Fragen stellen:

- In welcher Gewässerregion angele ich?
- An welchem Gewässertyp fische ich?
- Welchen Fisch kann ich hier erwarten?

Wenn man diese Fragen beantworten kann, ist man in der Lage, das Angelgerät mit dem richtigen Zubehör optimal zusammenzustellen.

Die Angelrute

Das Rutenmaterial

Das Material der Ruten wird aus unterschiedlichen Werkstoffen gefertigt. Die älteren Ruten waren oftmals aus Holz, Metall, Vollglas oder Hohlglas. Heute werden kaum noch Vollruten hergestellt. Das neue Material besteht aus Glasfaser- oder Kohlefasergewebe (Carbon), wobei zu beachten ist, dass Kohle-

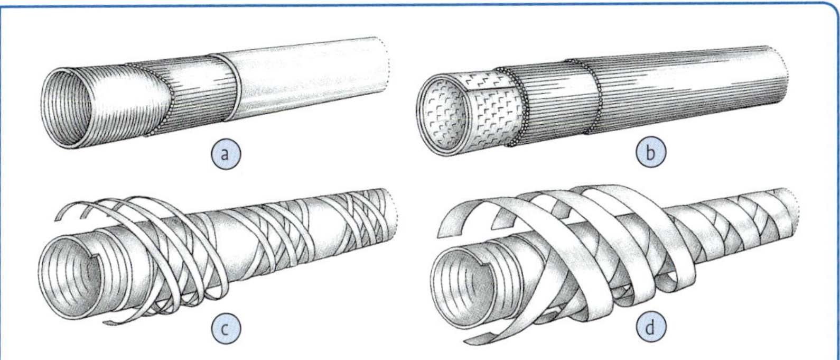

Abb. 24. Neue Fertigungstechniken in Verbindung mit neuen Materialien prägen den modernen Rutenbau. a und b = Mehrschichtruten, c und d = Mehrschichtruten mit Breitband-Kreuzwicklung (aus Göllner, Fliegenfischen).

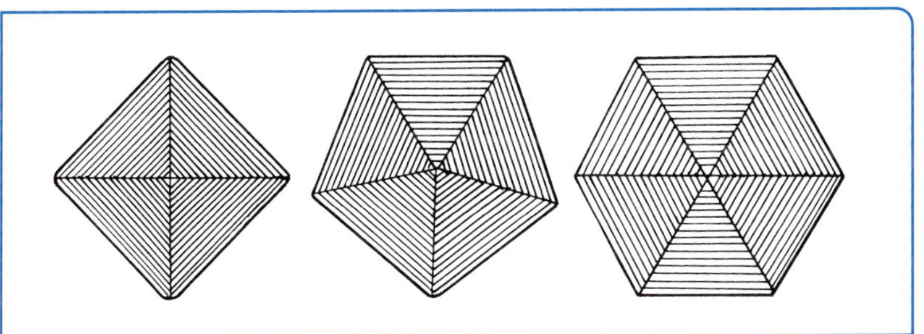

Abb. 25. Verschiedene Fertigungstechniken der gespließten Ruten aus Bambus und Tonkinrohr. Nur die sechsteilige Form hat sich wegen ihrer guten Wurfeigenschaften bis heute durchgesetzt.

faserruten Strom leiten. Das Angeln mit Kohlefaserruten bei Gewitter oder in der Nähe von Stromleitungen ist daher lebensgefährlich. Beide Gewebe, Kohlefaser und Glasfaser, werden getrennt oder kombiniert im Rutenbau eingesetzt. Dadurch entstehen hochwertige und preiswerte Ruten. Die Entwicklung neuer Materialien im Rutenbau ist fortlaufend. Der fertige Blank wird dann mit einem Schutzlack versehen.

Bambusruten, industriell hergestellt aus gelbem, schwarzem oder geflecktem, naturbelassenem Bambusrohr oder aus Tonkinrohr, finden in Europa heute kaum noch Abnehmer (Liebhaber). Allerdings wird in der Fliegenfischerei vereinzelt noch mit Ruten (Gerten) aus Tonkinrohr gefischt. Es ist sehr schwierig, die sechs dreieckigen Spließe im Eigenbau herzustellen und zusammenzufügen. Der Selbstbau anderer Ruten ist einfacher.

Der verlängerte Arm des Anglers, die Rute, besteht aus dem Rohling (engl. Blank), den Schnurführungsringen, der Rollenhalterung und einem Handteil. Gute Angelruten besitzen außerdem für den Transport einer fertig montierten Rute eine Hakenöse. Diese Öse dient zum Einhängen von Haken, Fliegen und Kunstködern.

Angelruten für das Big-Game-Fischen unterliegen den Regeln der IGFA (**I**nternational **G**ame **F**ish **A**ssociation).

Das Wurfgewicht der Rute

Das Durchbiegevermögen einer Rute unter Last bezeichnet man auch als **Aktion** oder **Wurfleistung**. Das **Wurfgewicht** wird in Gramm auf der Rute angegeben. Es setzt sich zusammen aus Blei, Köder, Schwimmer, Wirbel und Haken. Eine Rute mit einem Wurfgewicht von 50 bis 100 g muss einen Überkopfwurf unter Volllast mit 100 g Gewicht an der Hauptschnur unbeschadet überstehen. Voraussetzung hierbei ist jedoch, dass der Wurf ordnungsgemäß ausgeführt wurde.

Nach dem Wurfgewicht teilen wir die Angelruten wie folgt ein:

- bis 30 g = leichte Ruten
- bis 60 g = mittlere Ruten
- bis 100 g = schwere Ruten
- bis 300 g = Brandungs- und Meeresruten

Die Rutenaktion

Eine hervorragende Rute zeichnet sich durch ihre Aktion, Wurfgewicht und Elastizität aus. Die Rutenaktion ist wichtig für die Schnellkraft beim Auswerfen eines Köders und als Federkraft beim Drill eines Fisches.

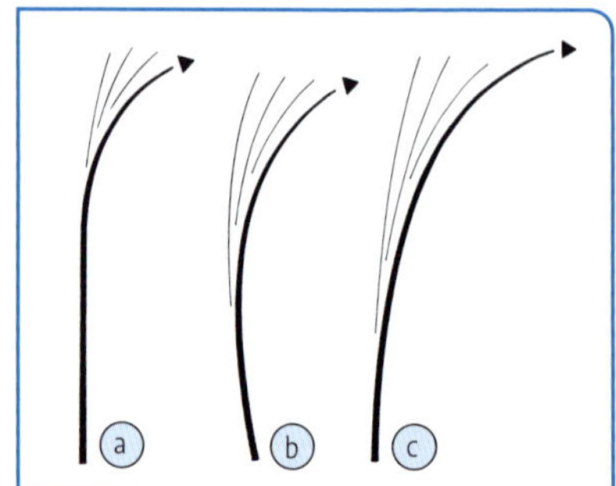

Abb. 26. Aktionsformen von Grundruten.
a) Spitzenaktion b) parabolische Aktion
c) progressive Aktion

Ruten mit einer **Spitzenaktion** werden im ersten Drittel aus einem weicheren Material gefertigt. Dadurch biegen sie sich im oberen Drittel gut durch, währen sie im mittleren und unteren Teil steifer sind. Diese Ruten werden beim Stippfischen eingesetzt.

Die parabolische Aktion bezeichnet die vom Spitzenteil bis ins Handteil etwas gleichmäßig verlaufende Biegekurve einer Rute. Die parabolische Form findet man vorwiegend bei mittleren und schweren Spinnruten, Brandungsruten und Fliegenruten.

Die progressive Aktion ist eine Mischung aus Spitzenaktion und Parabolic und heute die gebräuchlichste Aktionsform. Die Rute verrät Spitzenaktion bei minimaler Belastung und garantiert dadurch höchste Sensibilität. Mit zunehmender Belastung entfaltet die Rute Kraft aus dem Mittelteil und schließlich, bei Höchstbelastung, biegt sie sich bis in den Griff.

Die Grundtypen

Es gibt drei verschiedene Grundtypen:
- die einteilige Rute
- die mehrteilige Steckrute
- die Teleskoprute

Die Länge einer Rute richtet sich immer nach der Ufer- und Gewässerbeschaffenheit. Für die einzelnen Arten der Fischerei gibt es verschiedene Begriffe und Ruten.

Teleskopruten

Ruten, die sich ineinander schieben lassen, nennt man Teleskopruten. Die exakt ineinanderpassenden Teleskopteile werden nach dem Gebrauch vorsichtig zusammengeschoben, wobei die Spitze zuletzt eingeschoben wird. Dadurch werden die wertvollen Rutenringe geschont und die empfindliche Spitze bricht nicht ab. Festsitzende Teleskopteile löst man durch leichtes und gegenläufiges Drehen der einzelnen Teile.

Teleskopruten haben am Ende des Handteils eine Endkappe. Nach dem Abschrauben kann man die einzelnen Rutenblanks erneuern, reinigen oder trocknen.

Steckruten

Steckruten haben Steckverbindungen, die auf Gewalt recht empfindlich reagieren. Für eine lange Lebensdauer dieser wertvollen Ruten ist es unerlässlich, dass die Steckverbindungen in geeigneter Weise gepflegt werden und die Rute beim Wurf nicht überlastet wird (siehe Wurfgewicht). Ältere Ruten hatten eine zylindrische Metallhülse für die Steckverbindung. Heutige Ruten werden ohne Steckhülsen gefertigt. Sowohl die Zapfen als auch die Übersteckverbindungen werden auf modernen CNC-gesteuerten Maschinen präzis gedreht und geschliffen. Sie sorgen dadurch für eine starre Verbindung der einzelnen Teile und somit für eine optimale Kraftübertragung bei Wurf und Drill.

Die Verbindung erfolgt heute über:
- Übersteckverbindungen
- Einsteckverbindungen
- Zapfenverbindungen
- Hülsenverbindungen (ältere Steckverbindung)

Beringung der Ruten

Beim Kauf einer Angelrute sollte den Rutenringen besondere Beachtung geschenkt werden. Die Ringe sollen mit harten und dünnen Einlagen ausgestattet sein. Wichtig ist eine extrem große Oberflächenglätte, die die Schnurreibung minimiert und weite Würfe zulässt. Die Einlage bewirkt, dass die Reibungshitze beim Einholen der Schnur abgeleitet wird und der Ring keine Einschleifungen erhält. Gute Rutenringe verkraften sogar Stahlvorfächer.

Vor jedem Angeln sind die Schnurlaufringe auf Risse und Bruchstellen und auf den festen Sitz der Ringbindungen zu überprüfen.

An der Rutenspitze ist der Spitzenring oder auch Endring befestigt. Er muss besonders gut gearbeitet sein, denn beim Werfen und beim Drill eines Fisches ist der Endring starken Kräften und hohem Verschleiß ausgesetzt. Endringe für die Grundruten besitzen gelegentlich ein Schwingspitzengewinde. Beim Grundangeln kann dann eine Schwingspitze oder eine Bibberspitze, als sehr sensibler Bissanzeiger, einge-

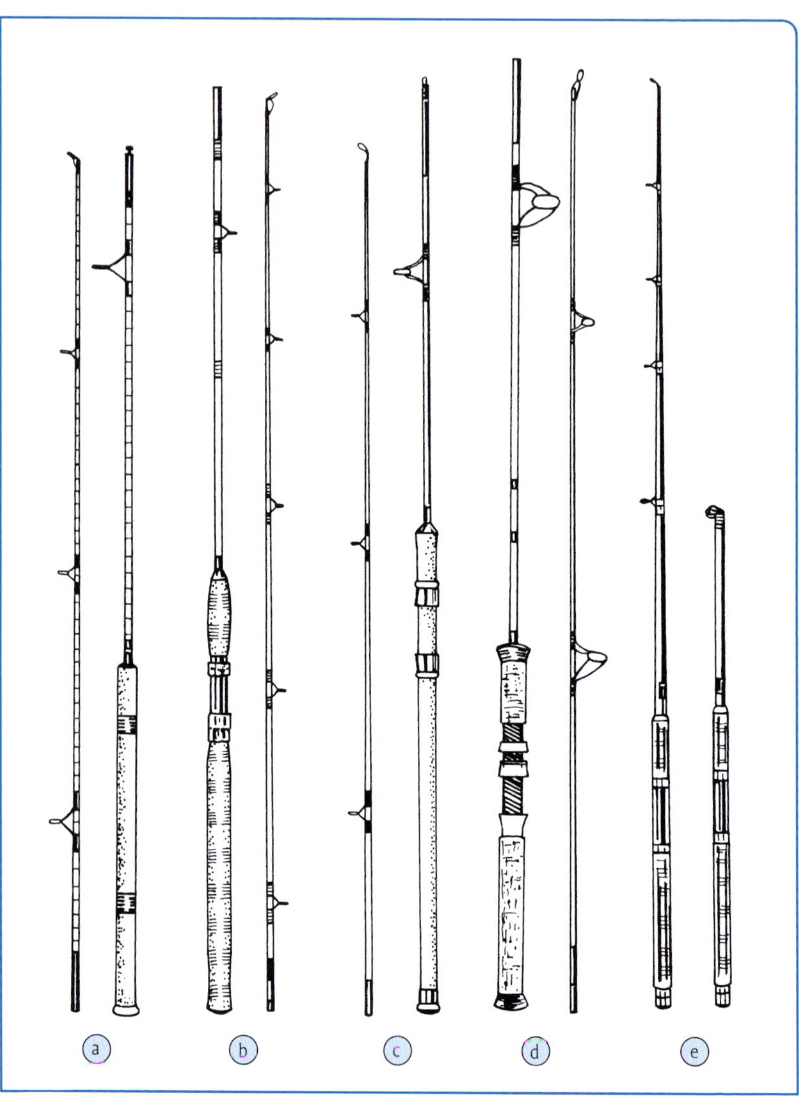

Abb. 27. Verschiedene Angelruten. a = Kurze Grundrute, b = mittellange Grundrute, c = lange Wurfrute mit parallelem Handgriff, d = mittellange, zweihändige Spinnrute, e = Teleskoprute, f = kurze Spinnrute aus Hohlglas, g = einhändige Flugangel, h = Flugangel mit Ansatzgriff für ein- und zweihändigen Wurf, i = Lachsrute, j = Mormyschka (aus Topfit).

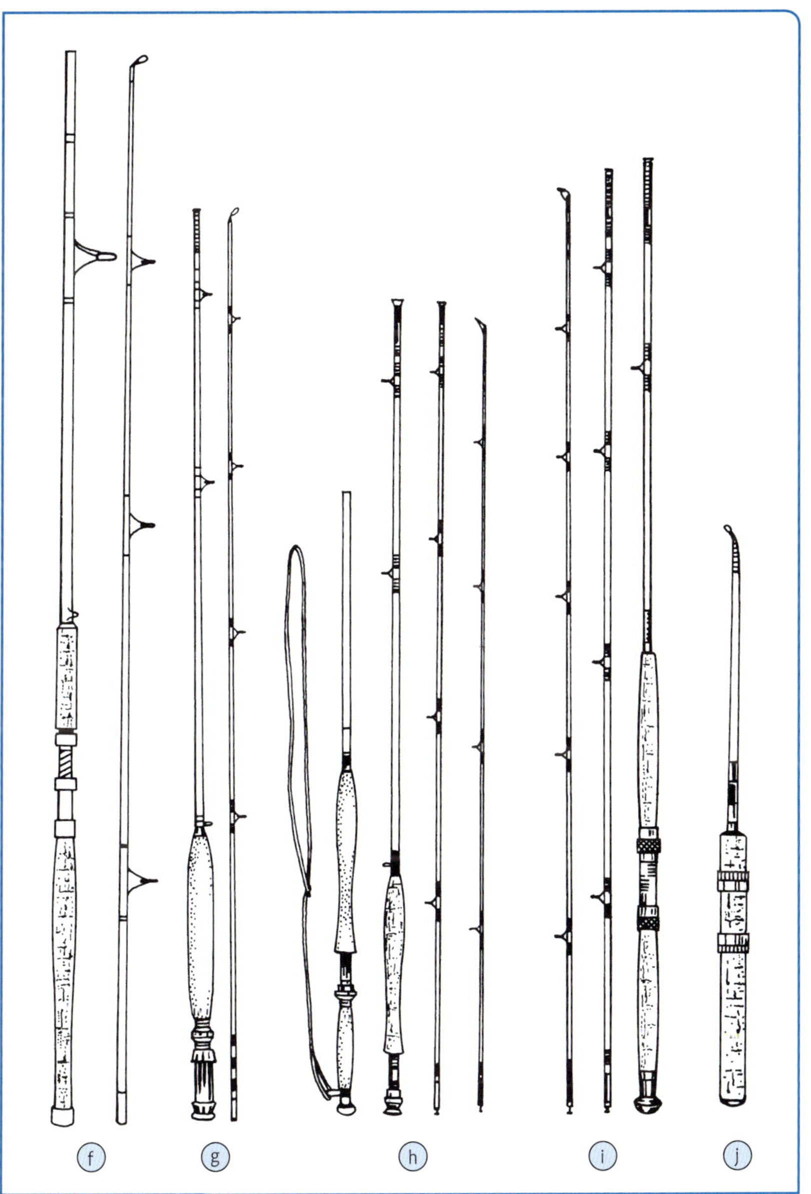
f
g
h
i
j

schraubt werden. Die Ringe zwischen dem Endring und dem Leitring bezeichnen wir als Laufringe.

Der untere Ring wird als Leitring bezeichnet und weist neben dem Endring den größten Verschleiß auf. Wichtig ist neben der verschleißfesten Lauffläche ein angemessen großer Innendurchmesser. Der Leitring führt die Schnur beim Werfen in die richtige Richtung.

Je nach Verwendung und Ausführung einer Angelrute werden die Schnurlaufringe unterschiedlich gefertigt.
Im Einzelnen sind das:
- Tubenringe
- Brückenringe
- Wickelringe/Binderinge
- Rollenringe
- Schlangenringe
- Federstahlringe
- Klappringe und andere

Handteil

Die Hand- oder Griffteile einer Rute werden je nach Verwendungszweck unterschiedlich ausgestattet. Die Auflage besteht aus Presskork, Naturkork, Leder, Kunststoff (Tennisgriff) oder Moosgummi. Angeboten werden Ein- und Zweihandruten. Die Rollenhalter werden am Griffteil vorn, mittig, hinten, oberhalb und unterhalb angebracht.

Die Befestigung der Rolle am Griffteil erfolgt durch:
- Schraubrollenhalter
- Klapprollenhalter
- Klemmrollenhalter
- verdeckte Schraubgriffe
- Revolverklemmverschlüsse

Fragen zur Kontrolle

- Welche Eigenschaften soll eine gute Rute haben?
- Wonach richtet sich die Länge der Angelrute?
- Was ist eine Rutenaktion?
- Was ist eine Teleskoprute?
- Wie wird eine Teleskoprute zusammengeschoben?
- Welche Materialien werden im heutigen Rutenbau verwendet?
- Wann ist das Fischen mit Kohlefaserruten gefährlich?
- Was soll bei Schnurlaufringen immer kontrolliert werden?
- Welche Ringe werden am stärksten belastet?

Die Angelrollen

Angelrollen haben die Aufgabe, Schnur aufzunehmen und diese für den Wurf leicht freizugeben. Die Rollen werden am vorbereiteten Handteil der Rute montiert. Die Stationärrolle wird hängend und die Multirolle stehend auf dem Handteil montiert. Die Fliegenrolle hängt am Schluss des Handteils, hinter der Führungshand. Am Rollengehäuse werden die Schnurstärken in Millimeter und das Fassungsvermögen der Spule in Meter angegeben.

Alle Rollenkurbeln sind werksseitig für Rechtshänder gefertigt. Linkshänder können die Rollenkurbel ohne großen Aufwand auf die gegenüberliegende Seite montieren. Bei einer neuen Entwicklung der Kapselrolle wird das komplette Gehäuse mit dem Getriebe gedreht und somit auf den Rechts-/Linksbetrieb umgestellt. Da sich dadurch auch die Wickelrichtung ändert, liegt die Schnur immer abwurfbereit an der Innenseite des Fingers.

Ein oder mehrere Kugellager in einer Angelrolle sind heute als Standard anzusehen. Sie werden dort eingebaut, wo es gilt, den Reibungswiderstand zu minimieren und die Leichtläufigkeit zu verbessern.

Fragen zur Kontrolle

- Durch was unterscheidet sich die Fliegenrute von der Spinnrute?
- Wo wird die Fliegenrolle bei der Einhandrute befestigt?

Stationärrolle

Der Name bezeichnet alle Rollen, bei denen die Spule während des Schnureinzugs fest steht (stationär). Bei diesen Rollen dreht sich der Rotor, und die Angelschnur wird vom Schnurlaufröllchen geführt und auf die Spule gewickelt.

Stationärrollen unterscheidet man in:

- offene Stationärrollen und
- geschlossene Stationärrollen

Die geschlossene Stationärrolle bezeichnet man auch als Kapselrolle.

Die wichtigsten Teile einer Stationärrolle:

- Rollenfuß – Befestigung der Rolle am Handteil
- Rollenkurbel – umrüstbar von Rechts- auf Linksbetrieb
- Rollenbremse – zum Einstellen des Abzugswiderstandes der Angelschnur
- Rollenspule – für die Aufnahme der Angelschnur
- Schnurfangbügel – führt die Schnur zum Schnurlaufröllchen – Schnurfreigabe beim Werfen
- Schnurlaufröllchen – wickelt die Schnur auf die Spule
- Rücklaufsperre – zum Ein- und Ausschalten

Stationärrollen finden Anwendung beim Grund-, Stipp- und Spinnfischen. Für die Flugangelei sind sie nicht geeignet. Für Weitwürfe mit der Stationärrolle ist die Spulenform mit einer polierten Abwurfkante aus Leichtmetall und die richtige Spulenfüllung wichtig. Das Kreuzschnecken-Hubsystem ermöglicht außerdem einen besonders großen Spulenhub und sorgt somit für eine perfekte Schnurverlegung auf den extrem langen Weitwurfspulen. Die ideale Füllung einer Spule beträgt zwischen 1 und 2 mm unterhalb der Spulenkante. Bei einer zu geringen Spulenfüllung ist der Reibungswiderstand an der Spulenlippe beim Werfen sehr groß. Bei einer zu vollen Spule besteht die Gefahr einer „Perückenbildung". Für die Aufnahme einer starken und langen Angelschnur benötigt man eine große Rolle, z. B. für den Fang großer Fische. Für den Fang kleiner Fische dagegen sind eine dünne Schnur und eine kleine Spule ausreichend.

Rollenbremse

Ein wichtiges Teil der Angelrolle ist die Rollenbremse. Man unterscheidet die Front und die Heckbremse. Bei den kleineren Rollen ist die Heckbremse komfortabler, da man zur Justierung der Bremskraft während des Drills nicht vor die Rolle greifen muss. Die Frontbremse hingegen birgt die Gefahr, dass beim Nachjustieren der Bremskraft während des Schnurabzug eines flüchtenden Fisches, es zu Behinderungen und Schnurbruch kommen kann. Mehrere in Reihe geschaltete Bremsscheiben übertragen die Bremskräfte seidenweich auf die Spule.

Die Frontbremse sorgt aufgrund ihrer groß dimensionierten Bremsscheiben für eine sanfte und gleichmäßige Übertragung der Bremskraft. Das Bremssystem ist durch den großen Bremskopf sehr fein justierbar und kommt in der Regel bei großen Stationärrollen zum Einsatz.

Die Magnetbremse bietet entscheidende Vorteile in Situationen, die ein gefühlvolles Ansprechen der Rollenbremse erfordern. Durch die magnetischen Bremselemente läuft die Spule ohne mechanischen Widerstand butterweich an. Erst bei stärkerer Belastung schaltet sich die präzise Mechanik der Frontbremse dosiert und ruckfrei zu und sorgt für höchste Sicherheit und Zuverlässigkeit im Drill.

Die Schnurbremse ist grundsätzlich so einzustellen, dass sie der Reißfestigkeit der Angelschnur angepasst wird. Das heißt, die Schnurbremse muss sich öffnen und Angelschnur freigeben, bevor diese beim Drill reißt.

Freilaufsystem

Neue Rollen haben ein zu- und abschaltbares Freilaufsystem. Hierbei kann die Schnur bei geschlossenem Bügel ablaufen. Fast alle Stationärrollen haben eine Rücklaufsperre für den Rundlauf des Rotors. Diese lässt sich ein- und ausschalten. Ältere Rücklaufsperren knarrten oft sehr geräuschvoll, neue Modell arbeiten geräuschlos. Die Rücklaufsperren verhindern ein unbeabsichtigtes Zurücklaufen des Rotors.

Schnurlaufröllchen

Das Schnurlaufröllchen befindet sich am Schnurfangbügel der Stationärrolle und führt die Schnur beim Einkurbeln sauber auf die Spule. Sie sollte groß und kugelgelagert sein, denn dadurch wird die Schnurreibung beim Drill herabgesetzt. Einige Schnurlaufröllchen besitzen eine Antidrallfunktion. Beim Spinnfischen wird hier die Schnurverdrehung nahezu kompensiert.

Rollenkurbel

Die Rollenkurbel sollte mit einem Antivibrationssystem für einen schwingungsfreien und perfekten Rundlauf ausgestattet sein. Zusätzlich für den kraftvollen Drill größerer Fische sollte die Kurbel verstellbar sein – für den schnellen Drill kleine Übersetzung, für den kraftvollen Drill große Übersetzung. Dieses System wirkt wie eine Gangschaltung und ist effektiver als ein aufwendiges Getriebe.

Multirolle

Der Name ist abgeleitet von Multiplikatorrolle und bezeichnet alle Rollen, die die Schnur ohne Umlenkung auf die Spule wickeln. Das Aufspulen wird durch eine Übersetzung (Multiplikator) beschleunigt.

Die meisten Multirollen besitzen eine Sternbremse; diese wirkt auf das Getriebe. Dieses Bremssystem erlaubt einen Spulenfreilauf, wobei die Spule durch Knopf- und Hebeldruck vom Getriebe getrennt wird.

Sternbremsen eignen sich besonders gut beim Grundangeln im Meer.

Rollen mit Schiebe- und Hebelbremsen werden in der Regel zum Schleppen auf Großfische verwendet. Die Bremse kann hier direkt auf die Spule wirken. Dadurch, dass dieses System Raum für viel größere Bremsscheiben bietet, ist die Bremse feiner dosierbar. Ein Freilauf mit Hebel- und Tastendruck ist hier konstruktionsbedingt jedoch nicht möglich. Um die Schnur ablaufen zu lassen, muss die Bremse vorher auf Null gestellt werden.

Deshalb sind diese Rollen zum Grundfischen nur bedingt geeignet, da hierbei durch das oftmalige Ablassen die Bremsscheiben permanent gestaucht und entlastet werden, d. h. die Bremsscheiben verschleißen wesentlich schneller.

Kleine und mittlere Multirollen verfügen heute in der Regel über ein automatisches Schnurführungssystem. Diese Technik ist praktisch und robust. Wird die Schnur zum ersten Mal aufgespult, darf man das Schnurende nicht mehr aus der Führung herausziehen. Andernfalls ist nicht gewährleistet, dass die Schnurführung immer auf einer Geraden mit der sich abspulenden Schnur verläuft.

Seitlicher Zug führt nicht nur zu schnellerem Verschleiß, sondern kann auch zu schweren Beschädigungen bis zur Funktionsuntüchtigkeit der Multirolle führen.

Verwendet werden folgende Rollen mit rotierender Spule:

- einfache Rolle ohne Übersetzung
- Fliegenrolle mit Übersetzung
- Fliegenrolle ohne Übersetzung
- Multirolle mit Übersetzung

Fragen zur Kontrolle

- Wie stark wird die Schnurbremse beim Drill maximal eingestellt?
- Für welche Angelart eignet sich keine Multi- oder Stationärrolle?
- Was ist der Unterschied zwischen einer Multirolle und einer Stationärrolle?
- Warum sind kleine Rollen für den Fang großer Raubfische nicht geeignet?
- Welche Rolle besitzt einen Schnurfangbügel?
- Welche Vorrichtung an der Rolle verhindert einen Schnurbruch?
- Was ist eine Multirolle?
- Bei welcher Rolle dreht sich beim Werfen die Schnurspule?
- Welche Aufgabe hat die Schnurbremse?
- Für welche Fangmethoden eignet sich eine Stationärrolle besonders gut?

Die einfache Rolle wird auch als Lauf- oder Nottinghamrolle bezeichnet. Sie ermöglicht nur kurze Wurfweiten und wird deswegen selten verwendet.

Multirollen (übersetzte Rollen mit rotierender Spulenachse) werden zum Spinnfischen auf große Fische im Salz- und Süßwasser (z. B. Lachs, Huchen, Waller) verwendet.

Die Teile einer Multirolle:

- Kurbel: zum Einholen der Schnur
- Rücklaufsperre: Ein- und Ausschalter
- Bremse: Einstellen des Schnurabzugs
- Schnurführung: Verteilen der Schnur auf der Spule
- Spule: Schnuraufnahme

Flugrollen

Fliegenrollen bestehen aus wenigen Bauteilen. Es wird ausschließlich rostfreies Material eingesetzt, wie zum Beispiel Aluminium, Edelstahl und Teflon. Dies erhöht, bei normaler Beanspruchung, die Lebensdauer der Rolle erheblich.

Die Angelschnur

Tragkraft

Beim Kauf einer Angelschnur ist vor allem auf die Elastizität und Tragkraft zu achten. Je nach dem zu beangelnden Gewässer ist auch die Einfärbung der Angelschnur von großer Bedeutung. Die Angaben über die Tragkraft einer Schnur beziehen sich immer auf den Durchmesser und die lineare Reißfestigkeit. Die lineare Reißfestigkeit ist das Gewicht, welches eine Schnur ohne Knoten trägt. Jeder Knoten mindert die Tragkraft (Reißfestigkeit) der Angelschnur. Ein gut gebundener Knoten beeinträchtigt die Reißfestigkeit der Angelschnur bei Monofilschnüren kaum (5–10%). Anders verhält es sich bei Multifilschnüren. Bei „normalen“ Knoten kann ein Tragkraftverlust von bis zu 50% eintreten. Um die volle Tragkraft der Multischnur zu erhalten, verwenden wir eine knotenlose Verbindung. Wir können mit einer Nähnadel die Schnur spleißen (ähnlich einem Abschleppseil) oder wir verwenden einen knotenlosen Schnurverbinder.

Bei den hochwertigen Angelschnüren ist es gelungen, eine optimale Kombination von hauchdünnem Monofil und größter Festigkeit zu erreichen. Eine dünne Schnur ist ideal für das Fischen auf sensible Fischarten.

Angelschnüre werden aus Kunstseide, Nylon, Perlon oder anderen Synthesefasern hergestellt. Man unterscheidet Monofilschnüre (einfädig) mit Stärken von 0,06 bis 1,20 mm und Multifilschnüre (mehrfädig) mit Stärken von 0,08 bis 0,60 mm. Die Schnurstärke wählen wir nach der Gewässerbeschaffenheit und der Größe des zu erwartenden Fisches. Für das Big Game Fischen im Meer, auf die ganz großen Fische, werden noch stärkere Angelschnüre verwendet.

Verwendung der Angelschnurstärken

Folgende Angelschnurstärken werden verwendet:

- 0,08–0,15 mm: Kleinstfische, Jungfische
- 0,15–0,20 mm: alle Kleinfische, Lauben, Hasel, kleine Döbel und Barsche, Rotaugen, Rotfedern, kleine Nasen.

Tab. 24. Die Tragkraft hochwertiger Angelschnüre im Vergleich

Durchmesser (mm)	0,08	0,16	0,28	0,40	0,50	0,60
Monofilschnur (kg)	0,65	2,4	6,5	12,9	19,5	
Multifilschnur (kg)	3,8	8,6	16,2	32,0	41,0	58,0

- 0,18–0,25 mm: Äschen, Bach- und Seesaibling, Forellen, Döbel
- 0,25–0,35 mm: Forellen, Saiblinge, Schleien, Karpfen, Aale, Barben, Döbel, Brachsen
- 0,35–0,45 mm: Hecht, Zander, große Barben, größere Karpfen, Aale
- 0,50–0,60 mm: Welse, Seeforellen, Huchen, große Hechte

Pflege der Angelschnüre

Angelschnüre sind kühl aufzubewahren und vor Tageslicht (UV-Licht) zu schützen. Durch das ständige Werfen und Einholen der Angelschnur wird diese auf den ersten Metern hinter dem Haken besonders stark beansprucht. Bei Bedarf ist eine Überprüfung und Reinigung der Schnur, besonders die ersten Meter, vorzunehmen. Eine abgeschnittene Angelschnur ist fach- und sachgerecht zu entsorgen. Sie darf auf keinen Fall am Angelplatz bzw. in der freien Natur zurückgelassen werden. Zurückgelassene Angelschnüre sind eine große Gefahr für Mensch und Tier. Wild lebende Tiere können sich in ihr verfangen und Schaden nehmen.

Fliegenschnur

Die Fliegenschnur – Flugschnur – ist von einer ganz anderen Bauweise. Der Innenkern ist aus geflochtenem Nylon, das mit einer Außenhaut aus Kunststoff überzogen wird. Gute Schnüre haben einen Mehrschichtaufbau. Fliegenschnüre gibt es in verschiedenen Stärken, die in AFTMA-Klassen eingeteilt sind, wobei die Klasse 1 die leichteste und 15 die schwerste Schnur benennt.

Fliegenschnüre weisen Längen zwischen 23 bis 36,8 m (25 bis 40 Yards) auf. Beim Flugangeln ist die Schnur das zu werfende Gewicht. Nach den üblichen Standard-Maßbezeichnungen (Normung) der AFTMA, American Fishing Tackle Manufacturers Association (= Organisation der amerikanischen Gerätehersteller) und ASA (American Sportfishing Association) werden Fliegenschnüre in folgenden Stärken angeboten:

Tab. 25. Fliegenschnüre. Die Gewichtsangaben beziehen sich auf die ersten 9,14 m der Schnur (ohne Spitze)

Stärke	Gewicht	Stärke	Gewicht	Stärke	Gewicht
1	3,9 g	5	9,1 g	9	15,5 g
2	5,2 g	6	10,4 g	10	18,0 g
3	6,5 g	7	12,0 g	11	21,0 g
4	7,8 g	8	13,6 g	12	25,0 g

Wir verwenden vier verschiedene Formen der Fliegenschnüre:

DT Double Taper = diese Schnur ist an beiden Enden verjüngt

ST Single Taper = diese Schnur ist nur an einem Ende verjüngt

WF Weight Forward = eine Keulenschnur, bei der sich der größte Teil des Schnurgewichts hinter der verjüngten Spitze befindet (3–6 m)

L Level = eine Parallelschnur, die auf ihrer Gesamtlänge einen gleichmäßigen Durchmesser besitzt

Außerdem verwenden wir zum Fliegenfischen schwimmende und sinkende Angelschnüre.

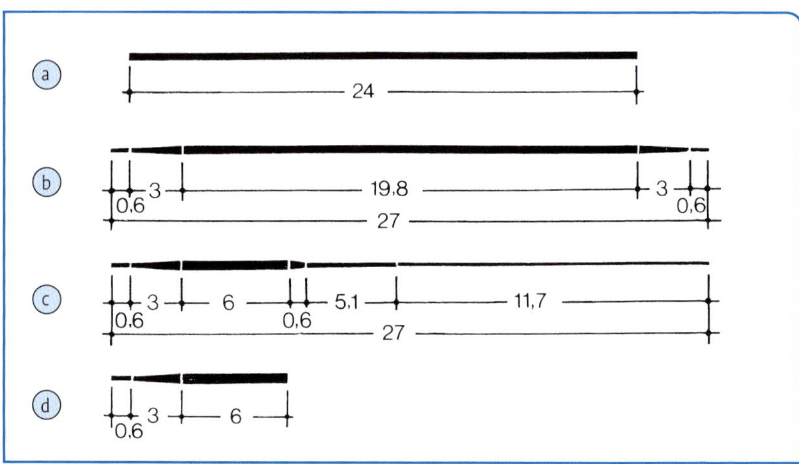

Abb. 29. Schnurformen und -abmessungen. a = Parallelschnur (L), b = doppelt verjüngte Schnur (DT), c = Keulen- oder Torpedoschnur (WF), d = Kurzkopfschnur (ST) (aus Göllner, Fliegenfischen).

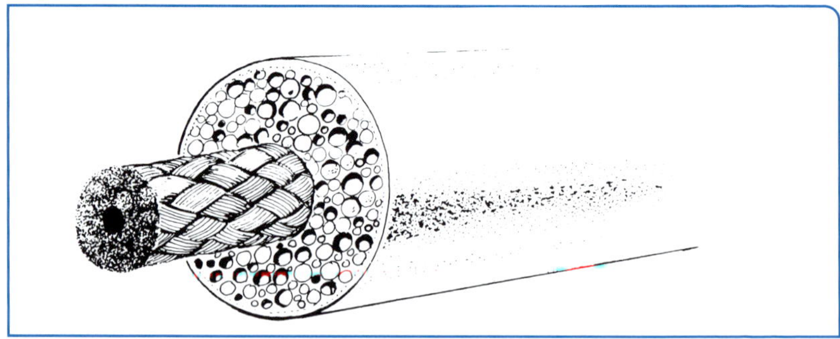

Abb. 30. Schematische Darstellung einer schwimmenden Fliegenschnur. Die „Seele" aus geflochtener Dacron-Schnur ist von Weich-PVC-Schaum umgeben, in die Luftkammern eingeschlossen sind. Die Schnuraußenhaut ist wasserdicht und glatt.

Diese werden wie folgt bezeichnet:

S **Sinking** = für sinkende Angelschnur

F **Floating** = für schwimmende Angelschnur

Wenn beispielsweise auf der Verpackung einer Fliegenschnur folgende Angaben stehen, WF-6-F, so beinhaltet sie eine Keulenschnur der Größe sechs in schwimmender Ausführung.

Aus Sicherheitsgründen wird an die Fliegenschnur eine etwa 100 m lange monofile oder geflochtene Nachschnur (Backing oder Backline) mit einem Durchmesser von 0,25–0,40 mm angebunden(wichtig für große Fische, die viel Schnur abziehen).

Die Vorfächer

Um ein waidgerechtes Angeln auszuüben, sollte stets mit einem Vorfach an der Hauptschnur geangelt werden. Das Vorfach sollte mindestens eine Nummer schwächer sein als die Hauptschnur, um einen Bruch der Hauptschnur zu verhindern.

Verwendete Arten und Material

Für den Raubfischfang werden Stahl- oder Kevlarvorfächer verwendet. Diese Schnüre verhindern das Durchtrennen der Schnur im Drill durch die scharfen Zähne des Raubfisches. Damit die volle Tragkraft erhalten bleibt, dürfen Metallvorfächer keine Knickstellen und keine Roststellen aufweisen.

Fragen zur Kontrolle

- Wo wird eine Angelschnur am stärksten beansprucht?
- Was ist bei Kunststoffschnüren zu beachten?
- Worauf muss beim Kauf der Angelschnur geachtet werden?
- Wie lautet die internationale Abkürzung für die Gewichtsklasse bei den Flugschnüren?
- Bei welcher Angelmethode verwenden wir eine DT-Schnur?
- Was ist eine monofile Angelschnur?
- Was ist eine multifile Angelschnur?
- Wonach richtet sich die zu verwendende Schnurstärke?
- Wie lautet die Abkürzung für schwimmende Flugschnüre?
- Wie lautet die Abkürzung für keulenförmige Flugschnüre?
- Bei welcher Angelmethode werden Keulenschnüre verwendet?
- Was verstehen Sie unter AFTMA-Klassen?
- Was empfiehlt sich bei einer Angelschnur, wenn die ersten Meter aufgeraut sind?
- Was ist mit einer abgeschnittenen Angelschnur zu machen?
- Warum darf eine Angelschnur nicht achtlos weggeworfen werden?

Flugvorfächer

Die Fliegenfischer verwenden verjüngte Monofilvorfächer. Diese tragen die Bezeichnung 0X bis 7X. Diese Kennzeichnung gibt das Maß der Spitze und das Maß der Schlaufe an:

Bezeichnung Ø mm	Spitze Ø mm	Schlaufe
0 X	0,26	0,52
1 X	0,24	0,48
2 X	0,22	0,44
3 X	0,20	0,40
4 X	0,18	0,36
5 X	0,16	0,32
6 X	0,14	0,28
7 X	0,12	0,24

Die Vorfachlänge wird in Yards angegeben (1 Y = 0,914 m)

Wie bei den Fliegenschnüren, werden auch hier Trockenfliegenvorfächer und Nassfliegenvorfächer verwendet.

Durch das Zusammenknüpfen von Schnüren mit abnehmenden Schnurdurchmessern können Fliegenvorfächer auch selber gebunden werden.

Müssen nach einer Beschädigung Teile vom Fliegenvorfach abgeschnitten werden, kann man auch bei einem verjüngten Vorfach wieder passende Schnüre anknüpfen.

Die Knoten

Immer wieder muss der Angler bei Wind und Wetter, im Hellen und im Dunklen, Angelgeräte miteinander verbinden, Schnur mit Schnur, Schnur mit Haken, Schnur mit Wirbel, Schnur mit Fliege.

Fragen zur Kontrolle

- Welche Vorfachstärke ist beim Friedfischangeln im Hinblick auf die verwendete Hauptschnur zu wählen?
- Worauf ist beim Stahlvorfach zu achten?
- Wann verwenden wir Stahlvorfächer öder ähnliche?
- Wann verwenden wir kein Stahlvorfach?
- Wie wird verhindert, dass sich Hechte von der Angelschnur befreien?

Es gibt viele Knoten, doch der Angelfischer benötigt nur wenige Arten. Die wichtigen Knoten müssen auch unter erschwerten Bedingungen perfekt gebunden werden. Je besser der Knoten, umso höher die Tragkraft der Schnur!

Der Angler sollte nur solche Knoten verwenden, die die Tragkraft der Schnur am wenigsten beeinträchtigen.

Die folgenden Knoten muss der Angler anwenden können:

- Schlaufenknoten zum Binden einer Schlaufe
- Verbindungsknoten oder Blutknoten, zum Verbinden zweier Schnüre
- Öhrknoten zum Anbinden der Schnur an ein Öhr
- Schaftknoten zum Anbinden der Schnur an ein Plättchenhaken

Die Verbindungen lassen sich am besten mit großen Haken und starken Schnüren üben. Ob der Knoten richtig sitzt, sehen Sie und merken Sie bei der Festigkeitsprobe. Reißt die Schnur schon bei

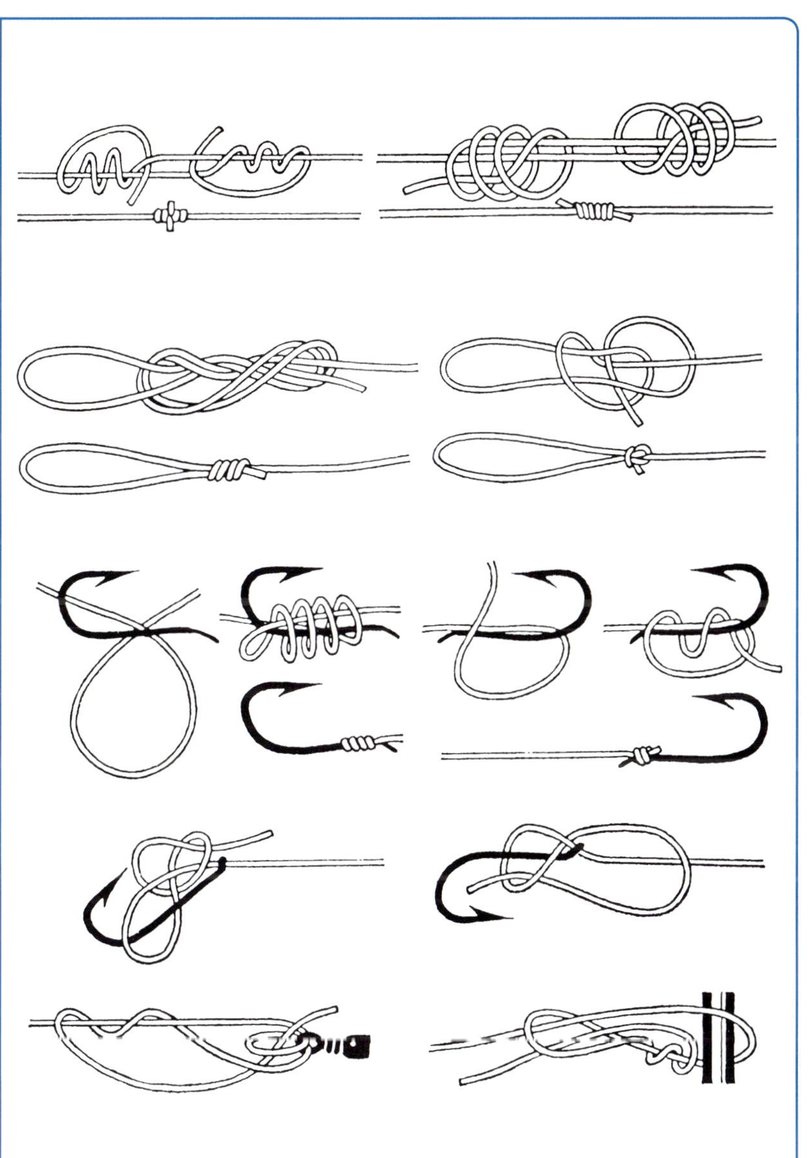

Abb. 31. Knoten, die der Angler täglich braucht.

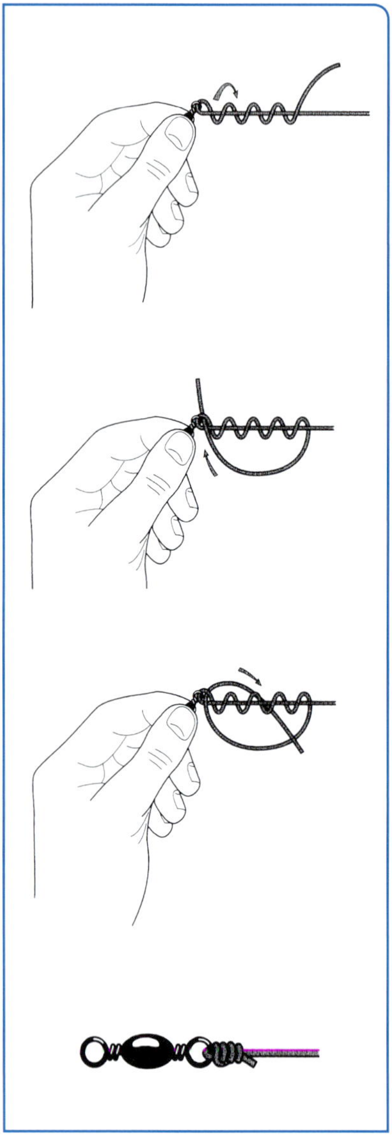

Abb. 32. Anbinden (Knoten) für Öhrhaken, Wirbel und Ringe.

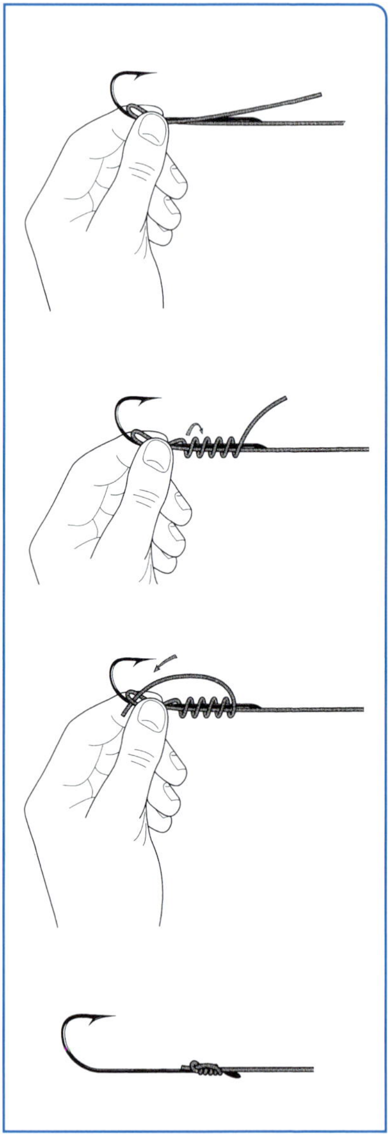

Abb. 33. Anbinden (Knoten) eines Plättchenhakens.

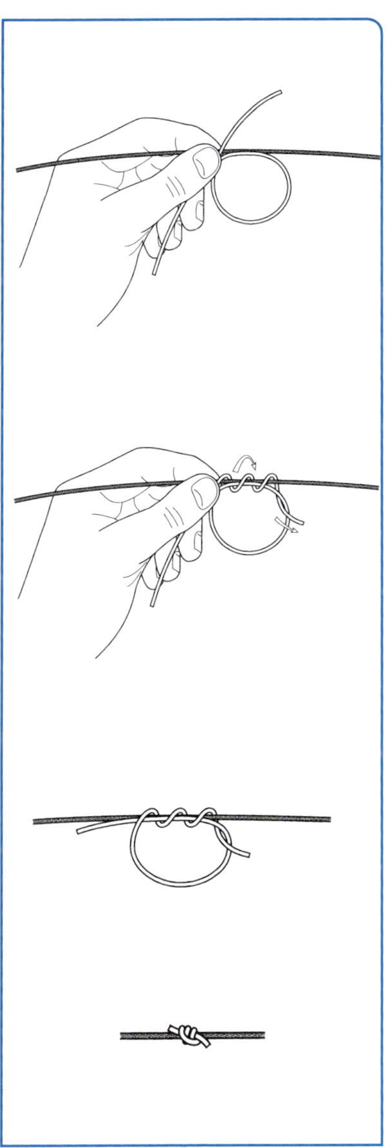

Abb. 34. Der Stopperknoten für die Montage eines Laufschwimmers.

einer geringen Zugkraft, ist der Knoten falsch gebunden. Üben Sie so lange, bis sie alle Knoten fehlerfrei und einigermaßen schnell binden können.

Fragen zur Kontrolle

- Wie beeinflussen Knoten die Tragkraft der Angelschnur?
- Welche Knoten kennen wir?
- Welche Schnurverbindungen ohne Knoten kennen wir?
- Wie hoch ist der Tragkraftverlust bei einem schlechten Knoten?

Die Angelhaken

Für jede Fischart, der Nahrungsaufnahme und der Beschaffenheit des Fischmauls entsprechend, werden unterschiedliche Angelhaken angeboten. Haken sollen zur Schonung der Fische nicht kleiner gewählt werden, als für ein erfolgreiches Fischen unbedingt notwendig ist, da kleine Haken oft tief geschluckt werden und Fische, die als untermaßig oder in Schonzeiten befindlich, zurückgesetzt werden müssen, infolge der Verletzung eingehen können.

Eine Ausnahme bilden nur die künstlichen Fliegen, da beim Flugangeln der Haken fast ausnahmslos nur in den vorderen Maulpartien fasst. Kunstfliegen werden ausnahmslos auf Öhrhaken gebunden.

Während man beim Angeln auf Cypriniden nur einfache Haken benutzt, werden beim Spinnfischen oft auch Zwillings- und Drillingshaken verwen-

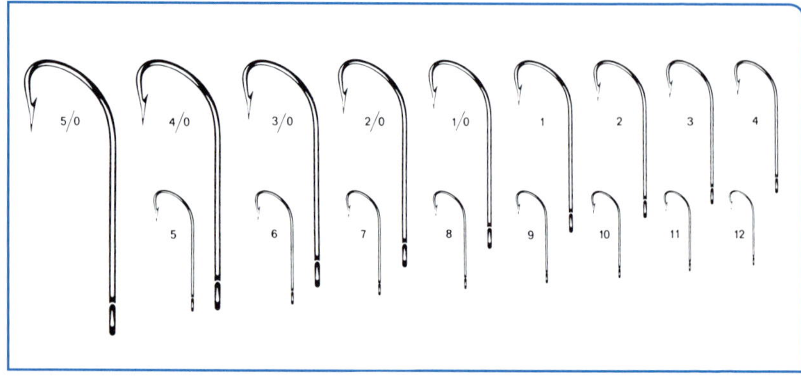

Abb. 35. Hakengrößen am Beispiel eines Limerickhakens in Originalgröße von 5/0 bis 12.

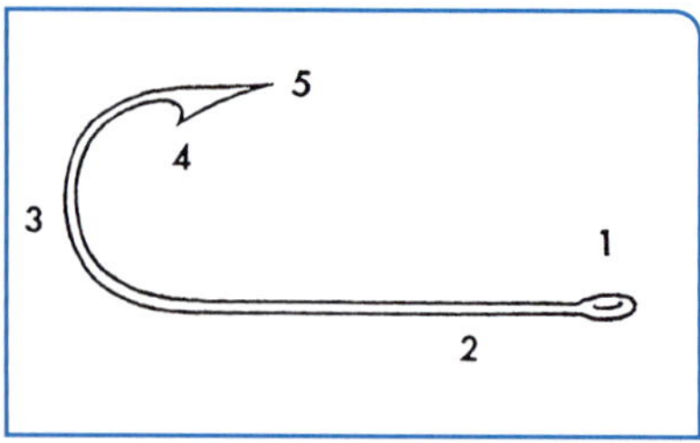

Abb. 36. Hakenschema: 1 = Kopf, 2 = Schenkel (bei Wurmhaken mit Widerhaken besetzt), 3 = Bogen, 4 = Widerhaken (Schonhaken besitzen keinen Widerhaken), 5 = Spitze.

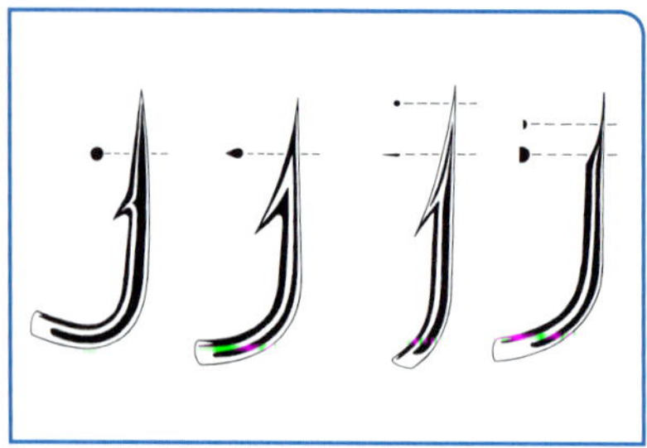

Abb. 36b. Verschiedene Hakenformen.

det. Um ein Loskommen der Fische zu erschweren, sind die meisten Haken mit Widerhaken versehen.

In vielen Gewässern ist, um untermaßige oder in der Schonzeit befindliche Fische nicht stärker zu verletzen, die Verwendung von Zwillings- und Drillingshaken verboten. Vermehrt ist in den Gewässern von Angelvereinen das Fischen mit Widerhaken verboten. Hier ist nur der Schonhaken (Jamisonhaken) zugelassen oder der Widerhaken muss entfernt bzw. an den Hakenschenkel angedrückt werden. Beim Forellenangeln muss der Anhieb zur Schonung untermaßiger Fische unmittelbar nach dem Biss gesetzt werden, da tief geschluckte Haken meist zu größeren Fischverletzungen führen.

Größe und Form

Angelhaken unterliegen in ihrer Größe und Beschaffenheit keiner Normung. Deshalb ist es möglich, dass jeder Hersteller die Haken etwas größer oder kleiner auf den Markt bringt.

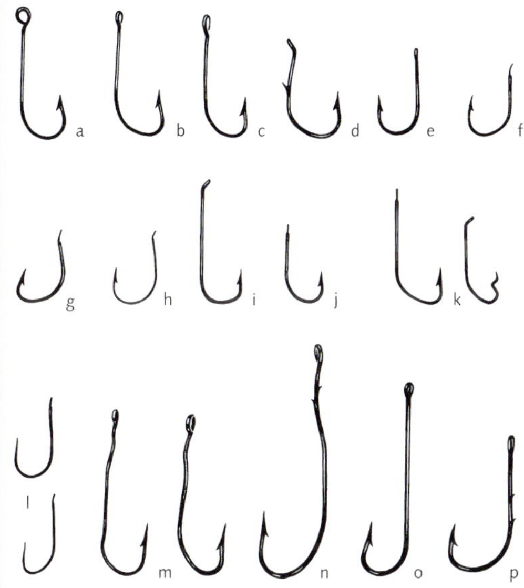

Abb. 37a. Die wichtigsten Hakenformen. Weltweit kennen wir ca. 10000 verschiedene Angelhaken. Die Benennung erfolgt durch die Namen ihrer Erfinder bzw. die bevorzugte Anwendung. a = Aalhaken, b = Makrelenhaken, c = Kirbyhaken, d = Karpfenwurmhaken, e = Karpfenboiliehaken mit gerader Spitze, f = Karpfenhaken mit Hohlschliffspitze, g = Allround-Friedfischhaken, h = Friedfischhaken, besonders dünndrähtig, i = Sneckbenthaken, j = Italienerhaken, k = Limerickhaken (mit und ohne Widerhaken), l = widerhakenlose Schonhaken, m = Tru-Turn-Haken, selbstanschlagend, n = Tru-Turn-Wurmhaken, selbstanschlagend, o = Butthaken, p = Wurmhaken.

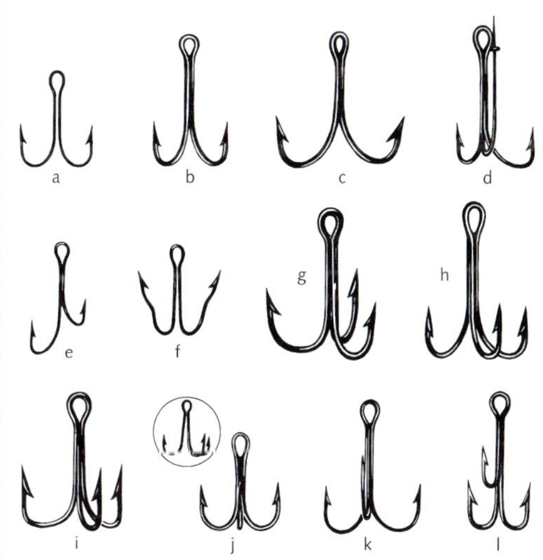

Abb. 37b. Doppel- und Drillingshaken. a = dünndrähtiger Doppelhaken mit offenem Schenkel, b = Kirbydoppelhaken mit verlötetem Schenkel, c = Limerick-Doppelhaken mit nach außen gerichteten Spitzen, d = Doppelhaken mit Sicherheitsnadel zur Köderbefestigung, e = Doppelhaken mit verschieden großen Haken und verlötetem Schenkel, f = Blitzhaken mit offenem Schenkel (Schluckhaken) g = sehr dünndrähtiger Rundbogendrilling, h = Kirbydrilling, i = Sneckbentdrilling, j = kurzschenkeliger Rundbogendrilling mit offenem Schenkel, k = dünndrähtiger Rundbogendrilling mit verlötetem Schenkel, l = Drilling mit Lipphaken zur Köderbefestigung.

Abb. 36b, 37a, 37b aus Göllner Grundfischen.

Tab. 26. Richtwerte für Hakengröße, Vorfachdurchmesser und Schnur. Wird der Haken direkt auf die Schnur gebunden, gelten die Werte des Vorfaches. Eine Ausnahme bildet der Aalfang. Der Spitzkopfaal z.B. hat ein sehr kleines Maul. Wir verwenden deshalb für den Haken eine stärkere Schnur (z.B. Hakengröße 8, Vorfach 0,25 mm, Schnur 0,30 mm).

Fischart	Hakengröße	Vorfach Ø mm	Schnur Ø mm
Waller	6/0	0,60	0,70
Hecht, Waller	4/0	0,50	0,60
Hecht, Waller	2/0	0,45	0,50
Hecht, Barbe, Waller, Zander	1/0	0,40	0,45
Aal, Barbe, Hecht, Karpfen, Meerforelle, Zander	1	0,35	0,40
Aal, Barbe, Barsch, Flunder, Forelle, Hecht, Karpfen, Meerforelle, Schleie, Zander	2	0,35	0,40
Aal, Barbe, Barsch, Forelle, Karpfen, Meerforelle, Rapfen, Schleie, Zander	3	0,35	0,40
Aal, Barbe, Barsch, Döbel, Forelle, Karpfen, Meerforelle, Rapfen, Schleie, Zander	4	0,30	0,35
Aal, Barbe, Barsch, Döbel, Forelle, Karpfen, Meerforelle, Rapfen, Schleie, Zander	5	0,30	0,35
Aal, Barbe, Barsch, Döbel, Butt, Forelle, Karpfen, Meerforelle, Rapfen, Schleie, Zander	6	0,25	0,28
Aal, Äsche, Barbe, Barsch, Brachsen, Döbel, Forelle, Karpfen, Rotauge, Rotfeder, Rapfen, Schleie, Zander	8	0,20	0,22
Äsche, Barbe, Barsch, Brachsen, Döbel, Forelle, Hasel, Rotauge, Rotfeder, Rapfen, Schleie	10	0,18	0,20
Äsche, Brachsen, Hasel, Rotauge, Rotfeder	12	0,14	0,18
Äsche, Hasel, Rotauge, Rotfeder	14	0,14	0,16
Äsche, Hasel, Rotauge, Rotfeder	16	0,12	0,14
Gründling	18	0,10	0,12
Gründling	20	0,08	0,10

Angelhaken gibt es in den Größen von 28 bis 1 und von 1/0 bis 16/0. Wobei der Haken mit der Größenbezeichnung 28 der kleinste und der Haken mit der Größenbezeichnung 16/0 der größte ist. Mit den Haken 16/0 fängt man große Meeresfische, wie z. B. Hai- und Thunfisch.

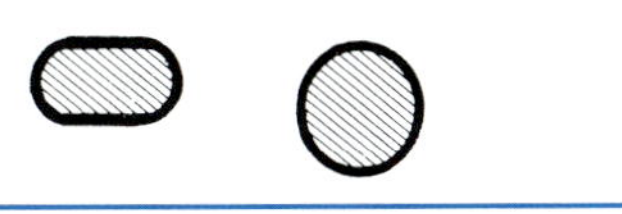

Abb. 38. Rund- und Flachstahlhaken.

Der Angelhaken besteht aus:

- Hakenspitze
- Widerhaken: ohne und mit
- Hakenbogen: eng, breit oder schräg
- Hakenschenkel: kurz oder lang
- Spitzschenkelhaken, Plättchen- oder Öhrhaken

Nach den Hakenformen unterscheidet man:

- Sneckbenthaken
- Italianhaken
- Limerickhaken
- Kendalhaken
- Jamisonhaken (Schonhaken)
- Blitz-, Klemm-, Einhänge-, oder Schluckhaken
- Aal-, Schleie-, Karpfen-, Forelle-, Barsch-, Zanderhaken usw.

Einige davon besitzen seitwärts gebogene Spitzen, z. B. Italian- und Limerickhaken. Der Wurmhaken besitzt am Schaft zwei Widerhaken. Diese verhindern das Abrutschen eines aufgezogenen Wurmes beim Auswerfen.

Die Industrie fertigt die Haken aus feinem Stahldraht bzw. aus chemische geschärften Carbon Stahl. Die Hakenqualität ist von der richtigen Härte des Stahls abhängig. Zu stark gehärtete Haken brechen leicht ab, zu schwach gehärtete biegen sich auf.

Es gibt **Rundstahl-** und **Flachstahlhaken**.

Damit die Haken nicht rosten, werden sie vielfach auch chemisch behandelt, vergoldet, lackiert oder brüniert. Gute Hakenspitzen werden zusätzlich mit einem Laser bearbeitet, um eine optimale Schärfe zu erreichen.

Damit die Spitze immer scharf bleibt, sollte sie nach einigen Würfen mit einem speziellen Schleifstein nachgeschliffen werden. Denn nur ein scharfer Haken kann in das oftmals harte Fischmaul beim Anschlagen haltbar eindringen.

Fragen zur Kontrolle

- Was bedeutet die Hakengröße 1 bis 18?
- Welche Angelhaken sollen beim Angeln auf Cypriniden benutzt werden?
- Wie soll die Hakengröße gewählt werden?
- Welcher Einzelhaken ist am größten?
- Welcher Einzelhaken ist am kleinsten?
- Welche Hakengröße wird beim Fang auf Rotaugen verwendet?
- Was ist ein Drilling?
- Was ist ein Jamisonhaken?

Die Bissanzeiger (Posen)

Wohl kein Teil der Angelausrüstung entscheidet so sehr über Erfolg oder Misserfolg wie die Pose. Die unterschiedlichen Formen, Funktionsweisen und die Art der Bissanzeige ist eine kleine Wissenschaft für sich. Wer sie beherrscht, kann sich schnell den unterschiedlichsten Situationen auch an fremden Gewässern anpassen.

Der Bissanzeiger kann uns optisch und/oder akustisch einen Biss anzeigen. Wir verwenden die Wasserkugel, den Feststellschwimmer, den Laufschwimmer (Gleitschwimmer) oder eine Kombination aus Lauf- und Feststellpose.
Die Posen werden aus verschiedenen Werkstoffen gefertigt. Posen aus Naturmaterial, wie Holz, Balsaholz, Kork und Stachelschweinborste, Schwimmer aus Kunststoffen (Hartschaum).

Merkmale der Pose

Eine gute Pose zeichnet sich durch folgende Merkmale aus:

- eine gut sichtbare Posenkugel/Antenne,
- der Posenkörper sollte sich bei Beanspruchung nicht verformen,
- die äußeren Ösen sind haltbar befestigt,
- präzis und fest eingepasste Kunststofförsen, die von der Schnur nicht eingeschnitten werden,
- die Antenne ist aus Kohlefaser, damit sie nicht gleich abbricht, wenn sie mal hängen bleibt.

Feststellschwimmer

Der Feststellschwimmer ist mittels Gummi oder kleiner Klemmbleie an der Schnur befestigt. Die Angeltiefe kann jederzeit durch Hin- und Herschieben des Schwimmers geändert werden. Feststellschwimmer werden nur dann verwendet, wenn die Wassertiefe die Länge der Angelrute nicht übersteigt, da anderenfalls nicht mehr ausgeworfen werden kann.

Gleitschwimmer

Der Gleitschwimmer oder auch Durchlaufschwimmer, ist für das Angeln in allen Wassertiefen anwendbar. Entweder läuft die Angelschnur durch die Pose hindurch oder an der Pose sind Durchlaufringe befestigt. Mittels Stopperknoten oder Stopperblei, die auf der Angelschnur befestigt werden, kann die Pose auf jede Wassertiefe eingestellt werden.

Verwendung des Schwimmers

Für leichte Köder, mittlere Angeltiefe und ruhige Gewässer verwendet man Posen mit geringer Tragkraft. Für schwere Köder, große Angeltiefen und starke Strömung Posen mit hoher Tragkraft. Bei vorsichtig beißenden Fischen (Karpfenartige, Äschen) werden schlanke Posen, bei kräftig beißenden Fischen (Hecht, Wels, Forelle) größere Posen verwendet. Ideal zum Fischen ist die Wasserkugel. Das Wurfgewicht oder die Eintauchtiefe können über zwei Ventile reguliert werden, indem man Wasser einfüllt oder ausleert.

Für das Posenfischen auf nachtaktive Fische werden Spezialposen benötigt.

Eingebaute Leuchtdioden oder einsetzbare Knicklichter zeigen sehr gut den Stand der Pose an. Weniger gut sichtbar sind Posen, die mit Leuchtfarbe beschichtet sind.

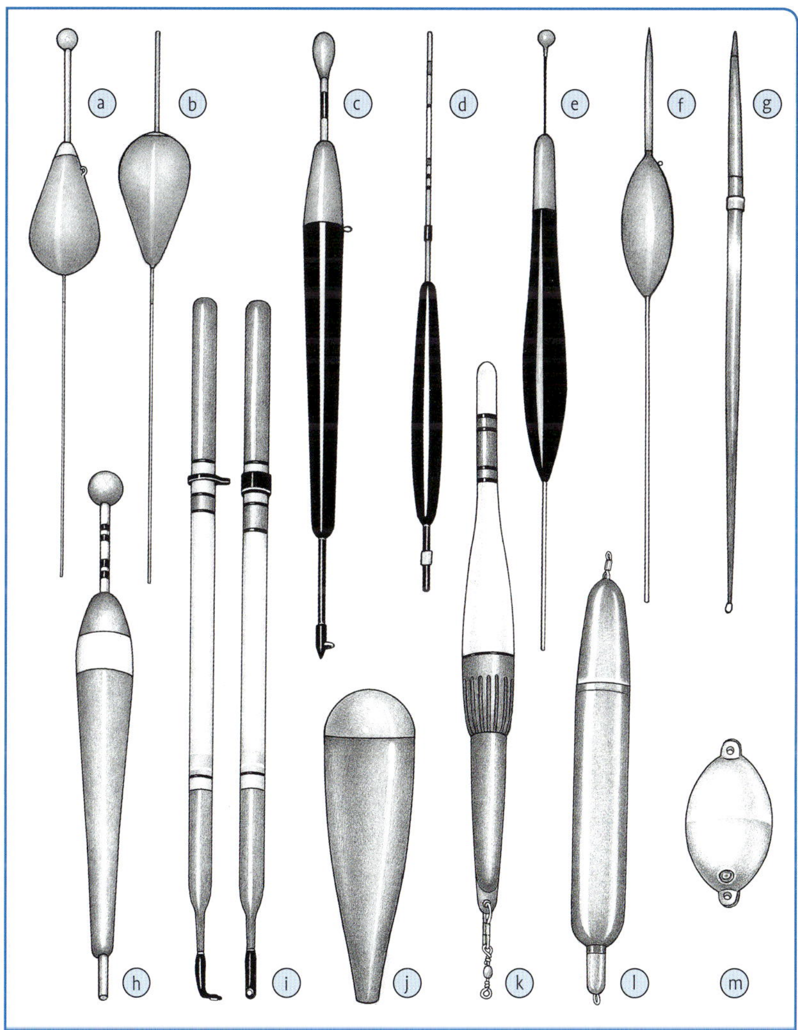

Abb. 39. Verschiedene Schwimmertypen und Materialien: **Hartschaum und Balsaholz**: a = in Tropfenform für Fließgewässer, b = in Torpedoform für Fließgewässer, c = Laufpose für Stillwasser, d = Feststellpose für Fließ- und Stillwasser, e = Feststellpose für langsame Fließ- und Stillwasser, f = Feststellpose für starke Strömung, **Natur- und Kunststoffposen:** g = Stachelschweinpose, h= Balsaholzlaufpose mit Schnurinnenführung, i = Kunststoffposen links Laufpose, rechts Feststellpose, j = Kunststoff-Hechtpose mit Schnurinnenführung, **Spezialposen und Spezialschwimmer:** k = Batterieposen für das Nachtangeln, l = vorgebleite Karpfenweitwurfpose, m = Wasserkugel.

Bissanzeiger beim Grundfischen

Der sensibelste und beste Bissanzeiger beim Grundangeln sind die Finger. Die Schnur wird zwischen Daumen und Zeigefinger gehalten, wobei man jeden Anbiss sofort spürt. Auch die Verwendung von einem Stück Papier, das nach dem Auswerfen an der Schnur zwischen zwei Ringen befestigt wird, zeigt uns einen Anbiss unverzüglich an.

Die Verwendung von Bibberspitzen/Schwingspitzen, die in den Endring geschraubt werden, zeigen uns auch einen vorsichtigen Biss an. Nur das Auswerfen des Köders benötigt einige Übung. Beim Nachtangeln auf Aal werden sogenannte Aalglöckchen verwendet. Das Aalglöckchen wird an der Rutenspitze befestigt und klingelt, wenn ein Fisch am Köder anbeißt. Etwas teuer, aber bei Tag und Nacht zu gebrauchen, ist ein elektronischer Bissanzeiger. Hier läuft die Schnur durch den Bissanzeiger, und bei jedem noch so kleinen Abzug der Schnur wird ein akustischer und/oder optischer Alarm ausgelöst. Eine weitere Möglichkeit, einen Biss bei Nacht gut zu erkennen, ist das Befestigen eines Knicklichtes an der oberen Rutenspitze.

Fragen zur Kontrolle

- Welche Aufgabe erfüllt ein Schwimmer?
- Wie wird die senkrechte Posenstellung im Wasser erreicht?

Die Bleie

Mit einem Blei kann man einen Köder auf dem Gewässergrund halten, es benutzen um weiter zu werfen oder mit ihm eine Angelpose optimal austarieren. Für alle Bereiche gibt es verschiedene Größen und Formen. Jede Fischart stellt letztendlich ihre unterschiedlichen Ansprüche auf das Gewicht der Bleie.

Blei ist sehr giftig für unsere Umwelt. Unbrauchbare Bleie sollten deshalb nicht achtlos entsorgt werden. Die Industrie hat immer wieder versucht, Ersatzstoffe für das Blei anzubieten, jedoch ohne nachhaltigen Erfolg. Um den Knoten zu schützen, sollten Laufbleie ab 10 g immer mit Stopper oder Perle vor dem Knoten montiert werden.

Klemmblei

Am häufigsten verwenden wir Schrotblei, Spaltblei oder Klemmblei zum austarieren der Pose. Es kann zu jeder Zeit auf die bestehende Angelmontage auf- oder abgeklemmt werden. Schrotbleie werden in Größen von 0,01 bis 3,20 g angeboten. Die Tragkraft der Angelpose wird in englischer Bezeichnung oder in Gramm angegeben.

Eine englische Pose, mit der Gewichtsangabe des Herstellers, von: 2 SSG = 2mal 1,60 Gramm = Tragkraft der Pose 3,20 Gramm.

Durch diese ideale Abstimmung eignet sich das Spaltblei besonders gut zum feinen Austarieren der Angelposen.

Wickelblei

Das Wickelblei wird in Form von Drahtblei oder unterschiedlich breit, in dün-

Tab. 27. Die englische Gewichtsbezeichnungen der Schrotbleie

Bezeichnung	Gewicht in Gramm
LG	3,20
SSG	1,60
SG	1,20
AAA	0,81
BB	0,40
No. 1	0,28
No. 3	0,20
No. 4	0,17
No. 5	0,13
No. 6	0,10
No. 7	0,08
No. 8	0,06
No. 9	0,05
No. 10	0,04
No. 11	0,03
No. 12	0,02
No. 13	0,01

ner Bleifolie, angeboten. Es kann in die gewünschte Größe geschnitten werden und ist vielseitig verwendbar.

Laufblei

Das **Sargblei, Olivenblei** oder **Kugelblei** hat seinen Namen von seiner Form. Es ist besonders beliebt und wird hauptsächlich in Fließgewässern eingesetzt.

Das Laufblei hält auch bei starker Strömung den Köder sicher am Platz. Die Hauptschnur wird durch das Blei gezogen. Der Fisch kann nach einem Anbiss ohne Widerstand die Schnur abziehen.

Das **Catharinenblei** ist dem Olivenblei ähnlich. Es ist für die nachträgliche Montage vorbereitet und einfach zu montieren. Catharinenbleie werden immer mit dem dicken Ende der Achse zum Wirbel montiert, umgekehrt angebracht schlägt die Achse sich beim Werfen frei und das Blei geht verloren.

Das **Kugelblei** oder auch **Lochblei** wird entsprechend der Tragkraft der Pose auf die Hauptschnur montiert. Das Blei liegt auf dem Grund, wobei der Fisch nach dem Anbiss die Schnur durch das Blei abzieht und nur einen geringen Widerstand verspürt. Auch ohne Pose ist diese Montage ideal zum Fischen im Fließwasser. Die Strömung rollt das Blei über den Gewässergrund. Dadurch kann eine große Fläche abgefischt werden. Diese Gerätemontage ist ideal für das Fischen auf Forellen.

Wurfblei

Das **Birnenblei** oder auch **Wurfblei** mit einem eingegossenen Wirbel ist gut geeignet für den universellen Einsatz beim Grundfischen. Wird auf der Hauptschnur ein Karabinerhaken montiert, kann man das Birnenblei schnell auswechseln.

Ideal ist auch die Montage eines Birnenbleies am unteren Ende einer Hegene. Die Wurfeigenschaften sind hervorragend, und ein Verdrallen der Schnur wird weitgehend vermieden.

Spezialblei

Das **Stehaufblei** und das **Blei mit Auftriebskörper** werden beim Grundangeln als Wurfblei verwendet. Nach dem Auswurf stehen sie auf dem Gewässergrund oder sinken nur etwas ein. Durch die obere Öse kann die Schnur auch bei schlammigem Grund nach einem Anbiss noch frei durchlaufen.

Damit der Köder beim Schleppen in einer vorbestimmten Tiefe geführt werden kann, wird ein **Schleppblei** vorgeschaltet.

Der **Grundsucher** ist ein **Schnappblei**, das über den Angelhaken gestülpt und bis zum Gewässergrund abgesenkt wird. An der verbrauchten Angelschnur kann man die Gewässertiefe messen. Die Pose wird nun auf die richtige Wassertiefe eingestellt.

Fragen zur Kontrolle

- Was ist ein Laufblei?
- Wann wird ein Spaltblei verwendet?
- Wann wird das Laufblei verwendet?
- Welches Blei wird in der Regel an einer Hegene befestigt?

Wirbel und Einhänger

Wirbel und Einhänger sind das wichtigste Glied in der Verbindung zwischen Hauptschnur, Vorfach, Haken und Kunstköder. Sie verbinden schnell und sicher das Angelzubehör mit der Hauptschnur und verlängern ihre Lebensdauer. Der Wirbel verhindert durch seine beiden in sich drehenden Teile eine Übertragung des Dralls auf die Hauptschnur. Bei Meereswirbel und Angelmethoden, bei denen ein besonders großer Schnurdrall zu erwarten ist, werden wegen der hohen Belastung **Kugellagerwirbel** verwendet. Wirbel gibt es für die verschiedenen Fischereimethoden in unterschiedlichen Größen und Bauarten. Wir kennen die Größen von 20 bis 0/5, wobei 20 der kleinere und 0/5 der größte Wirbel ist.

Wir verwenden **Karabinerwirbel, Tönnchenwirbel** und **Agraffen**, mit und ohne Kugellager. Die Handhabung der verschiedenen Formen ist unterschiedlich.

Der **Einfachwirbel** verbindet zwei Schnüre miteinander. Die **Kreuzwirbel** werden für die Seitenbleimontage verwendet.

Knotenlose Schnurverbinder

Der Schnurverbinder ist eine neue und sehr wirksame Methode, eine Schnur ohne Knoten zu verbinden. Die Tragkraft der Schnur bleibt bei richtiger Anwendung erhalten.

Die Schnurverbinder gibt es in verschiedenen Größen. Sie eignen sich besonders gut für multifile Angelschnüre, weil gerade hier die Knotenfestigkeit nur noch bis zu 50% der linearen Reißfestigkeit aufweist.

Fragen zur Kontrolle

- Wie kann beim Sinnfischen das Verdrehen der Angelschnur verhindert werden?
- Wann wird ein Einhänger mit Kugellager verwendet?

Die Köder

Künstliche Köder

Künstliche Köder werden beim Spinn- und Fliegenfischen ganzjährig auf Raubfische verwendet. Kunstköder täuschen dem Fisch eine mehr oder weniger große Beute vor. Sie ahmen einen fliehenden oder kranken Fisch oder eine andere Beute nach und wirken so auf den Beutetrieb der Fische. Neue Materialien und Produktionstechniken ermöglichen eine Farbgebung, Leuchtkraft und Reizeffekte, wie sie bisher nicht für möglich gehalten wurden. Neue Erkenntnisse über das Fressverhalten der Raubfische haben zur Entwicklung naturorientierter Kunstköder mit perfekten Laufeigenschaften geführt. Ein geübter Spinnfischer, der es versteht, den Spinnköder gut zu führen, hat in der Regel mit dieser Methode mehr Erfolg als ein Angler, der mit Naturködern fischt.

Als Faustregel gilt:
dunkles Wasser helle Köder,
helles Wasser dunkle Köder.

Blinker

Der am häufigsten verwendete Kunstköder ist der Blinker. Durch langsames und achtsames Führen wird ein kranker Fisch imitiert, der alle Raubfische zum Anbiss verleitet. Der „Heintz Blinker“ mit seiner unverkennbaren Fischform und der „Effzett Blinker“ haben auch

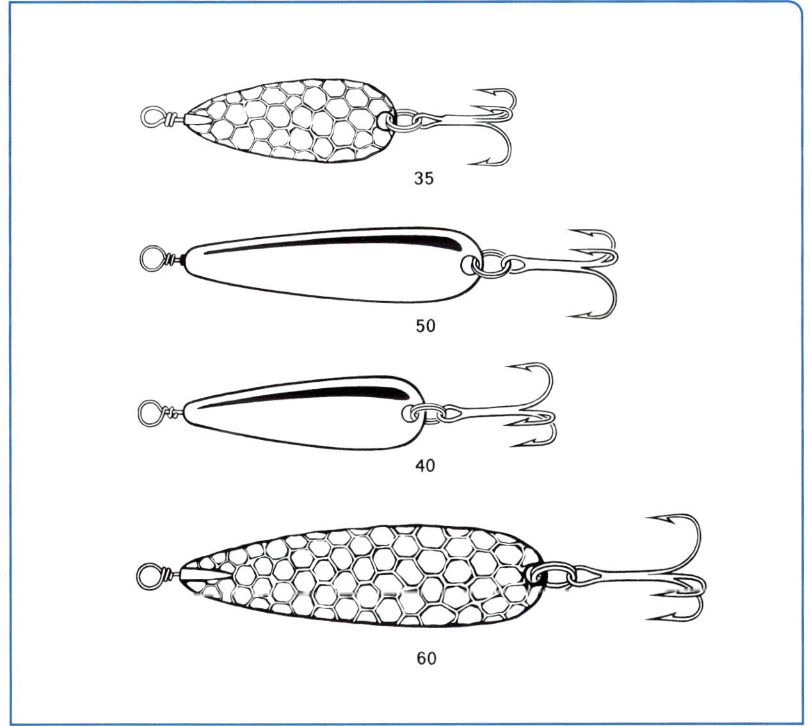

Abb. 40. Verschiedene Blinker mit 35, 50, 40 und 60 mm Länge.

Jahrzehnte nach ihrer Erfindung die sprichwörtliche Fängigkeit nicht verloren. Vor allem an verkrauteten Gewässern wird ein Blinker mit „Krauthaken“ gerne verwendet. Der Krauthaken liegt geschützt im Blinkerblatt und verhindert das Hängenbleiben.

Beim Blinker taumelt ein Metallkörper beim Drill durch das Wasser und blitzt durch die Reflexion auf (to blink = aufblitzen). Die Druckwelle reizt das Seitenlinienorgan und lockt dadurch die Raubfische an.

Spinner

Der Spinner ist aus Metall hergestellt. Ein unterschiedlich geformtes Metallblatt dreht sich um den Spinnkörper beim Einholen (engl. to spin = sich drehen, wirbeln).

Wobbler

Wobbler sind nicht rotierende ein- oder mehrgliedrige Fischimitationen aus Holz oder Kunststoff mit abgeschrägtem Kopf oder einer Tauchschaufel, die bei einigen Wobblern zur Einstellung der Tiefenführung verändert werden kann. Für Fische, die an der Oberfläche ihre Nahrung fangen, werden schwimmende, für alle anderen Raubfische tauchende Ausführungen verwendet. Wobbler führen beim Einzug taumelnde Bewegungen aus (engl. to wobble = wackeln). Die Druckwellen dieser Taumelbewegung lockt und reizt Raubfische zum Anbiss.

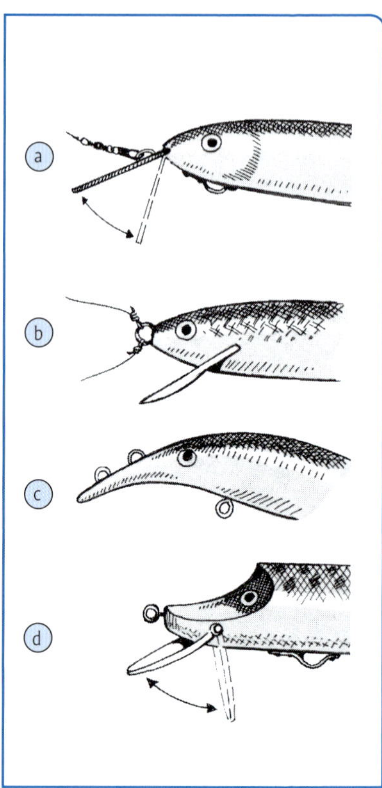

Abb. 41. Einstellung und Führung eines Wobblers. a = Einstellbare Schaufel, Schaufel senkrecht, Wobbler läuft flach und ruhig. Schaufel fast waagerecht, Wobbler läuft tief und lebhaft. b = Ohne einstellbare Schaufel, z. B. Rapalla, Magnum usw. Knoten oben, tiefer und lebhafter Lauf, Knoten unten, flacher und ruhiger Lauf. c = Swim Whizz Wobbler; Knoten im hinteren Einhänger, Wobbler läuft tief. Knoten im vorderen Einhänger, der Wobbler läuft flacher. d = Hi-Lo Wobbler, wie a.

Abb. 42. rechts Verschiedene Formen der Kunstköder. a = Löffel, b = Efzettblinker, c = Heintz-Blinker, d = Mepps Spinner, e = Comerseeblinker, f = Barschwobbler, g = Bananenwobbler, h = Flatfisch, i = Schweizer Wunderfischli.

Gummifische

Der **Twister, Wackelschwanz, Wabbelköder** oder **Vibroschwanz** ist ein Weichplastikköder, der auf einen Ein-

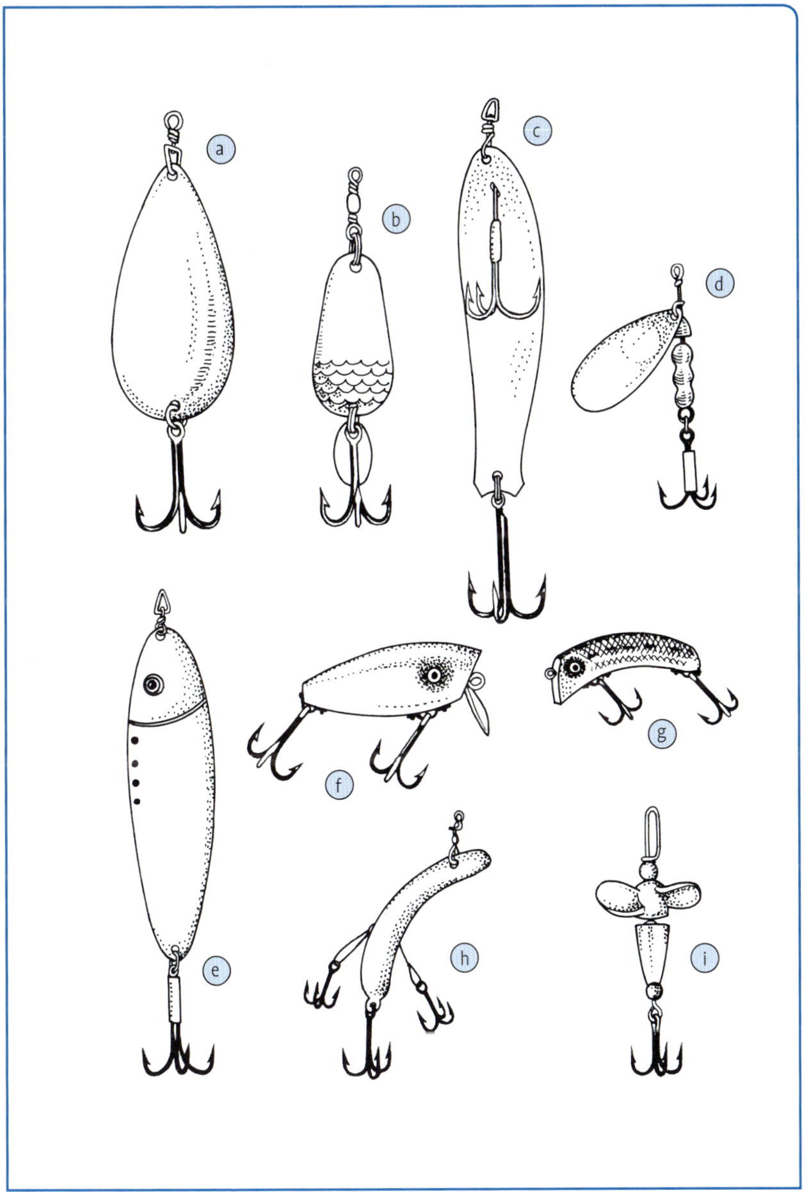
a
b
c
d
e
f
g
h
i

zelhaken mit einem angegossenen Bleikopf gezogen wird. Neben den oftmals grellen Farben sind es die lebhaften Bewegungen des Köders, insbesondere des Schwanzes, die den Raubfisch zum Anbeißen verleiten. Bedingt durch den nach oben gebogenen Haken, verfängt er sich selten im Kraut. Er ist somit ideal für den Einsatz in verkrauteten oder hindernisreichen Gewässern.

Die **Bleiköpfe** oder **Jigköpfe** gehören zu einer relativ jungen Ködergeneration mit einer ungewöhnlichen Fängigkeit auf alle Raubfische.

Tunkköder

Bei den so genannten Tunkködern (Pilker, Wunderfischli, Kosak, Jig) werden Fische durch Köderheben und -senken zum Anbiss gereizt.

Am Tunkköder werden bewegliche Drillinge befestigt, im Einzelfall werden auch Einzelhaken verwendet.

Zocker

Beim Zocker ist der Haken mit dem Körper fest verbunden und bildet eine Ein-

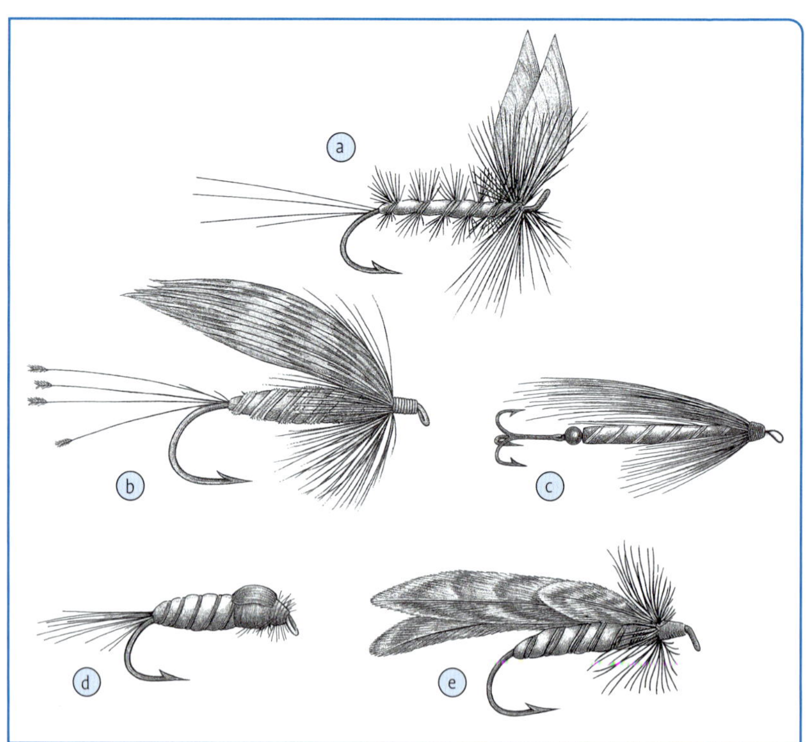

Abb. 43. Verschiedene Fliegen, Nymphen und Streamer. a = Trockenfliege, b = Nassfliege, c = Röhrchenfliege mit Tierhaaren (tube fly), d = Nymphe, e = Streamer (aus Göllner, Fliegenfischen).

heit. Seine Verwendung ist in Deutschland verboten.

Fliegen

Köderfliegen (Kunstfliegen) werden zum Flugangeln (Fliegenfischen) verwendet. Die Kunstfliegen werden auf Öhrhaken gebunden. Sie stellen Insektennachbildungen oder Fantasiefliegen dar. Die wichtigsten Einzelteile sind Körper, Öhrhaken, Kopf, Hecheln, Flügel und Schwanzfäden oder Schweif. Man unterscheidet Trockenfliegen mit Flügeln (aufgestellt, anliegend, quer gestellt) und solche ohne Flügel mit senkrecht abstehenden Hecheln. Hecheln sind feinste Federstrahlen der künstlichen Fliegen. Sie stammen zumeist von der Halsregion der Haushähne.

Trockenfliegen unterscheiden sich von anderen Fliegen durch ihre große Hechelzahl, mit deren Hilfe sie auf der Wasseroberfläche schwimmen. Sie werden auch als Hechelfliegen bezeichnet.

Nassfliegen ahmen abgestorbene Insekten nach, sie werden unter Wasser angeboten. Flügel und Hecheln, deren Zahl gering ist, stehen nach rückwärts.

Nymphen ahmen Wasserinsekten, Insektenlarven und -puppen nach.

Streamer sind große künstliche Fliegen, die zumeist kleine Beutefische oder auch Käfer nachahmen.

Nymphen und Streamer werden wie Nassfliegen unter Wasser angeboten. Bei Optikfliegen wird das Auge durch eine Metallperle nachgeahmt. Die Metallperle erhöht das Gewicht dieser für starke Strömungen bestimmten Fliegen. Beim Nassfliegenfischen können zusätzlich zur Endfliege mehrere weitere Fliegen seitlich am Vorfach mit ca. 10 cm Schnurlänge als so genannte Springer befestigt werden.

Fragen zur Kontrolle

- Welche Spinnköder haben eine Tauchschaufel zur Tiefenführung?
- Für welche Fangmethode werden Wobbler verwendet?
- Was ist das typische Merkmal eines Spinners?
- Was ist ein Zocker?
- Wo verwendet man den Pilker?
- Wodurch unterscheiden sich Spinner und Blinker?
- Was ist ein Wobbler?
- Welche Arten von künstlichen Fliegen verwenden wir?
- Was ist charakteristisch für eine Trockenfliege?
- Was ist eine Hechelfliege?
- Was ist ein Streamer?
- Welche Kunstfliege hat die meisten Hecheln?
- Was ist ein Springer?
- Wann wird die Nymphe verwendet?
- Welche Haken werden beim Fliegenbinden verwendet?

Natürliche Köder

Man versteht darunter zum Fischfang benötigte Lockmittel. Natürliche Köder werden zum Fang von Friedfischen, teilweise auch zum Fang von Raubfischen verwendet. Das Wurmfischen auf Salmoniden wird, weil durch diese Fangart untermaßige Fische stark verletzt werden können, als nicht fischgerecht bewertet. Es sollte nur an Gewässerstrecken, die keine andere Fangart zulassen, gestattet werden.

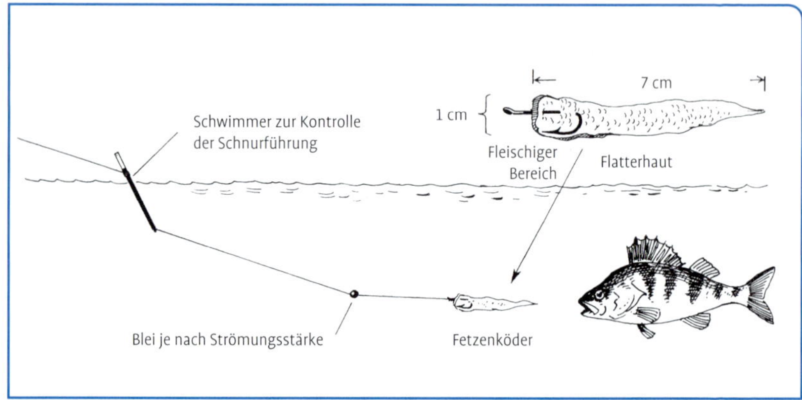

Abb. 44. Fetzenköder richtig aufgezogen, oben viel Fleisch wegen der Haltbarkeit am Haken, und darunter so dünn wie möglich, am besten nur Haut.

Beim Einsatz von Naturködern muss man den ausgezeichneten Geruchssinn vieler Fischarten (Aal und anderer) berücksichtigen; man sollte den Köder z. B. nicht mit „Nikotinfingern“ anfassen.

Zu den Naturködern zählen neben Tieren und Pflanzenteilen auch Nahrungsmittel. Zum Anlocken der Fische, besonders beim Karpfenfang, finden Anfütterungsköder beziehungsweise Lock- und Grundköder Verwendung. Große Karpfen fängt man mit Erfolg auf Boilies. Die **Boilies** sind etwa 14–24 mm große runde Kugeln, die aus unterschiedlichen proteinhaltigen Produkten hergestellt werden. Sie werden mit einer Nadel auf einem Seitenarm befestigt, der Haken bleibt leer.

Köder am System

Köder am System werden oft zum Angeln auf Raubfische verwendet. Es werden meist tote Köderfische auf Ködersysteme gezogen.

Köderfische wie z. B. Elritzen werden mit Köderfischnetzen, Senknetz, kleinen Reusen oder Köderfischflaschen gefangen.

Lebende Köderfische dürfen am Haken nur am Maul oder am Rücken befestigt werden (nach dem Tierschutz ist das Angeln mit dem lebenden Köder grundsätzlich verboten).

Alle Fischarten, für die ein Schonmaß oder eine Schonzeit festgesetzt ist, dürfen nicht als Köderfische verwendet werden.

Einführung in die Angeltechnik

Wann soll ich den Anhieb setzen? Die Antwort ist von Fischart zu Fischart und von Angelmethode zu Angelmethode sehr unterschiedlich. Beim Fliegenfischen und bei der Verwendung aller Kunstköder wird unmittelbar nach dem

Anbiss der Anhieb gesetzt. Der Fisch bemerkt recht schnell seinen Irrtum und versucht schnell den falschen Bissen auszuspucken.

Auch bei Naturködern soll der Anhieb unverzüglich erfolgen. Salmoniden schlucken den Köder sofort und tief. Damit keine untermaßigen Forellen an den Haken gehen, sollten nur Haken der Größe 3 und größer verwendet werden. Damit zurückzusetzende Salmoniden nicht verangelt werden, muss der Anhieb sofort erfolgen. Schleien, Aal und Zander beißen in der Regel sehr vorsichtig; hier ist es angebracht, den Köder schlucken zu lassen, um Fehlbisse zu vermeiden. Zander nehmen den toten Köderfisch oftmals vorsichtig im Maul mit und bringen ihn zum Fressplatz, um ihn hier in Ruhe außerhalb der Schule zu verspeisen. Auch beim toten Köderfisch auf Hecht muss man warten, denn der Hecht dreht zunächst den Fisch, um ihn dann mit dem Kopf voran zu fressen. Damit der Haken beim Anhieb gut in das harte und große Hechtmaul eindringen kann, verwenden wir Drillingshaken der Größe 3 oder größer zusammen mit einem Stahlvorfach. Kleinere Drillingshaken oder Einzelhaken sind für den starken Drill eines Hechts nicht geeignet.

Nach dem Anhieb, beim Drill, wird die Schnur so straff geführt, dass immer ein Kontakt mit dem Fisch vorhanden ist. Anderenfalls ist der Fisch in der Lage, einen nicht gut sitzenden Angelhaken auszuwerfen.

Fische gleichen Alters halten sich bevorzugt in Schulen auf. Sollten Sie an einem Angelplatz mehrere untermaßige Fische fangen, so wechseln Sie bitte die Angelstelle und suchen den Platz auf, an dem die Großen beißen.

Sehen Sie einen Fisch im Wasser und möchte ihn anwerfen, dürfen Sie sich keiner optischen Täuschung hingeben. Der Fisch steht immer tiefer als Sie ihn wahrnehmen.

Bei der Zusammenstellung einer Angel sollten wir uns folgendes merken:

- Großer Haken = starke Schnur = steife Rutenspitze
- Kleiner Haken = dünne Schnur = weiche Rutenspitze

Würden Sie zum Beispiel eine steife Rutenspitze mit einer dünnen Schnur und einem kleinen Haken versehen, hätten Sie kein Gefühl beim Anschlag und beim Drill eines Fisches. Rute, Rolle, Schnur und Haken müssen aufeinander abgestimmt werden.

Grundfischen

Das Grundangeln (-fischen) wird vorwiegend zum Fang von Friedfischen, wie Karpfen, Brachsen und anderen, teilweise auch von Raubfischen, mit Hilfe von Naturködern ausgeübt. Zumeist werden dafür Grundruten, Stationärrollen und einfache Haken verwendet. Die Schnurstärke hängt von der Fischart und den Strömungsverhältnissen ab. Der Köder kann am Gewässergrund oder in beliebiger Wassertiefe mittels Bleibeschwerung und Floß angeboten werden.

leichtes Grundfischen: Rotauge, Brassen, Schleie

Rute:	Wurfgewicht bis 30 g
Rolle:	Stationärrolle
Schnur:	0,18–0,25 mm
Pose:	leichte Posen
Köder:	Mais, Teig, Würmer, Maden

mittleres Grundfischen: Karpfen, Schleie, Quappe, Zander, Barbe, Aal

Rute:	Wurfgewicht bis 80 g
Rolle:	Stationärrolle
Monofil-schnur:	0,25–0,35 mm
Pose	mittlere Posen
Köder	Mais, Teig, Würmer, Maden, tote Köderfische

schweres Grundfischen: Wels, Aal, Hecht

Rute:	Wurfgewicht bis 150 g
Rolle:	Stationärrolle
Monofil-schnur:	0,35–0,40 mm
Pose:	schwere Posen
Köder:	Würmer, Maden, tote Köderfische

Karpfenfischen

Eine Besonderheit ist das Karpfenfischen. Der Karpfen kann unter idealen Bedingungen gut abwachsen und wird groß und schwer. Im Sommer bietet der Karpfen einen ausgezeichneten Drill. Große Karpfen sind jedoch schwer zu überlisten.

Karpfenfischen: Karpfen

Rute:	Wurfgewicht bis 100 g
Rolle:	Stationärrolle
Monofil-schnur	0,25–0,35 mm
Pose:	mittel/schwer
Vorfach:	Kevlar
Köder:	Boilies, Mais, Schwimmbrot, Teig

Stippfischen

Das Stippfischen dient vorwiegend zum Fang kleinerer Friedfische. Verwendet wird dazu meist eine Stipprute, Stationärrolle, dünne Schnur und Pose. Es werden natürliche Köder in allen Wassertiefen angeboten. Stippruten weisen Längen von 3 bis 14 m auf (Spezialruten für den Wettkampf sogar 20 m), beringte Stippruten sind maximal 9 m lang.

Die unberingte Stipprute wird mit einer Kopfschnur versehen. Um optimal fischen zu können, soll die Kopfschnur die Länge der Stipprute nicht überschreiten.

Hegene oder Paternosterangel

Ein spezielles Fanggerät für den Barsch- und Felchenfang in Seen ist die Hegene (Gampe) oder auch Paternosterangel. Sie besteht aus einer mit Blei beschwerten Schnur, die bis zu 5 Seitenarme (Springer) mit Angelhaken (künstliche Fliegen, Nuggis aus rotem oder gelbem Gummi und andere) aufweist.

Spinnfischen

Die Spinnfischerei ist eine sehr aktive Angelmethode, weil man weite Strecken am Gewässer unter ständigem Werfen und Einholen des Köders abfischt. Es werden in der Hauptsache künstliche Köder verwendet, wie Spinner (engl. to spin = drehen), Blinker, Wobbler, Twister und andere. Bei den natürlichen Ködern verwenden wir den toten Köderfisch am System (die Verwendung des lebenden Köderfisches ist nach dem Tierschutzgesetz verboten). Die taumelnden Bewegungen beim Einholen der Schnur sollen den Anschein eines kranken Beutefisches erwecken und den Raubfisch zum Zuschnappen verleiten.

Gefischt wird normalerweise mit Spinnrute und Stationärrolle. Zur Verhinderung der durch den Köder verursachten Drehbewegung auf die Schnur werden zwischen Köder und Schnur Wirbel zwischengeschaltet. Von besonderer Bedeutung für den Fangerfolg ist die richtige Führung des Spinnköders: mal muss er schnell, mal langsam geführt werden. Auch die Wassertiefe, in der er angeboten wird, ist entscheidend.

Bei sonnigem Wetter und klarem Wasser werden dunkle, bei bedecktem Himmel und trübem Wasser helle Spinnköder verwendet.

Wenn die Köderbewegung durch ein fahrendes Boot erfolgt, spricht man von Schleppfischerei. Hier wird die Tiefenführung des Köders durch die ausgegebene Schnurlänge, die Bebleiung (Schleppblei) und die Schleppgeschwindigkeit bewirkt.

Von fahrenden Segelbooten aus darf nicht geschleppt werden!

leichtes Spinnfischen: Barsch, Regenbogenforelle, Zander

Rute: Wurfgewicht 3–15 g
Rolle Stationärrolle
Monofil-schnur: 0,18–0,25 mm
Köder: Spinnfliegen, Spinner 3–5 g, Wobbler (klein), Twister 5 cm, Gummifisch 5–13 cm, Blinker

mittleres Spinnfischen: Hecht, Lachs, Zander

Rute: Wurfgewicht 15–40 g
Rolle Stationärrolle
Monofil-schnur: 0,20–0,35 mm
Vorfach: Stahl
Köder Gummifische 8–10 cm, Blinker bis 22 g, Spinner 7–10 g, Wobbler (mittel), Twister 8–10 cm

schweres Spinnfischen: Wels, Hecht, Huchen, Lachs

Rute: Wurfgewicht über 40 g
Rolle Stationärrolle
Monofil-schnur: 0,30–0,45 mm
Vorfach: Stahl
Köder: Spinner bis 30 g, Blinker bis 60 g, Wobbler (groß), bis 40 cm

Flugangeln

Das Flugangeln (Fliegenfischen) ist eine besondere Angelmethode, die mit eigens dazu entwickelten Fliegenruten, -rollen und -schnüren sowie mit künstlichen Fliegen (Insektennachbildungen, Fantasiefliegen) zum Fang von Salmoniden ausgeübt wird. Es können aber auch andere Fischarten, z. B. Döbel, Hecht und Barsch, mit der Flugangel gefangen werden. Beim Fischen mit der Trockenfliege versucht man Fische, die zum Insektenfang zur Wasseroberfläche steigen, zum Anbiss zu bringen. Es ist die schönste Fischereiausübung, da dabei im Gegensatz zum Grundangeln und Spinnfischen kein Warten auf ein zufälliges Finden des Köders durch den Fisch erfolgt. Gegenüber anderen Angelmethoden werden beim Flugangeln relativ kleine Angelhaken verwendet. Letztere sitzen aber fast ausnahmslos in den wenig empfindlichen vorderen Maulpartien, aus denen sie bei untermaßigen beziehungsweise geschonten Fischen ohne eine wesentliche Verletzung des gefangenen Fisches entfernt werden können.

Das Flugangeln ist die schwierigste, dafür aber spannendste und schonendste Angelmethode.

Wichtig: Die Zusammenstellung von Rolle, Rute und Schnur soll immer in der gleichen AFTMA Klasse erfolgen.

Die Länge der Fliegenrute ist abhängig vom Gewässer.

Flugangel leicht:
Äsche, Forelle, Döbel und andere Weißfische
Verwendungszweck:
Watfischen und leichtes Trockenfliegen- und Nymphenfischen vom flachen Ufer.
Rute: AFTMA 3–5
Schnur: AFTMA 3–5

Flugangel mittel:
Äsche, Forelle, Döbel, Rapfen, Barsch und Aland
Verwendungszweck:
Dies ist das Allroundgerät für das tägliche Fischen.
Rute: AFTMA 5–7
Schnur: AFTMA 5–7

Flugangel schwer:
Lachs, Hecht
Verwendungszweck:
Als Einhand- oder Zweihand-Fliegenrute
Speziell zum Fischen mit Nassschnur
Fischen auch am/im Meer
Streamerfischen auf Hecht
Rute: AFTMA 8–15 (Länge bis 4,50 m)
Schnur: AFTMA 8–15

Meeresfischen

Das Brandungsangeln und Pilkfischen:

Beim Brandungsangeln wird vom Ufer aus mit starken, langen Parabolik-Ruten gefischt. Die Ruten haben ein Wurfgewicht von 100–300 g.

Von der Konzeption her ist die Brandungsrute nichts anderes als eine überlange Spinnrute mit erheblich höherem Wurfgewicht. Da schwere Bleie bis über 200 g auf größtmögliche Distanz gebracht werden müssen, sind diese Ruten sehr stark gebaut und biegen sich über die gesamte Länge. Damit die Schnur beim Weitwurf nicht reißt, wird eine Schlagschnur von etwa 10–25 m Länge vor die Hauptschnur gebunden. Ideale Ruten haben eine Länge von 3,90 bis 4,20 m.

Bootsruten sind aus Gründen der Handlichkeit etwa 1,60 bis 2,40 m lang. Die Durchmesser sind entsprechend stark, um auch große Meeresfische sicher drillen zu können. Durch Heben und Senken eines Pilkers wird der Fisch zum Anbiss verleitet (Pilkrute).

normales Meeresfischen vom Boot: Dorsch (norm. Pilkfischen), Hering, Makrele (am System)
Rute: Wurfgewicht: bis 200 g
Rolle: große Stationärrolle
Schnur: Monofilschnur 0,35–0,45 mm
Multifilschnur 0,18–0,26 mm
Köder: Pilker bis 200 g
Meeressysteme/Meerespaternoster

schweres Meeresfischen vom Boot: Dorsch, Köhler, Leng
Rute: Wurfgewicht: 300 g

Rolle: große Stationärrolle
mittlere Multirolle
Schnur: Monofilschnur 0,50 mm
Multifilschnur 0,26 bis 0,36 mm
Köder: Pilker ab 200 g bis 500 g
Beifänger: grellfarbene, sehr bewegliche Kunstköder

Brandungsangel:
Dorsch, Plattfisch, Aal
Rute: Hohlglas 2,70–3,90 m
Wurfgewicht: bis 250 g
Blei Sargblei 80–150 g
Rolle: große Stationärrolle oder Multirolle
Schnur: Monofilschnur 0,35 bis 0,45 mm
Schlagschnur: ca. 10 m 0,45–0,60; Keulenschnur 0,60–0,45 mm
Köder: Meeressysteme, Wattwurm, Fischfetzen

Wichtiges und notwendiges Zubehör

Folgendes Zubehör hat der Fischer unbedingt mitzuführen:

- einen Unterfangkescher für die Anlandung der Fische,
- einen Hakenlöser, zum schonenden Lösen des Hakens aus dem Fischmaul,
- eine Lösezange oder Löseschere = siehe Hakenlöser,
- einen Fischbetäuber zum Betäuben der Fische vor dem Schlachten,
- ein Messer zum Schlachten (Abstechen) und Ausnehmen der Fische,
- einen Maßstab zum Nachmessen des Schonmaßes,

Fragen zur Kontrolle

- Wie lang ist in der Regel die „Kopfschnur“?
- Wie sind Brandungsruten beschaffen?
- Wie soll eine Rute beschaffen sein, wenn die gewählte Schnurstärke 0,20 mm beträgt und ein Haken der Größe 10 verwendet wird?
- Welche allgemeine Regel gilt bei der Zusammenstellung von Haken, Schnur und Rute?
- Wie soll sich ein Angler verhalten, wenn er an seinem Angelplatz mehrere untermaßige Fische gefangen hat?
- Was ermöglicht beim Flugangeln das Auswerfen des Köders?
- Warum ist das Flugangeln eine schöne Angelmethode?
- Was versteht man unter Paternosterangeln?
- Wann soll beim Forellenangeln der Anhieb gesetzt werden?
- Wie soll die Schnur beim Drill geführt werden?
- Welche Einfachhaken sind beim Karpfenangeln gebräuchlich?
- Wann ist beim Fischen mit künstlichen Ködern der Anhieb zu setzen?
- Steht der Fisch an der Stelle im Wasser, an der der Angler ihn sieht?

- eine Rachensperre beim Angeln auf Hechte,
- ein Gaff als Landehaken für große Fische.

Nützliches Zubehör

Hierfür sind zweckmäßig:

- eine Ersatzschnur, mit einer anderen Schnurstärke,
- eine Ersatzspule, als Ersatz für eine defekte Spule,
- ein Gerätekasten zum Aufnehmen der Angelutensilien,
- Rutenhalter zum unbeschädigten Ablegen der Angelrute,
- eine Taschenlampe für das Angeln in der Dämmerung bzw. bei Nacht,
- eine Ködernadel, zum Aufziehen von Angelködern,
- eine Köderfischsenke zum Fangen von Köderfischen.

Die Angelindustrie bietet Zubehör in unüberschaubarer Vielfalt an. Für bestimmte Angelmethoden benötigt man sicherlich noch das Eine oder das Andere. Aber beim Erwerb von Angelzubehör ist es wie bei vielen Dingen im Leben: Der Besitzerstolz siegt häufig über den Bedarf.

Behandlung gefangener Fische

Alle Angelfischer müssen beim Umgang mit Fischen stets von dem Grundsatz geleitet sein, keinem Fisch vermeidbare Schmerzen, Leiden oder Schäden zuzufügen, so wie es auch das Tierschutzgesetz verlangt.

Fragen zur Kontrolle

- Welche Hilfsgeräte werden benötigt?
- Welche Hilfsgeräte muss der Angler mitführen?
- Was ist ein Hakenlöser?
- Wozu dient die Löseschere, Lösezange oder der Hakenlöser?
- Wie muss der Unterfangkescher beschaffen sein?
- Was ist ein Gaff?
- Welche Fische müssen vor dem Töten betäubt werden?
- Wie sind Krebse zu töten?
- Was macht man mit einem untermaßigen Fisch?
- Was ist nach dem Gaffen eines Fisches erforderlich?
- Woran erkennt man einen betäubten Fisch?
- Wie ist ein untermaßig bzw. geschonter Fisch mit tief sitzendem Angelhaken zu behandeln?
- Warum werden auf den Forellenfang mit Naturködern nur Haken ab der Größe 3 verwendet?
- Welche Drillingsgröße ist beim Hechtfang gebräuchlich?

Der Drill

Der gehakte Fisch ist nur so lange zu drillen, wie es zur sicheren Anlandung erforderlich ist. Größere Fische werden mit dem Kescher aus dem Wasser genommen. Der Unterfangkescher sollte breit und tief genug sein und aus einem ungeknoteten, feinmaschigen Netz bestehen. Der Kescher wird so gehalten, dass der Fisch über ihn gezogen werden kann. Ist der Fisch über dem Kescher, wird dieser angehoben und zwar so, dass der Fisch wie in einem Netz hängt, der Kescherstiel zeigt dabei senkrecht nach oben und das Netz nach unten. Wird der Kescher waagerecht gehalten, kann durch die große Hebelkraft der Klappmechanismus beschädigt werden.

Das Zurücksetzen

Untermaßige und während der Schonzeit zufällig gefangene Fische sind nur mit nassen Händen zu berühren, um Schleimhäute und Schuppenverluste zu vermeiden. Der Angelhaken ist vorsichtig mit einem Hakenlöser zu entfernen. Danach sind noch lebensfähige Fische möglichst umgehend ins Wasser zurückzusetzen.

Sitzt der Haken tief, wird die Schnur knapp vor dem Maul abgeschnitten und der Fisch, falls er noch lebensfähig ist, ins Wasser zurückgesetzt.

Das Schlachten

Schwer verletzte oder stark blutende Fische sind sofort nach dem Fang fachgerecht zu töten.

Nach der Tierschutzschlachtverordnung (S. 157) sind alle Fische, die wir uns aneignen, nach dem Anlanden sofort mit einem oder nach Bedarf mehreren kräftigen Schlägen durch das Schlagholz auf den Kopf, oberhalb der Augen, zu betäuben. Wir achten auf den Augendrehreflex. Wenn das Auge des Fisches bei Seitenbewegungen des Kopfes starr stehen bleibt, ist der Fisch betäubt. Bei Aalen und Plattfischen kann die Betäubung unterbleiben. Diese werden durch einen raschen Schnitt durch die Wirbelsäule direkt hinter dem Kopf getötet. Danach sind die Eingeweide einschließlich Herz zu entfernen.

Nach dem Betäuben sind die Fische zu schlachten, das heißt, mit einem Messer durchtrennen wir die Kiemenarterie oder wir führen einen Herzstich durch und lassen den Fisch ausbluten. Da Fischblut, insbesondere das des Aales, giftig ist, sollten Sie beim Schlachten und Ausweiden vorsichtig vorgehen. Die Giftigkeit des Fischblutes ist dem Schlangengift ähnlich. Die toxische Wirkung wird durch das Räuchern oder Garen ab ca. 60° aufgehoben

Erst nach dem Töten des Fisches wird der Haken entfernt!

Große Fische, die nicht mit einem Unterfangkescher gelandet werden können, werden mit einem **Gaff** (Landungshaken) gelandet. Mit dem Gaff gelandete Fische sind sofort zu betäuben und zu schlachten. Sie dürfen nicht zurückgesetzt werden.

Der Setzkescher

Nach dem Tierschutzgesetz ist die Hälterung der gefangenen Fische in einem

Setzkescher grundsätzlich verboten. Siehe auch Gesetzeskunde unter Kap. Behandeln gefangener Fische.

Müssen aber Fische in ein anderes Gewässer umgesetzt werden oder die Fische sollen vor dem Schlachten gesäubert werden (Modergeschmack), dürfen die Fische in einem Setzkescher gehältert werden.

Der Setzkescher muss aus einem ungeknotetem Netz gefertigt und ausreichend groß sein.

Schlachten der Krebse

Krebse können nicht betäubt werden. Um sie zu töten, werden sie mit dem Kopf voraus einzeln in stark kochendes Wasser geworfen. Die Tiere müssen dabei ganz mit kochendem Wasser bedeckt sein.

Transportiert werden Krebse und Muscheln in Wasser oder höchstens ganz kurzfristig auf einer genügend feuchten Unterlage.

Aufbewahren gefangener Fische

Zum Aufbewahren der geschlachteten Fische am Angelplatz eignet sich eine Kühlbox besonders gut. Ist diese nicht vorhanden, werden die toten Fische in feuchtes Gras oder in einem feuchten Tuch an einem schattigen Platz aufgehoben. Gut eignet sich auch ein Weidenkorb, der mit einem nassen Tuch ausgelegt wird (Verdunstungskälte). Auch in Zeitungspapier eingeschlagene Fische halten sich sehr gut, da das Zeitungspapier die Feuchtigkeit aufsaugt.

Niemals dürfen die Fische in Plastiktüten oder in anderen, luft- und feuchtigkeitsundurchlässigen Behältnissen aufbewahrt werden, da sie hierin sehr schnell verderben.

Ausnehmen der Fische

Geschlachtete Fische werden am Wasser oder zu Hause ausgenommen. Um eine Wasserverschmutzung und die Verbreitung von Fischkrankheiten zu vermeiden, dürfen keine Fischabfälle in das Wasser entsorgt werden. Sie sind in einiger Entfernung vom Wasser zu vergraben. Zuhause kann man den Fischabfall in eine Plastiktüte geben und in die Tiefkühltruhe legen. Am Tage der Entsorgung wird der Beutel zum Bio-Abfall gegeben. Bei dieser Methode ersparen wir uns, insbesondere an heißen Tagen, den oftmals unangenehmen Geruch.

Lebendtransport gefangener Fische

Sollen gefangene Fische lebend transportiert werden, so ist dafür zu sorgen, dass diese im Transportbehälter stets genügend Bewegungsfreiheit haben und auch keine unverträglichen Arten zusammen kommen. Weiterhin muss auf die Wasserqualität, Temperatur usw. des Transportwassers geachtet werden.

Fragen zur Kontrolle

- Wie wird ein großer Karpfen angelandet?
- Wie werden Krebse betäubt?
- Wie werden Krebse tierschutzgerecht getötet?
- Wohin dürfen Fischeingeweide nicht entsorgt werden?

Rechtsvorschriften, Gesetzeskunde

Der Angler muss wissen, wo, wann, was und wie er angeln darf.
Die in der freien Natur ausgeübte Angelfischerei unterliegt vielfältigen rechtlichen Bindungen und Einschränkungen. Verstöße gegen gesetzliche Vorschriften können mit Geld-/Freihheitsstrafe oder Bußgeld sowie mit der Einziehung der benutzten Angelgeräte, des Fischereischeins und der gefangenen Fische geahndet werden. In der Vorbereitung auf die amtliche Fischerprüfung, deren Bestehen in den Bundesländern in der Regel Voraussetzung für die Erteilung des Fischereischeins ist, muss daher der Angelfischer die wichtigsten rechtlichen Bestimmungen für die Ausübung seiner Fischerei erlernen. Zu diesen Bestimmungen gehören nicht nur das Fischereirecht, sondern auch solche z. B. aus dem Naturschutzrecht, dem Wasserrecht, dem Tiergesundheits- (früher Tierseuchenrecht) und dem Tierschutzrecht. Nur derjenige, der über die wesentlichen für die Angelfischerei bedeutsamen Rechtsvorschriften Bescheid weiß, kann seine Angel ohne Besorgnis auslegen oder auswerfen.

In der Bundesrepublik Deutschland als föderalem Bundesstaat werden Rechtsvorschriften sowohl vom Bund als auch von den einzelnen Bundesländern erlassen. Während das Fischereirecht, d. h. die Gesamtheit der die Fischerei speziell betreffenden Rechtsvorschriften, von den Ländern erlassen wird und damit aufgrund von Besonderheiten in den einzelnen Bundesländern naturgemäß jeweils Unterschiede aufweist, sind wesentliche Teile des Naturschutzrechts, des Wasserrechts, des Tierschutz- und des Tiergesundheitsrechts durch Bundesrecht oder auf Grund europarechtlicher Vorgaben bundesweit einheitlich. **Die nachfolgende Darstellung der Rechtsvorschriften und der Gesetzeskunde hat zwar in den Ausführungen zum Fischereirecht ihren Schwerpunkt im Recht des Landes Baden-Württemberg (Fundstellenangabe GBl.), dennoch sind wesentliche Teile Bundesrecht (Fundstellenangabe BGBl. I) und damit einheitlich im gesamten Bundesgebiet. Im Anhang 3 sind in einer Tabelle für alle Bundesländer die derzeit geltenden Schonzeiten und Mindestmaße bzw. Schonmaße der für den Angler wichtigsten Fischarten dargestellt.**

Hinweis: Gesetze und Verordnungen werden mit der Fund-Stelle ihrer letzten Gesamtausgabe angegeben. Aktuelle Fassungen können im Internet abgerufen werden:
BGBl.I: www.gesetzte-im-internet.de
und GBl.: www.landesrecht-bw.de

Das Wort **Fischereirecht** wird in zweifacher Hinsicht gebraucht. Einmal bezeichnet es die Gesamtheit der die Fischerei speziell betreffenden **Rechtsvorschriften**, zum anderen die **privatrechtliche Berechtigung**, die Fischerei einschließlich Hege in einem bestimmten Gewässer oder Gewässerabschnitt auszuüben.

Aus dem Zusammenhang der Ausführungen, in dem dieses Wort verwendet wird, ist jedoch nicht schwer zu erkennen, welche der beiden Bedeutungen gemeint ist.

Insbesondere das „Fischereirecht“ als Recht zur Ausübung der Fischerei wird oft mit Zusätzen gebraucht, die auf diese Bedeutung hinweisen (z. B. nicht beschränktes, beschränktes, privates, Inhaber des Fischereirechts, grundstücksgleiches, sonstiges, einzelnes).

Rechtsvorschriften

Fischereirecht

Für die Ausübung der Fischerei einschließlich der Hege in den **Gewässern** des Landes Baden-Württemberg; dazu zählen die

Bundeswasserstraßen (soweit deutsches Hoheitsgebiet Rhein ab Basel, Neckar ab Plochingen, Main), Gewässer 1. und 2. Ordnung (öffentliche Gewässer), Kanäle, Seen, Weiher, Teiche einschließlich der bewirtschafteten Anlagen der Teichwirtschaft und der Fischzucht sowie Baggerseen und Entwässerungsgräben, auch soweit sie nach dem Wassergesetz für Baden-Württemberg (WG) private Gewässer sind, nicht jedoch Schwimmbecken, Fischbehälter in Gaststätten und Fischhandlungen, Baugruben, Zierbrunnen, betonierte Feuerlöschteiche, Wasser in sonstigen künstlichen Anlagen,

ist in erster Linie das **landesrechtliche Fischereirecht** maßgebend:

- **Fischereigesetz** für Baden-Württemberg **(FischG)** vom 14. November 1979 (GBl. S. 466),
- **Landesfischereiverordnung (LFischVO)** vom 3. April 1998 (GBl. S. 252),
- **Bodenseefischereiverordnung (BodFischVO)** vom 18. Dezember 1997 (GBl. 1998 S. 32),
- **Unterseefischereiordnung** in der Fassung des Änderungsvertrags vom 19. November 1991 (GBl. 1993 S. 29) und Vereinbarung vom 10. Dezember 2003 (GBl. 2004 S. 203),
- **Rheinaufischereiverordnung (RheinauFischVO)** vom 5. Juli 1983 GBl. S. 441),
- einige weitere Verordnungen (z. B. über Fangaufzeichnungen für Berufsfischer und Fischereiabgabe am Bodensee-Untersee).

Keine besonderen fischereirechtlichen Bestimmungen gelten z. B. für Schluchsee, Titisee, Rhein mit Ausnahme der Stauhaltungen beim Kraftwerk Rheinau am Hochrhein, Neckar, Kocher und Jagst. Ebenso nicht für Iller und Main; soweit diese Gewässer Grenzgewässer sind, gilt das baden-württembergische Landesfischereirecht bis zur Landesgrenze in oder am Gewässer. Enthalten das FischG und die LFischVO einerseits und die BodFischVO, die Unterseefischereiordnung und die Rheinaufischereiverordnung andererseits Bestimmungen über denselben Sachverhalt, so sind in ihrem räumlichen Geltungsbereich die spezielleren Bestimmungen der BodFischVO, der Unterseefischereiordnung und der Rheinaufischereiverordnung maßgebend. Fehlen dagegen dort Regelungen für einen bestimmten Sachverhalt (z. B. über die Berechtigung zur Ausübung der Fischerei im Bodensee, über die Elektrofischerei), so gelten auch für den Bodensee einschließlich des Untersees und die Stauhaltungen beim Kraftwerk Rheinau das FischG und die LFischVO bis zur Landesgrenze.

Für bewirtschaftete Anlagen der Teichwirtschaft und der Fischzucht sowie für Gewässer bis zu einer Größe von 0,25 ha, denen es an einer für jede Art des Fischwechsels geeigneten Verbindung mit anderen Gewässern fehlt und an denen nur ein einziges nicht beschränktes Fischereirecht besteht, findet nur ein Teil des Fischereirechts Anwendung. Insbesondere nicht anzuwenden sind die Bestimmungen über die Hegepflicht, Pacht- und Erlaubnisverträge, Fischereibezirke, Erlaubnisschein sowie für die bewirtschafteten Anlagen der Teichwirtschaft und der Fischzucht auch über den Fischereischein (§ 1 Abs. 2 FischG), Schonzeiten und Mindestmaße (§ 23 LFischVO). Bei Gewässern bis zu 0,25 ha gelten dagegen die Schonzeiten und Mindestmaße, ein gültiger Fischereischein ist erforderlich.

Sonstige die Fischerei betreffende Vorschriften

Neben den Bestimmungen des Fischereirechts hat der Berufs- und Freizeitfischer eine Vielzahl weiterer Gesetze und Verordnungen zu beachten.

Wird z. B. die Fischerei in einem ausgewiesenen Natur- oder Landschaftsschutzgebiet, in Naturparks, in flächenhaften Naturdenkmalen oder in besonders geschützten Biotopen im Sinne des Naturschutzrechts (z. B. Netz Natura 2000).

- **Bundesnaturschutzgesetz (BNatSchG)** vom 29. Juli 2009 (BGBl. I S. 2542),
- **Naturschutzgesetz des Landes Baden-Württemberg** vom 23. Juni 2015 (GBl. S. 585)

ausgeübt, können die für das jeweilige Gebiet geltenden speziellen Schutzvorschriften auch die Ausübung der Fischerei betreffen, insbesondere sie räumlich, zeitlich und bei den Fanggeräten einschränken (z. B. Angeln nur von einem bestimmten Uferstreifen aus, Angelverbote für bestimmte Zeiten, gleichzeitig höchstens drei Angelhaken). Die artenschutzrechtlichen Bestimmungen des **Bundesnaturschutzgesetzes** und der **Bundesartenschutzverordnung** vom 16. Februar 2005 (BGBl. I S. 258) haben ebenfalls Bedeutung für die Fischerei.

Beim Behandeln und Aufbewahren lebender Fische sowie bei deren Tötung ist das **Tierschutzrecht** maßgebend. Besonders zu beachten sind:

- **Tierschutzgesetz (TierSchG)** vom 18. Mai 2006 (BGBl. I S. 1206),
- **Tierschutztransportverordnung (TierSchTrV)** vom 11. Februar 2009 (BGBl. I S. 375),
- **Tierschutz-Schlachtverordnung (TierSchlV)** vom 20. Dezember 2012 (BGBl. I S 2982).

Bei der Benutzung von Gewässern, insbesondere beim Entnehmen von Wasser für Fischteiche und dessen Wiedereinleitung, für das Aufstauen und Absenken eines Gewässers, für das Entnehmen fester Stoffe und deren Einbringung in Gewässer, aber auch für den Gewässerschutz einschließlich der Gewässerrandstreifen, Gewässerausbau- und Gewässerunterhaltungsmaßnahmen gilt das **Wasserrecht**:

- **Wasserhaushaltsgesetz (WHG)** vom 31. Juli 2009 (BGBl. I S. 2585),

dafür erhält der Fischereiberechtigte auch das Fischereirecht in den Nebengewässern, die aus dem ursprünglichen Gewässer ihr Wasser erhalten; dies gilt allerdings nur, wenn das Nebengewässer sich mit dem ursprünglichen Gewässer wieder vereinigt (§ 4 Abs. 2 FischG).

Bei räumlichen **Gewässerveränderungen** (z. B. Verbreiterung des Gewässerbetts, Verlängerung des Gewässers durch Schleifenbildung, Aufstau) erstrecken sich die im betroffenen Gewässer bestehenden nicht beschränkten Fischereirechte auf das veränderte Gewässer, wobei bei mehreren Fischereirechten sich die räumliche Ausdehnung nach dem Verhältnis richtet, in dem diese Rechte im bisherigen Gewässer zueinander standen (§ 5 Abs. 3 FischG).

Verlässt ein Gewässer aufgrund natürlicher Ereignisse oder baulicher Maßnahmen **sein Bett**, gehen die nicht beschränkten Fischereirechte im Verhältnis ihrer Fläche und räumlichen Lage im bisherigen Gewässer auf das neue Gewässer über. Auch dürfen die betroffenen Fischereiberechtigten noch im Bereich ihrer bisherigen Fischereirechte solange fischen, bis zwischen dem bisherigen und dem neuen Gewässer eine Absperrung vorhanden ist, die den Wechsel von fangreifen Fischen, für die in der LFischVO ein Mindestmaß festgesetzt ist, wirksam verhindert. Im Bett des bisherigen Gewässers, das z. B. als Altwasser noch fischereilich genutzt werden kann, steht das Fischereirecht dann dem in § 4 Abs. 1 Satz 1 FischG benannten Regelfischereiberechtigten zu (§ 5 Abs. 1 Satz 2 FischG). Sollten allerdings im neuen Gewässer (z. B. in einem in ein neues Gewässer eingebundenen Teich, See oder anderen Gewässer) bereits Fischereirechte bestehen, bleiben diese unberührt mit der Folge, dass die vom bisherigen Gewässer übergehenden Fischereirechte sich nur auf die Teile des neuen Gewässers erstrecken können, in denen noch kein Fischereirecht bestand (§ 5 Abs. 2 FischG).

Schäden, die durch eine Gewässerveränderung nach § 5 Abs. 1 FischG oder durch eine Gewässerverlegung nach § 5 Abs. 3 FischG entstehen, sind dem Fischereiberechtigten zu entschädigen. Vorteile hat der Fischereiberechtigte dem Träger der baulichen Maßnahmen auszugleichen (§ 5 Abs. 4 FischG).

Ein einheitlicher und damit lückenloser Nachweis der Fischereirechte besteht derzeit nicht, weil insbesondere noch nicht über alle Anträge auf Eintragung der Fischereirechte in das Grundbuch oder das Verzeichnis der Fischereirechte abschließend entschieden werden konnte.

Fragen zur Kontrolle

- Wer ist Fischereiausübungsberechtigter?
- Wo sind die Fischereirechte eingetragen oder verzeichnet?
- Wem steht das Fischereirecht bei Verzweigungen, Gewässerveränderungen zu?
- Was geschieht mit dem Fischereirecht, wenn das Gewässer sein Bett verlässt?

Inhalt der Fischereiberechtigung (des Fischereirechts)

Fische sind in der freien Natur **herrenlos**; sie haben keinen Eigentümer. Dagegen gehören Fische in Teichen (= stehendes Gewässer, das so abgeschlossen ist, dass ein Wechsel von Fischen jeglicher Größe in ein anderes Gewässer unter normalen Umständen nicht stattfinden kann) und anderen geschlossenen Privatgewässern den Eigentümern dieser Gewässer.

Das **fischereirechtliche Aneignungsrecht** gibt dem Fischereiberechtigten die Befugnis, die herrenlosen Fische zu fangen und sich anzueignen, d. h. durch die Inbesitznahme Eigentum zu erwerben. Wer ohne diese Befugnis fischt, kann wegen Fischwilderei nach § 293 StGB mit Freiheits- oder Geldstrafe bestraft werden; die dabei gefangene Fische bleiben herrenlos. Bei Fischen, die wie in den Teichen und anderen geschlossenen Privatgewässern bereits im Eigentum eines anderen stehen, wird dagegen das Eigentum aufgrund der Gestattung durch den Eigentümer erworben; unberechtigtes Fischen kann als Diebstahl gemäß § 242 StGB ebenfalls mit Freiheits- oder Geldsgtrafe bestraft werden.

Der räumliche und inhaltliche Umfang des einzelnen Fischereirechts kann sehr unterschiedlich sein. So unterscheidet § 3 FischG, der den Inhalt des Aneignungsrechtes von Fischen, das auf Grund des privaten Fischereirechts besteht, umschreibt, zwischen den **nicht beschränkten Fischereirechten:**

> „Befugnis, in einem Gewässer Fische einschließlich deren Laich, Neunaugen einschließlich deren Larven, zehnfüßige Krebse und Muscheln (Fische) zu fangen und sich anzueignen“

und den **beschränkten Fischereirechten:**

> „Befugnis, Fische bestimmter Fischarten, mit bestimmten Fangmitteln, zu bestimmten Zeiten, für den häuslichen Gebrauch oder in anderer Weise beschränkt zu fangen und sich anzueignen.“

Das nicht beschränkte Fischereirecht lässt den Fischfang im Rahmen der fischerei- und naturschutzrechtlichen Bestimmungen (z. B. die Vorschriften über Fangverbote, Schonzeiten, Mindestmaße und Fanggeräte müssen eingehalten werden) in seinem räumlichen Bereich umfassend zu. Beim beschränkten Fischereirecht, das stets nur neben einem nicht beschränkten Fischereirecht an derselben Gewässerstrecke besteht, dieses Recht gleichsam „belastet“, darf dagegen nur entsprechend seinem konkreten Inhalt (z. B. nur Aale, nur mit der Handangel, nur am Freitag, in der Fastenzeit, nur eine Mahlzeit pro Woche oder in anderer Weise beschränkt) gefischt werden.

Fragen zur Kontrolle

- Welchen Inhalt hat das fischereiliche Aneignungsrecht?
- Wem gehören die Fische in der freien Natur?
- Wer wird wegen Fischwilderei bestraft?
- Welche Arten von Fischereirechten unterscheidet das FischG aufgrund ihres räumlichen und inhaltlichen Umfangs?

Wie werden das Fischereirecht und die Fischbestände geschützt?

Bürgerliches Gesetzbuch

Das Fischereirecht als **privates Eigentumsrecht** ist gegen rechtswidrige Störungen, insbesondere gegen Beeinträchtigungen des Wassers als des natürlichen Lebensraums der Fische, durch eine Reihe von Rechtsvorschriften geschützt. Der Fischereiberechtigte kann die Unterlassung oder die Beseitigung der Störung verlangen (§ 1004 BGB), notfalls durch Klage oder Antrag auf Erlass einer einstweiligen Verfügung beim Zivilgericht. Wird das Fischereirecht durch zeitweise oder dauernde erhebliche, schuldhaft verursachte Beeinträchtigung der Fischbestände geschädigt, kann Schadensersatz nach § 823 BGB gefordert werden.

Wasserrecht

Im Rahmen der **wasserrechtlichen Bewirtschaftung** sind die Gewässer als Bestandteil des Naturhaushalts als Lebensgrundlage des Menschen und als Lebensraum für Tiere und Pflanzen durch eine nachhaltige Gewässerbewirtschaftung zu erhalten und zu verbessern, insbesonders durch Schutz vor nachteiliger Veränderung der Gewässereigenschaften, zum Wohl der Allgemeinheit und im Einklang mit dieser auch im Interesse Einzelner zu nutzen und Gewässer im natürlichen oder naturnahen Zustand in diesem Zustand zu erhalten (§§ 1 und 6 WHG). Jedermann, und dies gilt auch für den Fischer, ist verpflichtet, bei Maßnahmen mit tatsächlichen oder möglichen Einwirkungen auf ein Gewässer die nach den Umständen erforderliche Sorgfalt anzuwenden, um eine nachteilige Veränderung der Gewässereigenschaften zu vermeiden (§ 5 WHG). Insbesondere in Teichwirtschaften und Fischzuchten, aber auch bei der Angelfischerei und der Hege in den übrigen Gewässern ist darauf zu achten, dass durch die für **Zwecke der Fischerei eingebrachten Gegenstände und Stoffe**, z. B. Angeln, Netze, Fischgehege, Reusen, Fischnahrung und Fischarzneimittel, aber auch durch das Einbringen von Düngemitteln in Fischteiche keine signifikanten nachteiligen Auswirkungen auf den Zustand des Gewässers zu erwarten sind (§§ 25 WHG, § 20 WG), wobei schon nachteilige Auswirkungen unter der Schwelle der Erheblichkeit signifikant sein können. Ist dies jedoch zu besorgen, so ist, wie für die übrigen Gewässerbenutzungen (§ 9 WHG), auch für die Fischerei einschließlich der Hege eine **Erlaubnis** (widerrufliche, auch befristete Befugnis, ein Gewässer zu einem bestimmten Zweck in einer nach Art und Maß bestimmten Weise zu benutzen) oder **Bewilligung** (Recht auf eine nach Art und Maß bestimmte Benutzung eines Gewässers) erforderlich (§§ 8, 10 WHG). Diese sind zu versagen, wenn schädliche nicht vermeidbare oder nicht ausgleichbare Gewässerveränderungen zu erwarten sind (§ 12 WHG).

Bei oberirdischen Gewässern ist eine wasserrechtliche Erlaubnis oder Bewilligung auch für das Entnehmen und Ableiten von Wasser z. B. für oder aus Fischteichen, für das Aufstauen und Absenken, das Entnehmen fester Stoffe sowie für das Einbringen von Stoffen erforderlich. Werden diese Maßnahmen jedoch im Rahmen des **Ausbaus oder der Unterhaltung der Gewässer** durchgeführt, (dazu gehören unter Rücksichtnahme auf die Fischerei insbesondere die Reinigung und Unterhaltung des Gewässerbetts, die Sicherung der Ufer, der Vorländer und der Leitdämme sowie die Beseitigung von Störungen des Wasserablaufs, aber auch die naturnahe Gestaltung und Bewirtschaftung des Gewässerbetts und der Ufer), wird hierfür eine wasserrechtliche Erlaubnis oder Bewilligung nicht benötigt, es sei denn, dass chemische Mittel verwendet werden. **Das Entfernen von Wasserpflanzen, der Einbau von Schwellen oder Fischnischen in die Ufer sind daher im Rahmen des Gewässerausbaus oder der Gewässerunterhaltung genehmigungsfrei.** Zum Schutz des Laichgeschäfts der Kieslaicher ist in der Zeit vom 1. Februar bis 30. April die Entnahme von Sand, Kies und Steinen aus Gewässern der Forellen- und Äschenregion nur mit Erlaubnis der Fischereibehörde zulässig, sofern nicht bereits nach anderen Vorschriften (z. B. Wasserrecht) eine Gestattung erforderlich ist (§ 9 Abs. 3 LFischVO). Soweit das Mähen von Rohr und Schilf noch zulässig ist, wird dies in § 9 Abs. 1 LFischVO zum Schutz der Uferlaicher auf die Zeit vom 1. Dezember bis 28. Februar eingeschränkt und in der übrigen Jahreszeit nur für das Aufstellen von Reusen gestattet. In der Zeit vom 1. April bis 30. Juni ist die Entnahme von sonstigen Wasser- und Unterwasserpflanzen untersagt (§ 9 Abs. 1 Satz 2 LFischVO), es sei denn, dass dies zur Verhinderung nachteiliger Auswirkungen auf den Fischbestand erforderlich ist (§ 9 Abs. 2 LFischVO). Ausgenommen von diesen Verboten sind unter anderem Gewässerunterhaltungs- und Gewässerausbaumaßnahmen oder zugelassene Maßnahmen im Rahmen des Natur- und Umweltschutzes.

Im **Gewässerrandstreifen** (im Außenbereich 10 m und im Innenbereich 5 m ab Linie des Mittelwasserstands, bei ausgeprägter Böschungsoberkante ab dieser), der zur Erhaltung und Verbesserung der ökologischen Funnktion der oberirdischen Gewässer dient, müssen Bäume und Sträucher erhalten werden, soweit nicht Eingriffe u. a. zu Pflege oder Gefahrenabwehr erforderlich sind (§ 38 WHG, § 39 WG).

Andererseits muss die Fischerei Einschränkungen hinnehmen, ohne welche die auch für die Fischerei nützliche Unterhaltung des Gewässers nicht durchgeführt werden könnte.

Das **Ablassen aufgestauter Gewässer** kann, selbst wenn es sachgerecht geschieht, sowohl für das Fischereirecht im aufgestauten Gewässer als auch für die Fischereirechte im Unterlauf nachteilig sein. Daher darf aufgestautes Wasser nur so abgelassen werden, dass für die unterhalb angrenzenden Fischereirechte keine Gefahren oder Nachteile entstehen. Außerdem ist dem Fischereiberechtigten im Aufstaubereich das Ablassen mindestens zwei Wochen vorher schriftlich anzuzeigen, damit er vor und während des Ablassvorgangs Vorkehrungen zur Verhinderung von Fischereischäden treffen kann (§ 27 Satz 3 WG). **Mindeswasserführung** (§ 33 WHG, § 23 WG), **Durchgängigkeit des Gewässers** (§ 34 WHG, §§ 23, 26 WG), **Rücksichtnahme bei der Wasserkraftnutzung** (§ 35 WHG, § 24 WG) und VwV zur gesamtökologischen Beurteilung der Wasserkraftnutzung-Wasserkraftanlagen bis 1000 kw vom 30. Dezember 2006 – GABl. 2007 S. 105), **Maßnahmepro-**

gramme und Bewirtschaftungspläne für die Gewässer auf Grund der Wasserrahmenrichtlinie der EU (Richtlinie 2000/60/EG vom 23. Oktober 2000, ABl. Nr. L 327 S. 1), die im WHG und WG in innerstaatliches verbindliches Recht umgesetzt wurde, sollen auch für die Fischbestände Verbesserungen bringen (§§ 82 ff. WHG, §§ 66 ff. WG).

Unterhaltungsmaßnahmen, welche die Fischerei erheblich beeinträchtigen, sind dem Fischereiberechtigten oder dem Fischereipächter ebenfalls mindestens zwei Wochen vorher schriftlich anzuzeigen. Auf Antrag entscheidet die Wasserbehörde (Landratsamt bzw. Bürgermeisteramt des Stadtkreises) im Einvernehmen mit der Fischereibehörde über Zeitpunkt und Umfang der Unterhaltungsarbeiten (§ 38 Abs. 1 WG).

Beim **Gewässerausbau** (§§ 54 ff. WG) sowie bei der Errichtung von Anlagen in, über und an oberirdischen Gewässern (§ 36 WHG, § 28 WG) ist auf die Belange der Fischerei Rücksicht zu nehmen. Zu den Rechten, die bei Beeinträchtigung durch einen Gewässerausbau zu entschädigen sind, gehören auch die Fischereirechte (§ 5 Abs. 1 und 4 FischG).

Das **Einleiten von Abwasser** ist in den § 54ff. WHG, §§ 46ff. WG und in der Abwasserverordnung i. d. Fassung vom 17. Juni 2004 (BGBl. I S. 1108) geregelt. Für Fischzuchtanlagen, Teichwirtschaften und Fischteiche einschließlich der Anglerteiche im Einzugsgebiet des Bodensees sind noch die Bodensee-Richtlinie 2005, eingeführt durch die Verwaltungsvorschrift des Umweltministeriums vom 10. Dezember 2006 (GABl. 2007 S. 59), zu beachten. Gewässerschädliche Düngung und Fütterung sind zu unterlassen, beim Reinigen darf kein Schlamm in den Ablauf gelangen.

Die **Oberflächengewässerverordnung** (OGewV) regelt die chemischen, physikalischen und biologischen Anforderungen an das Oberflächengewässer sowie die Vorgaben zum chemischen und biologischen Zustand bzw. Potential der Gewässer. Die Vorschriften über die Ermittlung, Darstellung und Überwachung des ökologischen Zustands/Potentials sowie des chemischen Zustands bestimmen, welche wasserwirtschaftlichen Grunddaten für die Festlegung der Bewirtschaftungsziele (§§ 27ff. WHG) und für die Aufstellung von Maßnahmeprogramme (§ 82 WHG) notwendig sind. Die zuständigen Behörden (der Länder) haben die Aufgabe, die Überwachung des Oberflächenkörpers sicherzustellen, bestimnmte Stoffe zu überwachen, ein Überwachungsnetz aufzustellen sowie auf die Vermeidung bzw. Beseitigung von Beeinträchtigungen des Wasserhaushalts hinzuwirken. Die Zusammensetzung der Fischfaune wird als Qualitätskomponente bei der Einstufung des ökologischen Zustands/Potentials berücksichtigt.

Durch das vom Umweltministerium Baden-Württemberg (jetzt Ministerium für Umwelt, Klima und Energiewirtschaft) in mehreren Heften herausgegebene **Handbuch Wasserbau** soll insbesondere auf die naturnahe Umgestaltung von Fließgewässern und auf die Anwendung naturgemäßer Bauweisen hingewirkt werden. Dabei sollen die Belange der Fischerei angemessen berücksichtigt werden.

Weiteren Schutz bietet das **strafbewehrte Verbot** (§ 89 WHG, § 324 StGB), Stoffe in ein Gewässer einzubringen oder einzuleiten oder auf ein Gewässer derart einzuwirken, dass das Gewässer verunreinigt oder die Wassereigenschaft nachteilig verändert wird. Bei dadurch verursachten Fischsterben und sonstigen Fischereischäden hat der Fischereiberechtigte einen Anspruch auf **Schadensersatz**; Vorsatz oder Fahrlässigkeit des Verursachers sind nicht erforderlich. Auch das Umweltschadens-Gesetz vom 10. Mai 2007 (BGBl. I S. 1462) bringt für eine Gewässerschädigung nach § 90 WHG (u.a. erhebliche nachteilige Auswirkungen auf den ökologischen oder chemischen Zustand eines Gewässers) die Verpflichtung zur Information, Gefahrenabwehr und Sanierung.

Nach § 32 WHG ist es untersagt, **tote Fische oder Schlachtreste** von Fischen in ein Gewässer einzubringen, um sich ihrer zu entledigen.

Das Fischereirecht gibt seinem Inhaber das Recht, in wasserrechtlichen Genehmigungsverfahren **Einwendungen** zu erheben. Können die nachteiligen Wirkungen einer beantragten Maßnahme auf das Fischereirecht Inhalts- oder Nebenstimmungen nicht vermieden werden und wird die Bewilligung aus Gründen des Wohls der Allgemeinheit oder die Erlaubnis als gehobene Erlaubnis (§ 15 WHG) aus öffentlichem Interesse oder berechtigtem Interesse des Antragstellers erteilt, hat der Fischereiberechtigte eine Anspruch auf Entschädigung (§§ 14 Ab. 3, § 15 Abs. 2 WHG). Soll die Erlaubnis nicht als gehobene Erlaubnis erteilt werden, was im pflichtgemäßen Ermessen der zuständigen Behörde steht, ist sie dann zu versagen.

Der Fischer kann das Gewässer im Rahmen des **wasserrechtlichen Gemeingebrauchs** (§ 25 WHG, §§ 20f. WG) z.B. mit kleinen Fahrzeugen ohne eigene Triebkraft (kein Motor oder Flautschieber) und im Rahmen der schifffahrtsrechtlichen Bestimmungen (§ 39 WG) auch mit Fahrzeugen mit eigner Triebkraft befahren sowie z.B. beim Fliegenfischen im Wasser Waten, soweit nicht die Lebenswelt der Gewässersohle erheblich beeinträchtigt wird (s. auch S. 181).

Fischereirecht

Neben dem Wasserrecht enthalten auch das **Fischereigesetz** und die Landesfischereiverordnung einige auf die Gewässer bezogenen Schutzvorschriften für das Fischereirecht.

Schutz vor Triebwerken: Je nach Typ der bei den Triebwerken verwendeten Turbinen werden die mit dem Wasserstrom in die Turbinen hineingelangten Fische teilweise verletzt oder getötet. Zur Vermeidung von Fischverlusten ist daher der Errichter und Betreiber von Triebwerksanlagen verpflichtet, auf seine Kosten geeignete Vorkehrungen (z. B. Rechenanlagen mit Stabweiten von höchstens 20 mm, elektrische Scheuchvorrichtungen) gegen das Eindringen von Fischen anzubringen und zu unterhalten (§ 39 Abs. 1 FischG). Dieselben Verpflichtungen treffen die Betreiber von **Anlagen zur Wasserentnahme**. Sind solche Schutzvorrichtungen mit diesen Anlagen nicht vereinbar oder z. B. wegen der damit verbundenen Kosten oder des Leistungsabfalls bei den Turbinen wirtschaftlich nicht zumutbar, hat der Betreiber ersatzweise jährlich einen angemessenen Beitrag für die Erhaltung des Fischbestandes durch Fischbesatz zu leisten.

Fischwege, Fischwechsel: Der biologisch bedingte notwendige Wechsel vieler wertvoller Fischarten wird insbesondere durch Wehre, Staustufen, Staudämme und Erosionsschwellen behindert oder unterbunden. Im Interesse der Erhaltung der Fischbestände können daher Fischwege oder sonstige für den Wechsel der Fische geeignete Vorrichtungen von ausreichender Größe und Wasserbeschickung gefordert werden (§ 40 FischG). Zur Errichtung, zum Betrieb und zur Unterhaltung des Fischweges ist derjenige auf eigene Kosten verpflichtet, der durch seine Anlage den Wechsel der Fische verhindert oder erheblich beeinträchtigt. Bei den am 1. 1. 1981 bestehenden Anlagen haben deren Inhaber die Anlegung, den Betrieb und die Unterhaltung eines Fischweges durch das Land gegen angemessene Entschädigung zu dulden (§ 41 FischG).

Der **Fischwechsel** kann auch durch **ständige Fischereivorrichtungen** (z. B. feststehende Fischwehre, Fischzäune, Selbstfänge für Aale und andere Fische) behindert oder unterbunden werden. Daher darf ein Gewässer durch solche ständigen Fischereivorrichtungen auf nicht mehr als der halben Breite, von Uferlinie (= Grenze zwischen dem Bett eines Gewässers und den Ufergrundstücken entsprechend der Linie des Mittelwasserstandes) zu Uferlinie (§ 7 WG) gemessen, für den Fischwechsel versperrt werden (§ 42 Abs. 1 FischG). Außerdem müssen solche Vorrichtungen voneinander so weit entfernt sein, dass sie den Fischwechsel nicht beeinträchtigen. Während der Schonzeiten müssen diese Vorrichtungen beseitigt oder fangunfähig gemacht werden. Für die am 1. 1. 1981 bestehende und rechtmäßig genutzten ständigen Fischereivorrichtungen enthält § 42 Abs. 4 FischG eine Ausnahmevorschrift, die besagt, dass die aufgeführten Schutzvorschriften keine Anwendung finden. In der Praxis kommt dieser Ausnahme nur noch geringe Bedeutung zu.

Das **Entfernen von Wasserpflanzen sowie das Entnehmen fester Stoffe** aus Gewässern der Forellen- und Äschenregion ist insbesondere zum Schutz der Fischlaichplätze, aber auch des Lebensraums der Fische, in § 9 LFischVO weitgehend eingeschränkt.

Naturschutzrecht

An die Seite des wasser- und fischereirechtlichen Schutzes für die Fischbestände einschließlich ihrer Hege und der Verpflichtung, die in und am Wasser lebende Tier- und Pflanzenwelt einschließlich ihrer Lebensgemeinschaften und Lebensstätten nicht mehr als notwendig zu beeinträchtigen, ist das **Naturschutzrecht** (Bundesnaturschutzgesetz (BNatSchG) und das Naturschutzgesetz des Landes Baden-Württemberg (NatSchG)) getreten mit dem Ziel der nachhaltigen Sicherung der biologischen Vielfalt, der Leistungsfähigkeit des Naturhaushalts, der Nutzungsfähigkeit deer Naturgüter, der Pflanzen und Tierwelt, der Vielfalt, Eigenart und Schönheit von Natur und Landschaft als Lebensgrundlage des Menschen auch in Verantwortung für die künftigen Generationen und als Voraussetzung für seine Erholung. Insbesondere sind Binnengewässer einschließlich ihrer Ufer vor Beeinträchtigungen zu bewahren, ihre natürliche Selbstreinigungsfähigkeit und Dynamik zu erhalten und wildlebende Tiere und Pflanzen, ihre Lebensgemeinschaften, Biotope und Lebensstätten zu erhalten.

Zur dauerhaften Sicherung der biologischen Vielfalt sind entsprechend ihrem

Gefährdungsgrad – von den in Baden-Württemberg in der freien Landschaft vorkommende Fischarten sind nahezu 2/3 gefährdet – lebensfähige Populationen wild lebender Tiere und Pflanzen einschließlich ihrer Lebensstätten zu erhalten sowie Wanderungen und Wiederbesiedlungen zu ermöglichen. Insbesondere die natürliche und naturnahen Gewässer einschließlich ihrer Ufer sind vor Beeinträchtigungen zu bewahren und die natürliche Selbstreinigungskraft und Dynamik zu erhalten (§ 1 BNatSchG).

§ 2 BNatSchG ruft jeden auf, nach seinen Möglichkeiten zur Verwirklichung dieser Ziele beizutragen und sich so zu verhalten, dass Natur und Landschaft nicht mehr als nach den Umständen unvermeidbar beeinträchtigt werden.

Der Fischer muss die räumlichen und zeitlichen Beschränkungen der Fischereiausübung zum Schutz bestimmter Teile von Natur und Landschaft beachten (s. S. 169, 182)

Auch das FischG verweist in § 1 Abs. 3 auf die naturschutzrechtlichen Bestimmungen, andererseits anerkennt § 5 BNatSchG und § 7 Abs. 1 NatSchG, dass die Land-, Forst- und Fischereiwirtschaft einen besonderen Beitrag zur Erhaltung und Pflege von Natur und Landschaft leisten. Die Bemühungen und tatkräftigen Beiträge der Fischerei zur Erhaltung und Pflege naturnaher Gewässer bezeugen dies. Zwischen **Fischerei und Naturschutz** darf es daher nicht darum gehen, wer dem anderen „Vorschriften" machen kann (z. B. in der Frage der fischereilichen Nutzung von einzelnen Gewässern oder Gewässerstrecken in Schutzgebieten, im Verhältnis zwischen Fischerei und Vogelschutz), vielmehr sind Naturschutz und Fischerei aufgerufen, im gemeinsamen Handeln zum bestmöglichen Schutz des Ganzen beizutragen. Gerade die Fischer, die sich im Rahmen der Fischereiausübung einschließlich der Hege nicht nur mit den Fischbeständen selbst, sondern besonders intensiv mit der im oder am Wasser lebenden Tier- und Pflanzenwelt einschließlich ihrer Lebensgemeinschaften und Lebensstätten befassen, sind in der Lage und aufgerufen, geeignete Schutzmaßnahmen im Interesse des Ganzen vorzuschlagen. Dies gilt auch dann, wenn damit gewisse Einschränkungen der Fischereiausübung verbunden sind. Andererseits sollte auch von Seiten des Naturschutzes anerkannt werden, dass das durch die Fischerei geübte „Sammeln" von regenerierbaren Naturerzeugnissen auch in Zeiten des Fischerwerbs über die Ladentheke noch seine Berechtigung besitzt.

Das Naturschutzrecht muss ebenfalls seinen „Beitrag" zur Sicherung der Fischbestände leisten, wenn durch artenschutzrechtliche Verbote, z. B. bei einem Überhandnehmen von fischfressenden Vögeln, eine maßvolle Bestandsregulierung dieser Vögel versagt wird. Dies gilt insbesondere für die in jüngster Zeit während der Wintermonate stark angewachsene Kormoranpopulation. Durch die **Kormoranverordnung** vom 20. Juli 2010 (GBl. S. 527) wurde daher bis auf Weiteres zur Abwendung erheblicher fischereiwirtschaftlicher Schäden und zum Schutz der natürlich vorkommenden Tierwelt eine begrenzte Jagdausübung auf Kormorane zugelassen.

Folgende Regelungen des **Naturschutzrechts**, die sich besonders auf die Ausübung der Fischerei auswirken, seien aufgeführt:

Wird durch den Ausbau von Gewässern sowie durch die Anlage, die Veränderung oder die Beseitigung von Wasserflächen erheblich in den Naturhaushalt eingegriffen, liegt ein **Eingriff** in Natur und Landschaft vor, der entweder durch die Art und Weise der Durchführung bereits ausgeglichen oder bei nicht erfolgtem Ausgleich auf sonstige Weise (z. B. Ersatzmaßnahmen an anderer Stelle) bzw. durch die Leistung einer Ausgleichsabgabe auszugleichen ist (§§ 14ff. BNatSchG, §§ 14ff. NatSchG). Ist ein sinnvoller Ausgleich nicht möglich (z. B. wegen der Bedeutung des beanspruchten Lebensraums), ist der Eingriff unzulässig.

Die Schaffung und Veränderung (kleiner) Fischteiche, die mit einem oberirdischen Gewässer nur durch künstliche Vorrichtungen verbunden sind, bedarf einer naturschutzrechtlichen Genehmigung (§§ 17 Abs 3 BNatSchG, § 17 NatSchG).

Bei wasserwirtschaftlichen Planungen oder Maßnahmen mit Eingriffen in Natur und Landschaft sind auf die Erhaltung des biologischen Gleichgewichts der Gewässer und auf eine naturgemäße Ufergestaltung hinzuwirken sowie die Lebensmöglichkeiten für eine artenreiche Tier- und Pflanzenwelt zu verbessern.

Aus den umfangreichen Bestimmungen über die **besonders geschützten Biotope** (§§ 30 BNatSchG, § 33 NatSchG nebst Anlage), zu denen naturnahe und unverbaute Bach- und Flussabschnitte, Altarme fließender Gewässer einschließlich deren Ufervegetation, Röhrichtbestände und Riede, Verlandungsbereiche, naturnahe Uferbereiche und die Flachwasserzone des Bodensee gehören, ist hervorzuheben, dass alle Handlungen, die zu einer Zerstörung oder sonstigen erheblichen Beeinträchtigung (z. B. Beunruhigung der dort lebenden Tiere, Vermeidung übermäßiger Trittbelastung) führen können, verboten sind. Dies gilt auch für **Pflege- und Unterhaltungsmaßnahmen**, die zur Erhaltung oder Wiederherstellung dieser Biotope notwendig sind.

Aufgrund des allgemeinen Schutzes von Pflanzen und Tieren mit dem Ziel, die wild lebende Tier- und Pflanzenwelt zu schützen, zu erhalten und zu pflegen (§§ 39ff. BNatSchG, §§ 37ff. NatSchG), ist die **Fischerei naturschonend auszuüben**. So sind z. B. beim Zugang zum und beim Aufenthalt am Fangplatz auf die umgebende Tier- und Pflanzenwelt Rücksicht zu nehmen, Biotopzerstörungen zu unterlassen, insbesondere keine wild wachsende Pflanzen (wie z.B. Röhricht) ohne vernünftigen Grund niederzuschlagen und zu verwüsten, vielmehr einen anderen Fangplatz aufzusuchen, auf wild lebende, brütende oder sich sammelnde Tiere Rücksicht zu nehmen. Das Verbot der Zerstörung oder erheblichen/nachhaltigen Beeinträchtigung von Röhrichtbeständen lässt jedoch die notwendigen Pflege- und Unterhaltungsmaßnahmen zu ihrer Erhaltung oder Wiederherstellung zu; auch hier sei die Einschaltung der Naturschutzbehörde und des Bürgermeisteramtes empfohlen. Bei der Entfernung von Pflanzenbewuchs in und am Gewässer, der die Fischereiausübung einschließlich der Hege behindert, ist behutsam vorzugehen. Auf keinen Fall darf es zu einer Bestandsgefährdung oder völligen Zerstörung eines einzelnen Biotops kommen; notfalls müssen die Maßnahmen auch mehrfach oder laufend wiederholt werden.

Zwar enthält die Bundesartenschutzverordnung für einige auch unter das Fischereirecht fallende Tierarten Schutzbestimmungen; diese sind jedoch in § 1

LFischVO mitgeschützt, so dass der Angler nur diese Bestimmungen wissen und beachten muss.

Der Fischer kann zur Ausübung des Fischfangs die **freie Landschaft auf eigene Gefahr betreten** – Gemeingebrauch (§ 59 BNatSchG); er muss jedoch bestimmte Schranken beachten, z.B. pfleglicher Umgang mit Natur und Landschaft, Rücksicht auf andere, Beachtung der Rechte Dritter, kein Fahren und Abstellen von motorisierten Fahrzeugen, Betreten landwirtschaftlich genutzten Flächen während der Nutzzeit nur auf Wegen. Die Ausübung der Fischerei kann auch durch den Schutz bestimmter Teile von Natur und Landschaft, insbesondere durch Ausweisung von Schutzgebieten betroffen sein. Die sich dadurch ergebenden Einschränkungen, z.B. in den Naturzschutzgebieten Angelverbote in bestimmten Bereichen und zu bestimmten Zeiten, Zugang nur auf bestimmten Wegen, müssen beachtet werden (s. auch S. 182).

Im Außenbereich müssen an Bundesstraßen, Gewässern 1. Ordnung und stehenden Gewässern ab 1 ha Größe auf 50 m von der Uferlinie von baulichen Anlagen, auch Wohnwagen und Wohnmobile frei gehalten werden; für Gewässer 2. Ordnung können entsprechende Verbote erlassen werden (§ 61 BNatSchG, § 47 NatSchG). Allerdings lässt § 47 Abs. 3 Nr. 3 NatSchG notwendige bauliche Anlagen für die Fischerei (z.B. für die Erfüllung der fischereirechtlichen Hegenpflicht) durch baurechtliche Erlaubnis im Einvernehmen mit der Naturschutzbehörde zu.

Zu den Schutzbestimmungen des Naturschutzrechts beim Zurückschneiden von Büschen, Sträuchern und Ästen s. S. 183.

Fragen zur Kontrolle

- Welche Verpflichtung hat jedermann bei Einwirkungen auf Gewässer?
- Welche Eigenschaften dürfen Gegenstände und Stoffe, die für Zwecke der Fischerei in Gewässer eingebracht werden, nicht aufweisen?
- Bedarf das Entfernen von Wasserpflanzen im Rahmen der Gewässerunterhaltung einer wasserrechtlichen Genehmigung?
- In welcher Zeit ist die Entnahme von Wasser- und Unterwasserpflanzen untersagt?
- Welche Gewässerunterhaltungsmaßnahmen müssen dem Fischereiberechtigten bzw. Pächter mindestens zwei Wochen vorher und in welcher Form angezeigt werden?
- Welche Gewässerschutzvorschriften enthält das FischG?
- Welche Schutzpflichten haben die Betreiber von Anlagen zur Wasserentnahme und von Triebwerken?
- Wer ist zur Anlage eines Fischweges verpflichtet?
- Wie dürfen ständige Fischereivorrichtungen höchstens errichtet werden?
- Nennen Sie mindestens drei wichtige Grundsätze des Naturschutzes.
- Welche Gewässer gehören zu den besonders geschützten Biotopen?

Übertragung des Fischerei- und des Fischereiausübungsrechts auf einen Dritten

Übertragung kann bedeuten: Ein anderer wird Inhaber des Fischereirechts (§§ 8, 9 FischG) = **Rechtsübertragung (Veräußerung)**, oder ein anderer darf im Bereich eines bestimmten Fischereirechts fischen, ohne dass er Inhaber des Fischereirechts wird (§§ 17 ff. FischG) = **Ausübungsübertragung** (Verpachtung, Erlaubnis).

Rechtsübertragung

Das **Fischereirecht** kann durch Rechtsgeschäft nur **ungeteilt übertragen** werden. Hiervon können Ausnahmen zugelassen werden, wenn dadurch die fischereiliche Bewirtschaftung und die ordnungsgemäße Hege nicht beeinträchtigt werden (§ 8 Abs. 1 FischG).

Die Übertragung (Veräußerung) des Eigentums am Fischereirecht erfolgt bei **grundstücksgleichen Fischereirechten**, d. h. bei solchen Rechten, die als Grundstücke gelten und im Grundbuch eingetragen oder noch einzutragen sind, durch Auflassung (in der Regel notarielle Beurkundung der Einigung über die Rechtsübertragung zwischen Veräußerer und Erwerber) und Eintragung in das Grundbuch, bei den **sonstigen Fischereirechten** durch schriftlichen Vertrag. Die Veräußerung eines sonstigen Fischereirechts ist innerhalb von zwei Monaten zur Eintragung in das Verzeichnis beim Landratsamt oder dem Bürgermeisteramt des Stadtkreises anzuzeigen, die das Verzeichnis führen.

Durch **Veräußerungsbeschränkungen** in § 8 Abs. 2 FischG (Veräußerung nur an Mitberechtigte oder Angrenzer), durch die Vorkaufsrechte nach § 8 Abs. 3 FischG (Vorkaufsrecht des Landes in Bundeswasserstraßen und Gewässern 1. Ordnung sowie der Gemeinden in Gewässern 2. Ordnung) sowie durch die gesetzliche Vereinigung von Fischereirechten nach § 10 FischG (Erlöschen des beschränkten Fischereirechts beim Zusammenfallen mit dem nicht beschränkten Fischereirecht an derselben Gewässerstrecke sowie bei Vereinigung angrenzender Fischereirechte in derselben Hand) soll den nachteiligen Folgen der bisherigen Zersplitterung bei den Fischereirechten entgegengewirkt werden. Beschränkte Fischereirechte können darüber hinaus gegen Entschädigung aufgehoben werden, wenn dies zum Wohl der Allgemeinheit, insbesondere zur Erhaltung oder Verbesserung des Fischbestandes, notwendig ist (§ 11 FischG). Ist zu ihrer Ausübung eine feststehende Fischereivorrichtung erforderlich, erlöschen sie, wenn durch die Fischereibehörde festgestellt wird, dass die Fischereivorrichtung während eines Zeitraums von mindestens drei Jahren zur ordnungsgemäßen Ausübung der Fischerei nicht mehr tauglich war; eine Entschädigung für den Rechtsverlust kann dann nicht beansprucht werden. Auch ist die Neuerrichtung oder Vergrößerung einer solchen Vorrichtung nicht zulässig (§ 12 FischG).

Ausübungsübertragung

Das FischG kennt zwei Formen der Ausübungsübertragung:

Den **Erlaubnisvertrag zur Ausübung der Fischerei mit der Angel** einschließlich des Köderfischfangs **für den eigenen Bedarf** (§ 17 Abs. 2 FischG),

d. h. nur ein Fang, den der Angler für sich und seine Angehörigen einschließlich einer Mahlzeit gemeinsam mit Gästen sofort oder nach Aufbewahrung verwenden kann, nicht dagegen eine entgeltliche oder untentgeltliche Abgabe von Fischen an Dritte einschließlich Freunde; **der Angler muss daher den Fang beenden, wenn sein „Tisch versorgt" ist**; und den

Pachtvertrag, wobei hier zwischen dem **hegeübertragenden Pachtvertrag** (§ 18 Abs. 2, § 14 Abs. 3 FischG) und dem **sonstigen Pachtvertrag** zu unterscheiden ist.

Nach § 18 Abs. 1 FischG bedarf jeder Pachtvertrag einschließlich eines Unterpachtvertrags der Schriftform. Bei Verstoß gegen diese Bestimmung ist der Pachtvertrag unwirksam.

Der Erlaubnisvertrag kann zwar auch mündlich abgeschlossen werden, ohne schriftlichen **Erlaubnisschein**, der die in § 37 FischG festgelegten Mindestangaben enthalten muss,

- Name und Anschrift des Fischereiberechtigten oder des Pächters sowie des Inhabers des Erlaubnisscheins,
- Tag der Ausstellung und Gültigkeitsdauer,
- Bezeichnung des Gewässers oder der Gewässerstrecke,
- zugelassene Fanggeräte und Wasserfahrzeuge
- sowie etwaige Mengenbeschränkungen und Abweichungen von Mindestmaßen,

darf jedoch die durch den Erlaubnisvertrag gestattete Angelfischerei nicht ausgeübt werden (§ 21 Abs. 2 FischG).

Die Zahl der **Mitpächter** in einem Pachtvertrag ist beschränkt (§ 18 Abs. 1 FischG); der Pachtvertrag darf nur mit höchstens sechs Mitpächtern, darunter höchstens zwei juristischen Personen (z. B. Vereinen) abgeschlossen werden.

Auch die **Zahl der Erlaubnisscheine** für ein bestimmtes Fischereirecht findet ihre Grenze an der Hegeverpflichtung. Übermäßiges Befischen eines Fischereirechts ist ein Verstoß gegen diese Verpflichtung.

Darüber hinaus kann in einem Fischereibezirk die Zahl der höchstzulässigen Erlaubnisverträge durch den Hegeplan festgesetzt werden.

Ein **Pacht- oder Erlaubnisvertrag** mit einer natürlichen Person kann nur abgeschlossen werden, wenn diese im Zeitpunkt des Vertragsabschlusses im Besitz eines gültigen **Fischereischeins** ist (§ 17 Abs. 1 Satz 2 FischG). Ohne Fischereischein kann der Pächter die ihm übertragenen, teils auch öffentlichrechtlichen Verpflichtungen (z. B. Hegepflicht) nicht erfüllen. Daher erlischt der Pachtvertrag, wenn der Pächter keinen Fischereischein mehr besitzt (§ 20 FischG). Auch der Erlaubnisvertrag erlischt, wenn dem Inhaber des Erlaubnisscheins der Fischereischein unanfechtbar entzogen oder die Erteilung eines neuen Fischereischeins unanfechtbar abgelehnt worden ist (§ 21 Abs. 2 FischG). Auch besteht kein wirksamer Erlaubnisvertrag, wenn der Angler im Zeitpunkt des Vertragsabschlusses keinen gültigen Fischereischein hatte (§ 17 Abs. 1 FischG) oder die Vertragsfrist abgelaufen war. Fischt der Angler dennoch, begeht er Fischwilderei. Der Erlaubnisvertrag erlischt dagegen bei laufendem Vertrag nicht, wenn der Fischereischein auf Lebenszeit lediglich durch die Nichtzahlung der Fischereiabgabe ungültig wurde. Wird dennoch geangelt, begeht der Inhaber des Erlaubnisscheins zwar keine Fischwilderei; dies kann jedoch mit einer

Geldbuße nach § 51 Abs. 1 Nr. 15 FischG geahndet werden.

Pachtverträge, durch welche die Hegepflicht voll auf den Pächter übertragen und damit der Fischereiberechtigte von dieser Pflicht befreit wird **(hegeübertragender Pachtvertrag)**, müssen auf mindestens zwölf Jahre abgeschlossen werden. Durch die lange Pachtdauer soll für den Pächter ein Anreiz bestehen, auch längerfristige Hegemaßnahmen durchzuführen. Abschluss, Änderung, Kündigung und Erlöschen unterliegen nach § 19 FischG einem besonderen Anzeige- und Beanstandungsverfahren, durch das bei langfristigen Fischereipachtverträgen die Beachtung der die Hegepflicht betreffenden gesetzlichen Bestimmungen sichergestellt werden soll. Zuständige Behörde für die **Anzeige und Beanstandungen** ist das Regierungspräsidium als Fischereibehörde. Wird dagegen in einem sonstigen Pachtvertrag der Pächter vertraglich zur Hege verpflichtet, bleibt auch der Fischereiberechtigte weiterhin zur Hege verpflichtet (§ 14 Abs. 2 Satz 2 FischG).

Unterpacht- und Erlaubnisverträge dürfen dann abgeschlossen werden, wenn dies ausdrücklich im Pachtvertrag vereinbart ist (§ 18 Abs. 1 Satz 2 FischG). Auch der Unterpachtvertrag bedarf der Schriftform (§ 18 Abs. 1 Satz 3 FischG), beim Erlaubsnivertrag ist zur zulässigen Ausübung des Fischfangs der schriftliche Erlaubnisschein (§ 37 FischG) erforderlich. Im übrigen finden, soweit im einzelnen Pachtvertrag nichts vereinbart wird, auf die Pachtverträge über ein Fischereirecht (Rechtspacht) die Vorschriften der §§ 581 bis 584 b BGB Anwendung. Die Verwendung des mit den Fischereibehörden abgestimmten Musterpachtvertrags, der über die Formularverlage bezogen werden kann, wird empfohlen.

Bei der Verpachtung von Teichen und anderen geschlossenen Privatgewässern, insbesondere von bewirtschafteten Anlagen der Teichwirtschaft und der Fischzucht, wo die Verpachtung des Gewässergrundstücks im Vordergrund steht (Grundstückspacht), finden die Bestimmungen der Landpacht (§§ 585 bis 597 BGB) Anwendung.

Nach § 21 Abs. 1 FischG darf ein **Erlaubnisvertrag** nur auf die Dauer von höchstens drei Jahren abgeschlossen werden. Der Zeitraum, für den ein Erlaubnisschein ausgestellt wird, darf diese Vertragsdauer nicht überschreiten.

Fischereibezirk

Der 4. Abschnitt Fischereibezirk, Fischereigenossenschaft des FischG wurde gestrichen, da davon kaum Gebrauch gemacht wurde. Statt dessen kann das Ministerium nunmehr für zusammenhängende Abschnitte von Gewässern durch Rechtsverordnung eine Fischereibezirk ausweisen (§ 21a FischG). Es ist dann Sache der Fischereiberechtigten des Fischereibezirks innerhalb von zwölf Monaten eine Plan über geeignete Hegemaßnahmen (Hegeplan) vorzulegen. Dabei ist offen gelassen, wie sich die Fischereiberechtigten für die Aufstellung und Durchführung des Hegeplans organisieren (z.B. rechtsfähiger oder nichtrechtsfähiger Verein, Gesellschaft des bürgerlichen Rechts, sonstige vertragliche Vereinbarung). Wird die Jahresfrist versäumt oder kein ausreichender Hegeplan vorgelegt, kann die Fischereibehörde (Regierungspräsidium) auf Kosten der Fischreibeberechtigten die zur Hege des Fischbestandes erforderlichen Maßnahmen treffen.

Ein Verlängerung der Frist ist nicht möglich; wurde sie jedoch ohne Verschulden nicht eingehalten, kann auf Antrag Wiedereinsetzung in den vorigen Stand gewährt werden (§ 32 des Landesverwaltungsverfahrensgesetztes-LVwVfG).

Fragen zur Kontrolle

- Was ist unter der „Übertragung des Fischereirechts auf einen Dritten“ zu verstehen?
- Wie erfolgt eine Veräußerung? Welche Beschränkungen bestehen dabei?
- Wie erfolgt die Übertragung des Fischereirechts nur zur Ausübung der Fischerei?
- Welche Arten von Pachtverträgen sind zu unterscheiden?
- Ist die Zahl der Mitpächter bzw. der Erlaubnisscheine begrenzt? Und auf welche Anzahl?
- Welche Besonderheiten gelten für einen hegeübertragenden Pachtvertrag?
- Welche Fischerei darf der Inhaber eines Erlaubnisscheins ausüben?
- Wer ist berechtigt, Erlaubnisverträge abzuschließen und Erlaubnisscheine auszustellen?
- Welche Höchstdauer darf ein Erlaubnisvertrag haben?

Ausübung der Fischerei – Wer darf angeln?

Voraussetzung für die **rechtmäßige Ausübung der Fischerei** in den baden-württembergischen Gewässern ist, dass der Fischer

- im Besitz eines gültigen Fischereischeins ist,
- als Fischereiberechtigter, Fischereipächter oder Inhaber eines Erlaubnisscheines zur Ausübung der Fischerei im betreffenden Gewässer berechtigt ist,
- sich innerhalb der räumlichen und sachlichen Grenzen seines Ausübungsrechtes verhält, also auch etwaige vertragliche, über die gesetzlichen Bestimmungen hinausgehenden Fangbeschränkungen beachtet und
- die fischereirechtlichen und sonstigen die Fischereiausübung berührenden Vorschriften einhält.

Fischereischein

Der Berufs- und Angelfischer hat bei der Ausübung der Fischerei mit Ausnahme in den bewirtschafteten Anlagen der Teichwirtschaft und der Fischzucht stets den **Fischereischein** als amtlichen Ausweis bei sich zu führen (§ 31 Abs. 1 FischG). **Helfer**, die keinen Fischereischein benötigen, sind nur solche Personen, die den Inhaber des Fischereischeins bei der Ausübung des Fischfangs oder bei Hegemaßnahmen lediglich unterstützen, ihm z. B. bei der Anlandung helfen. Wer selbständig, auch unter Aufsicht, das Angelgerät bedient, hilft nicht nur mit; vielmehr fischt er mit der Folge, dass er einen Fischereischein benötigt. Bei körperlich behinderten Inhabern von Fischereischeinen wird eine weitergehende „Hilfe“ akzeptiert werden können; im übrigen kann für dessen Helfer eine Ausnahme nach § 31 Abs. 3 FischG zugelassen werden. Behinderte, die aufgrund ihrer Behinderung nicht in der Lage sind, die Fischerprüfung zu bestehen, kann die Fischereiausübung auch ohne Fischereischein zugelassen werden unter der Voraussetzung, dass sie nur unter Aufsicht eines mindestens achtzehn Jahre alten Inhabers eines Fischereischeins fischen dürfen.

Der Fischereischein wird auf Antrag auf Lebenszeit, für ein Kalenderjahr (Jahresfischereischein) oder als Jugendfischereischein erteilt (§ 31 Abs. 5 und § 32 FischG). Zuständig für die Erteilung der Fischereischeine ist das Bürgermeisteramt der Gemeinde, in deren Bezirk der Antragsteller seine Hauptwohnung hat. Wenn der Antragsteller keine Hauptwohnung in Baden-Württemberg hat, ist das Bürgermeisteramt zuständig, in dessen Bezirk gefischt werden soll (§ 35 FischG). Die Gebühren für die Erteilung der Fischereischeine und des Jugendfischereischeins werden von den Gemeinden in ihren Satzungen über die Kommunalabgaben festgelegt. Die Gemeinden sind bei der Erteilung der Fischereischeine den Weisungen des Landes unterworfen. **Der Fischereischein auf Lebenszeit ist nur gültig für die Kalenderjahre, für die die Fischereiabgabe bezahlt wurde (§ 31 Abs. 1 FischG)** und dies durch einen Einzahlungsnachweis der Gemeindekasse im Fischereischein nachgewiesen wird (§ 12 Abs. 1 FischVO).

Der **Fischereischein, der Jahresfischereischein** und der **Jugendfischereischein** sind **zu versagen** Personen, die das 10. Lebensjahr noch nicht vollendet haben oder die geschäftsunfähig sind. Sie können versagt werden, wenn kein Wohnsitz in der Bundesrepublik Deutschland vorhanden ist, wenn Fischwilderei begangen, ein Fischereischein gefälscht oder wiederholt oder gröblich gegen Vorschriften des Fischereirechts verstoßen wurde. Die Versagung scheidet jedoch aus, wenn ein Führungszeugnis vorgelegt wird, das keine Verurteilung enthält oder wenn seit Begehung der Straftat oder Ordnungswidrigkeit fünf Jahre verstrichen sind (§ 33 Abs. 3 FischG). Haben die Versagungsgründe bei der Erteilung schon vorgelegen, waren sie jedoch der Behörde unbekannt geblieben oder sind die Versagungsgründe erst später entstanden, kann der Fischereischein auch nachträglich für die Zukunft entzogen werden (§§ 33 Abs. 4 FischG).

Jugendlichen im Alter von 10 bis 16 Jahren kann ein **Jugendfischereischein** bis zum Ende des Kalenderjahres, in dem der Jugendliche das 16. Lebensjahr vollendet, erteilt werden, wenn sie noch nicht die für die Erteilung eines Fischereischeins auf Lebenszeit erforderliche Sachkunde besitzen oder in einem Ausbildungsverhältnis als Fischwirt stehen. Dadurch soll die möglichst frühzeitige Heranführung von Kindern und Jugendlichen an die Angelfischerei erleichtert werden. Da diese Personen andererseits noch nicht ausreichend sachkundig sind, müssen sie bei der selbständigen Ausübung der Fischerei durch einen sachkundigen Fischer, nämlich durch einen mindestens 18 Jahre alten Inhaber eines Fischereischeins überwacht werden. Besteht ein Zehn- bis Sechzehnjähriger die amtliche Fischerprüfung, wird ihm auf Antrag ein Fischereischein auf Lebenszeit erteilt;

der Jugendliche kann dann wie ein Erwachsener ohne besondere Aufsicht die Fischerei selbständig ausüben.

In anderen Ländern der Bundesrepublik Deutschland ausgestellte Fischereischeine gelten auch in Baden-Württemberg und umgekehrt (§ 31 Abs. 5 FischG). Dies gilt auch, wenn der Fischereischein noch ohne Sachkundenachweis in der Form einer Fischerprüfung erteilt wurde.

Allerdings wird die Geltungsdauer dieser Fischereischeine bei Verlegung der Hauptwohnung nach Baden-Württemberg auf das Ende des auf die Wohnungsnahme nachfolgenden Kalenderjahres beschränkt. Danach muss ein neuer Fischereischein in Baden-Württemberg beantragt werden, für den dann das dortige Landesfischereirecht gilt, also auch das Erfordernis des Sachkundenachweises. Von der Anerkennung sind Fischereischeine ausgeschlossen, wenn ihr Inhaber bei der Ausstellung des Fischereischeins im anderen Bundesland seine Hauptwohnung in Baden-Württemberg hatte, wobei kurzfristige „Ummeldungen" der Hauptwohnung in das andere Bundesland zum Zweck der Ausstellung eines Fischereischeins zu keiner dortigen „Hauptwohnung" im Sinne des Fischereirechts führt (sog. Fischereitourismus).

Fischerprüfung

Voraussetzung für die **Erteilung eines Fischereischeins auf Lebenszeit** ist, dass der Antragsteller die für die Fischerei erforderliche **Sachkunde** besitzt (§ 31 Abs. 2 Satz 1 FischG). Diese Sachkunde muss sich erstrecken auf

- allgemeine Fischkunde,
- spezielle Fischkunde,
- Gewässerökologie,
- Fischhege,
- Gerätekunde,
- Fangtechnik,
- Behandlung und Verwertung der gefangenen Fische,
- fischereirechtliche und andere für die Fischerei bedeutsame Rechtsvorschriften.

Für den **Angelfischer** kommt in der Regel der Sachkundenachweis durch das Bestehen der **Fischerprüfung** in Frage. Die Fischerprüfung wird zunächst bis zum 31. Dezember 2018 der Landesfischereiverband Baden-Württemberg e.V. an Stelle der Landratsämter und der Bürgermeisterämter der Stadtkreise durchführen. Er wurde dazu auf Grund von § 31 Abs. 3 FischG beauftragt (Beleihung). Der Landesfischereiverband handelt als Beliehener wie eine staatliche Behörde, er ist damit an alle geltenden Rechtsvorschriften gebunden. Die Prüfung wird wie bisher einmal im Jahr landesweit einheitlich und in der Regel mindestens an einem Prüfungsort je Land-(Stadt-)kreis durchgeführt; bei Bedarf können weitere Prüfungstermine für jeweils ein oder mehrere Land-(Stadt-)kreise eingeschoben werden. Die Prüfungstage werden im Staatsanzeiger bekanntgegeben. Die Prüfung wird schriftlich in Form einer Fragebogenprüfung durchgeführt. Die Anmeldung zur Prüfung muss spätestens zwei Monate vor der Prüfung beim Landesfischereiverband erfolgen. Im Regelfall übernimmt der Lehrgangsveranstalter diese Anmeldung in Vertretung des Prüfungsbewerbers.

Die Prüfungsfragen werden einem mit dem Ministerium abgestimmten Fragenkatalog entnommen. Zur Vermeidung der gegenseitigen Beeinflussung werden am einzelnen Prüfungsort unterschiedliche Prüfungsbogen verteilt. Innerhalb von zwei Stunden sind 60 Fragen aus allen Gebieten, auf die sich die Sachkunde erstrecken muss, zu beantworten. Dabei ist jeweils anzugeben, welche der mit den Fragen vorgelegten Antworten für richtig gehalten wird. Die Prüfung hat bestanden, wer mindestens 45 der gestellten Fragen und dabei mindestens die Hälfte in jedem Sachgebiet richtig beantwortet hat. Über die bestandene Prüfung wird ein Zeugnis erteilt. Wird die Prüfung nicht bestanden, kann sie ein- oder mehrmals wiederholt werden; die Wiederholung des Vorbereitungslehrgangs ist dabei nicht vorgeschrieben. Wer während der Prüfung unerlaubte Hilfsmittel verwendet, kann ausgeschlossen werden und hat die Prüfung nicht bestanden.

Weitere Voraussetzungen für die Fischerprüfung sind:

- Vollendung des 10. Lebensjahres am Tag der Prüfung,
- rechtzeitige Anmeldung zur Prüfung (spätestens 2 Monate vor Prüfungstag),
- Teilnahme an dem vom Ministerium anerkannten Vorbereitungslehrgang des Landesfischereiverbandes Baden-Württemberg e. V. – Mindestdauer 30 Stunden über alle prüfungsbedeutsamen Sachgebiete
- und auf Verlangen Vorlage eines Identitätsausweises am Prüfungstag.

Personen, die der deutschen Sprache nicht ausreichend mächtig sind oder Behinderten können die Fragen mündlich gestellt und mündlich beantwortet werden. Die Stellung eines Dolmetschers ist Sache des Prüfungsbewerbers. Ist der gestellte Dolmetscher nicht öffentlich vereidigt, kann er dennoch zugelassen werden, wenn nicht zu befürchten ist, dass er die Beantwortung der Prüfungsfragen durch den Bewerber verfälscht.

Vom **Nachweis ihrer Sachkunde** zur Erlangung des Fischereischeins sind z. B. Fischwirte oder Fischereiwissenschaftler **ausgenommen**, da bei ihnen ausreichende Sachkunde anzunehmen ist. Auch Personen, die am 1. 1. 1981 oder in den vorangegangenen fünf Jahren als Fischer, Teichwirte oder Fischzüchter im Haupt- oder Nebenerwerb tätig waren, und solche, die eine amtliche Fischerprüfung in einem anderen Bundesland oder eine vom Regierungspräsidium als gleichwertig anerkannte Prüfung auf fischereilichem Gebiet (z. B. Sportfischerprüfung vor 1. 1. 1981 bei einem Landesfischereiverband in Baden-Württemberg, Prüfung zur Erlangung des Schweizerischen Sportfischerbrevets oder Sportfischerprüfung des Kantons Thurgau) bestanden haben, besitzen ausreichende Sachkunde. Ebenfalls keinen Sachkundenachweis müssen erbringen u. a. Personen, die innerhalb von fünf Jahren vor dem 1. 1. 1981 einen Jahresfischereischein erworben hatten. Die in einem anderen Bundesland abgelegte amtliche Fischerprüfung wird allerdings nur dann als Sachkundenachweis anerkannt, wenn der Antragsteller im Zeitpunkt der Prüfung keinen Wohnsitz in Baden-Württemberg hatte. Auch führt eine kurzfristige „Ummeldung“ der Hauptwohnung in das andere Bundesland zum Zweck der Abnahme einer Fischerprüfung zu keiner dortigen „Hauptwohnung“ im Sinne des Fischereirechts. Der Prüfungstourismus zu Prüfungsorten mit den geringsten Anforderungen soll unterbunden werden (§ 14 Abs. 4 LFischVO).

Mit der Gebühr für die Erteilung des Fischereischeins wird eine **Fischerei-**

abgabe erhoben, die vom Land zur Förderung des Fischereiwesens und der fischereilichen Forschungstätigkeit zu verwenden ist (§ 36 Abs. 1 FischG). Die Höhe der Abgabe beträgt derzeit 8 Euro pro Kalenderjahr (§ 12 LFischVO). Bei der Ausstellung eines Jugendfischereischeins und bei der Erteilung einer Zweitausfertigung für einen Fischereischein wird dagegen keine Abgabe erhoben. Mit der Abgabe werden derzeit nach Anhörung des Landesfischereibeirats insbesondere gefördert

- gewässerverbessernde Maßnahmen, wie z. B. Beseitigung von Aufstiegshindernissen, Anlage von Laichplätzen,
- praxisbezogene wissenschaftliche Untersuchungen, wie z. B. landesweite Kartierung der Kleinfische und Krebse,
- Aus- und Fortbildung der Angler.

Fragen zur Kontrolle

- Für welche Gewässer wird kein Fischereischein benötigt?
- Welche Befugnisse hat ein Helfer bei der Angelfischerei?
- Wem ist der Fischereischein zu versagen?
- Welche Befugnisse hat der Inhaber eines Jugendfischereischeins?
- Auf welchen Gebieten muss der Antragsteller für einen Fischereischein auf Lebenszeit sachkundig sein?
- Wie kann dieser Sachkundenachweis geführt werden?
- Welche Voraussetzungen sind für die Ablegung der Fischerprüfung erforderlich?
- Für welche Zwecke wird die Fischereiabgabe verwendet?

Grundsätze für die Fischereiausübung

Die Fischerei darf nach den **anerkannten fischereilichen Grundsätzen** nur so ausgeübt werden, dass die in und am Wasser lebende Tier- und Pflanzenwelt einschließlich ihrer Lebensgemeinschaften und Lebensstätten nicht mehr als notwendig beeinträchtigt werden (§ 13 Abs. 1 FischG). Für die Ausübung der Fischerei muss ein vernünftiger Grund vorliegen (z. B. Fang zum Verzehr und zur Hege). Den zu fangenden Fischen dürfen dabei keine Schmerzen, Leiden oder Schäden zugefügt werden, die über die bei ordnungsgemäßer Fischereiausübung entstehenden hinausgehen. Sachgerechte Auswahl des Angelgeräts, des Zubehörs und der Köder, waidgerechtes Fangen einschließlich des Drills, Anlandens und Tötens der Fische ohne unnötige Hälterung, feuchte Hände bei der Berührung von Fischen, die zurückgesetzt werden sollen, Begrenzung der fischereirechtlichen Nutzung auf die Produktionskraft des Gewässers sowie die Einhaltung der fischereirechtlichen Bestimmungen gehören dazu. **Wettfischen**, bei denen Rekorde und/oder Trophäen angestrebt werden, das sog. **catch-and-release-Angeln**, bei dem die gefangenen und angelandeten Fische nach Begutachtung, Messen und Wiegen sowie Fotografieren wieder in das Gewässer zurückversetzt werden, **Angelteiche**, in die fangreiche Fische zum alsbaldigen Wiederfang eingesetzt werden, sind tierschutzwidrig.

In der heutigen Zeit, wo der Fischbestand trotz des großen Fortpflanzungsvermögens der Fische immer noch durch zivilisatorische Einwirkungen und neuerdings insbesondere durch Kormorane und Fischreiher gefährdet ist, können den noch vorhandenen Fischbeständen durch eine Fischereiausübung, welche die veränderten **ökologischen Zusammenhänge** und die beeinträchtigten **Lebensbedingungen** nicht beachtet, in ihrer natürlichen Vielfalt schwere Schäden zugefügt werden. Durch unsachgemäße fischereiliche Bewirtschaftung (z. B. bei Gewässerpflege, Fischeinsatz, Fischfütterung) einschließlich Art und Weise der Fischereiausübung (z. B. Fischereigeräte, Störungen durch Lärm, Betreten der Ufer, Befahren der Gewässer) können zudem die **Lebensgemeinschaften und Lebensstätten** vieler Tier- und Pflanzenarten in und am Gewässer nachteilig beeinflusst und verändert werden. Auf brütende Vögel, Amphibien, seltene Pflanzen, Röhricht und Schilfbestände muss daher Rücksicht genommen werden. Soweit erforderlich muss die Fischerei um die Erhaltung des Ganzen willen in einzelnen Teilen des Gewässers zumindest zeitweise ganz oder teilweise eingestellt werden.

Unbestritten ist, dass Fischen Schäden im Sinne des TierSchG zugefügt werden können. Ob dies auch für Schmerzen und Leiden gilt, wird von einem Teil der Wissenschaft verneint. Dennoch nimmt die Rechtsprechung und die überwiegende Literatur an, dass auch **Fische schmerz- und leidensfähig sind**. Der Angler muss sich daher z.B. beim Drill, der Anlandung und Hälterung sowie beim Töten darauf einstellen. Wer einem Fisch aus Rohheit erhebliche Schmerzen und Leiden oder länger anhaltende oder sich wiederholende erhebliche Schmerzen und Leiden zufügt, kann mit Freiheits- oder Geldstrafe bestraft werden.

Fragen zur Kontrolle

- Welche Grundsätze sind bei der Fischereiausübung zu beachten?

Hegepflicht, Fischbesatz

Der **Fischereiberechtigte** und **bei einem hegeübertragenden Pachtvertrag der Fischereipächter ist** verpflichtet, einen der Größe und der Beschaffenheit des Gewässers sowie dem Umfang des Fischereirechts entsprechenden möglichst **artenreichen Fischbestand** zu erhalten und zu hegen. Dabei sind die anderen Nutzungsarten am Gewässer, wie z. B. Trinkwasserentnahme, Baden, aber auch die Belange der angrenzenden Fischereirechte angemessen zu berücksichtigen. Soweit erforderlich, ist ein **künstlicher Besatz** mit Fischen vorzunehmen (§ 14 Abs. 1 FischG), aber auch regulierend in den Fischbestand einzugreifen. Als Teil der Hege darf dabei nicht gegen den Grundsatz des Schutzes der in und am Wasser lebenden Tier- und Pflanzenwelt einschließlich ihrer Lebensgemeinschaften und Lebensstätten verstoßen werden. Der Fischbesatz darf sich nicht auf den Einsatz ökonomisch oder angelfischereilich interessanter Arten beschränken und bei Bestandsregulierungen dürfen nicht bestimmte Arten einseitig geffördert werden. Im Interesse der Erhaltung der Seuchenfreiheit bzw. der Seuchenfreimachung sollte der Fischbesatz aus nachgewiesen seuchenfreien Zuchtbetrieben stammen. Zur Vermeidung von Faunenverfälschungen sollte der Fischbesatz möglichst aus Laichprodukten desselben Gewässers oder Gewässersystems stammen; in bestimmten Gebieten ist dies sogar vorgeschrieben (z. B. Tierseuchen-Schutzvorordnung JHN/VHS). **Der Einsatz fangreifer Fische zum alsbaldigen Fang („Fischzirkus") sowie ein Überbesatz sind keine Hegemaßnahmen.** Sie widersprechen vielmehr dem Ziel der Erhaltung und Hege eines der Größe und der Beschaffenheit des Gewässers entsprechenden Fischbestandes, ganz abgesehen vom möglichen Verstoß gegen das Tierschutzrecht. Der Inhaber eines Erlaubnisscheins ist nur dann zum Fischeinsatz berechtigt, wenn er hierzu vom Fischereiberechtigten oder vom Fischpächter ausdrücklich ermächtigt wird.

Nicht einheimische Fischarten, die nur mit Erlaubnis der Fischereibehörde eingesetzt werden dürfen (§ 14 Abs. 2 FischG), sind solche Fischarten, die im jeweiligen Gewässersystem (in Baden-Württemberg sind dies Rhein und Donau) nicht natürlich vorkommen und dort auch nicht erfolgreich eingebürgert sind. Der Graskarpfen mit seinem natürlichen Vorkommen in Ostasien ist trotz einzelner Einsätze auch in Mitteleuropa kein einheimischer Fisch, ebenso Signalkrebs, Blaubandbärbling, Sonnenbarsch u. a. Dagegen ist die Regenbogenforelle, die seit über 100 Jahren in Mitteleuropa weit verbreitet eingesetzt wird, zu einer einheimischen Fischart geworden. Das Gleiche gilt z. B. auch für den Zander und Saibling. Wird die Erlaubnis durch die Fischereibehörde erteilt, ist die naturschutzrechtliche Genehmigung nach § 40 BNatSchG, § 44 Ab. 1 NatSchG nicht mehr erforderlich. Auch der Erstbesatz in bisher **fischfreie Gewässer** (z. B. Baggerseen, neu angelegte Angelteiche) bedarf ohne Rücksicht auf die Art der einzusetzenden Fische einer Erlaubnis.

Nicht ausgesetzt werden dürfen (§ 8 LFischVO)

- genetisch veränderte Fische (z. B. durch Kreuzung verschiedener Arten, Vervielfachen des Chromosomensatzes oder gentechnische Eingriffe) einschließlich deren Nachkommen,
- Aale in Fließgewässer der Forellen- und Äschenregion und in Gewässer mit einem sich selbst erhaltenden Edel-, Dohlen- oder Steinkrebsbestand,
- Regenbogenforellen und Bachsaiblinge in die Zuflüsse des Bodensee-Obersees,
- Fische mit Krankheitsanzeichen oder einem erkennbaren Parasitenbefall,
- für die jeweilige fischereibiologische Gewässerregion des Einsatzortes nicht standortgerechte Fischarten.

§ 8 Abs. 2 LFischVO bestätigt ausdrücklich, dass Fischarten der Gewässersysteme Donau und Rhein nur in ihrem natürlichen Gewässersystem ausgesetzt werden dürfen, wenn sie im jeweiligen anderen Einzugsgebiet natürlicherweise nicht vorkommen (z. B. Huchen nicht im Einzugsgebiet des Rheins). Ausgenommen hiervon sind in sich abgeschlossene Gewässer, denen es an einer für jede Art des Fischwechsels geeignete Verbindung mit anderen Gewässern fehlt.

Die **Hege** umfasst somit alle Maßnahmen, die der Erhaltung, Vermehrung oder Verbesserung des Fischbestandes einschließlich der Förderung und Begünstigung seiner Ernährungs-, Vermehrungs- und Aufenthaltsmöglichkeiten und zwar bezogen auf ein bestimmtes Gewässer oder einen bestimmten Gewässerabschnitt dienen.

Hierzu gehören: Neben dem Fischbesatz zeitliche, mengen- oder größenmäßige Beschränkungen des Fangs, Pflege der Laichplätze, Anlage künstlicher Laichstätten, Schaffung von Schonrevieren, Einständen und angepassten Uferbepflanzungen, Bekämpfung von Fischkrankheiten, Regulierung des Bestandes durch Verminderung unerwünschter oder zwergwüchsiger Fischarten, Pflege der Gewässer durch Entkrautung, Säubern des Gewässerbetts, Bekämpfung der Gewässerverunreinigungen und Fischwilderei durch laufende Beobachtung des Gewässers, Unterstützung der staatlichen Aufsichtsorgane, Einschränkung der Tiere, die der Fischerei nachteilig sind und nicht zu den jagd- oder naturschutzrechtlich geschützten Tierarten gehören, soweit dadurch das biologische Gleichgewicht der jeweiligen Lebensgemeinschaft nicht gestört wird. Auch die laufende und vollständige Aufzeichnung der Fangergebnisse, insbesondere deren Verteilung auf die einzelnen Fischarten, können wichtige Informationen sein. Die Verpflichtung hierzu kann durch den Pacht- und Erlaubnisvertrag auferlegt werden. Im Bereich der Unterseefischereiordnung sind die Berufs- und Freizeitfischer durch die Verordnung vom 22. Dezember 1999 (GBl. 2000 S. 29) zur Aufzeichnung ihrer Fänge einschließlich derjenigen ihrer Gehilfen verpflichtet. Im übrigen wird dies für den Bodensee auch vom Angler bei der Erteilung der Fischereierlaubnis verlangt.

Die **Hegepflicht kann** auf Antrag aus Billigkeitsgründen durch die Fischereibehörde **ausgesetzt** werden, wenn sie dem Hegepflichtigen im Hinblick auf den schlechten Gewässerzustand nicht zugemutet werden kann (§ 14 Abs. 5 FischG).

Auf die Ausführungen im Kapitel Fischhege – Gewässerpflege wird hingewiesen.

Fragen zur Kontrolle

- Welches Ziel hat die Verpflichtung zur Hege?
- Wie werden die nicht einheimischen Fischarten bestimmt?
- Welche Fische und Fischarten dürfen nach der LFischVO nicht ausgesetzt werden?

Räumliche Einschränkungen der Fischereiausübung

Die Ausübung der Fischerei in Gewässern oder Gewässerstrecken, die sich **innerhalb von Gebäuden, Hofräumen, gewerblichen Anlagen und eingefriedeten Grundstücken** befinden, ist nur mit Zustimmung deren Eigentümer oder Nutzungsberechtigten zulässig (§ 13 Abs. 3 Satz 1 FischG). Eingefriedet bedeutet nicht, dass eine massive oder nur schwer überwindbare lückenlose Eingrenzung vorhanden sein muss. Vielmehr genügt es, wenn durch einen Zaun oder eine Hecke deutlich die Abgrenzung zu den übrigen Grundstücken zum Ausdruck gebracht wird. Auch einzelne offene Zugänge oder Zufahrten heben die Einfriedigung nicht auf. Eingezäunte Viehweiden gelten jedoch nicht als eingefriedete Grundstücke. Die Zäune der Viehweide dürfen bei der Ausübung der Fischerei nicht beschädigt und ihre Funktion nicht beeinträchtigt werden; die Weidetore müssen daher alsbald wieder geschlossen werden. Bei Gewässern, insbesondere Teichen und Weihern, die für den Fischereiausübungsberechtigten über eigene, gepachtete oder öffentliche Grundstücke zumindest an einer Stelle zugänglich sind, ist die Fischereiausübung im Rahmen des wasserrechtlichen Gemeingebrauchs (§§ 20 f., 30 WG) vom Boot aus nicht von einer Zustimmung der Nutzungsberechtigten eingefriedeter Anliegergrundstücke abhängig. Sie ist jedoch erforderlich, wenn die auf beiden Seiten des Gewässers angrenzenden Grundstücke demselben Eigentümer gehören und damit ein über das Gewässer hinwegreichendes Grundstück vorliegt; dasselbe gilt für eine gewerbliche Anlage, die beiderseits des Gewässers liegt.

Wird die zur Fischereiausübung erforderliche Zustimmung nicht erteilt, **ruht die Fischerei**. Der Eigentümer der Gebäude, Hofräume, gewerblichen Anlagen oder eingefriedeten Grundstücke ist nicht zur Fischerei in den für den Fischereiausübungsberechtigten ohne Zustimmung nicht befischbaren Gewässern oder Gewässerstrecken befugt.

Bei der Ausübung der **Fischerei vom Boot** aus sind im übrigen die wasser- und schifffahrtspolizeilichen, am Bodensee einschließlich des Untersees und in den Stauhaltungen beim Kraftwerk Rheinau auch die fischereirechtlichen Vorschriften

- § 12 Abs. 4 BodFischVO: Keine Schleppfischerei von einem unter Segel fahrenden Boot aus,
- § 14 Abs. 2 Unterseefischereiordnung: Keine Fischerei von Fahrzeugen mit Maschinenantrieb aus während der Fahrt,
- § 3 Abs. 1 RheinauFischVO: Kein Fischfang mit Paddelbooten, Faltbooten u. ä.

zu beachten. Grundsätzlich dürfen in Baden-Württemberg die oberirdischen Gewässer mit Ausnahme von Speicherbecken sowie Gewässern in Hofräumen, Gärten und Parkanlagen im Rahmen des Gemeingebrauchs zum Fahren mit kleinen Fahrzeugen ohne eigene Triebkraft, also auch mit Ruder- und Segelbooten benutzt werden. Aus Gründen des Allgemeinwohls, insbesondere der Ordnung des Wasserhaushalts, der Sicherstellung der Erholung, des Schutzes der Natur oder zur Abwehr von Gefahren für die öffentliche Sicherheit und Ordnung kann die Ausübung des Gemeingebrauchs geregelt, beschränkt oder verboten sowie das Verhalten im Uferbereich durch Rechtsverordnung geregelt werden. Andererseits kann auch das Fahren mit kleinen Fahrzeugen mit eigener Triebkraft als Gemeingebrauch zugelassen werden (§ 21 WG).

Gewässer, die für die Schifffahrt bestimmt sind, darf jedermann zur Schifffahrt benutzen. Die Schifffahrt kann durch Rechtsverordnungen geregelt und beschränkt werden. So bestehen besondere Schifffahrtsvorschriften der Bundesrepublik Deutschland und des Landes Baden-Württemberg für den Bodensee, den Rhein und seine Altarme, die Donau und den Neckar, die auch vom Fischer zu beachten sind.

Ferner bestehen aufgrund der einzelnen Hafenordnungen sehr häufig Einschränkungen für die Fischerei im Bereich der Häfen.

Zum Schutz bestimmter Teile von Natur und Landschaft (z.B. **Natur- und Landschaftsschutzgebieten, Biosphärengebieten, Naturparks sowie flächenhaften Naturdenkmalen** (§§ 22 ff. BNatSchG, §§ 23 ff. NatSchG) kann die Ausübung der Fischerei einschließlich der Hege durch die jeweilige Schutzgebietsverordnung insbesondere räumlich und zeitlich beschränkt oder überhaupt untersagt werden. Bei wesentlichen Einschränkungen der Fischerei allein wegen des Schutzes der übrigen Tier- und Pflanzenarten kann eine Enteignungsentschädigung nach § 55 f. NatSchG oder ein finanzieller Ausgleich zur Vermeidung einer enteignenden Wirkung in Frage kommen.

Fragen zur Kontrolle

- In welchen Bereichen ist die Ausübung der Fischerei von der Zustimmung eines anderen abhängig?
- Wann ist ein Grundstück eingefriedet?
- Welche Bestimmungen hat der Fischer zu beachten, wenn er vom Ruderboot aus fischt?
- Welche Bestimmungen hat der Fischer bei der Fischereiausübung in Natur- und Landschaftschutzgebieten auch zu beachten?

Zugang zum Gewässer

In der überwiegenden Zahl der Gewässer kann die Fischerei nur vom **Ufer** aus ausgeübt werden. Daher wird dem Fischereiausübungsberechtigten und seinen Helfern das Recht eingeräumt, die Ufergrundstücke, Inseln, Anlandungen, Schifffahrtsanlagen, Brücken, Wehre, Schleusen und sonstige Wasserbauten zu **betreten** sowie dort ihre Fischereigeräte zu befestigen. Dieses Betretungsrecht wird auf eigene Gefahr ausgeübt. Es kann durch öffentlich-rechtliche Vorschriften (z. B. §§ 43ff. NatSchG, § 37 LWaldG, § 21 Abs. 2 u. § 3 GWG, Hafen- und Schifffahrtsordnungen, Naturschutzverordnungen) eingeschränkt oder ausgeschlossen sein. Außerdem sind Gebäude, Hofräume, gewerbliche Anlagen und eingefriedete Grundstücke mit Ausnahme von Campingplätzen und Viehweiden vom Betretungsrecht ausgenommen (§ 16 Abs. 1 FischG).

Ist ein Gewässer oder ein überflutetes Grundstück nicht über öffentliche Straßen und Wege oder bei Benutzung dieser nur auf einem unzumutbaren Umweg erreichbar, kann der Fischereiausübungsberechtigte von den Eigentümern oder Nutzungsberechtigten anderer Grundstücke, insbesondere von solchen, die zwischen einem öffentlichen Weg oder einer Straße und dem Fischwasser liegen, verlangen, dass der **Durchgang** über ihre Grundstücke gegen Entschädigung, allerdings auch auf eigene Gefahr des Fischers geduldet wird (§ 16 Abs. 2 FischG). Ausgenommen sind auch hier Gebäude, Hofräume, gewerbliche Anlagen mit Ausnahme von Campingplätzen sowie eingefriedete Grundstücke. Dieses Durchgangsrecht gilt nicht für die Überfahrt mit einem Kraftfahrzeug oder mit einem bespannten bzw. handgezogenen Wagen.

Zur **Anfahrt** mit einem **Kraftfahrzeug** darf der Fischereiausübungsberechtigte **öffentliche Straßen und Wege** im Rahmen der straßen- und straßenverkehrsrechtlichen Vorschriften benutzen. Feldwege, die mit dem Verkehrszeichen 250 „Verbot für Fahrzeuge aller Art“ oder dem Verkehrszeichen 251 „Verbot für Kraftwagen und sonstige mehrspurige Kraftfahrzeuge“ gesperrt sind, darf in Baden-Württemberg neben dem Berufsfischer auch der Angelfischer entsprechend der ihrem Bauzustand möglichen Belastung innerhalb der verkehrsüblichen Grenzen befahren, wenn das Verkehrszeichen mit dem Zusatzschild „Landwirtschaftlicher (Forstwirtschaftlicher) Verkehr frei“ oder „Land- und forstwirtschaftlicher Verkehr frei“ versehen ist. Voraussetzung ist ferner, dass der Weg (die Wege) unmittelbar zum Fischwasser des Fischereiausübungsberechtigten führt (führen) und die Fahrt zur Bewirtschaftung des Fischwassers, wozu auch die Ausübung der Angelfischerei zählt, dient. Für **Privatwege**, die nicht für den öffentlichen Verkehr bestimmt sind oder auf denen auch kein tatsächlich öffentlicher Verkehr (Berechtigter erlaubt jedermann die Benutzung seines Weges oder duldet dies zumindest) stattfindet, ist die Erlaubnis des Eigentümers oder sonstigen Nutzungsberechtigten (Nießbraucher, Pächter) erforderlich. Dies gilt auch für die Privatwege der Landesforstverwaltung.

Parken auf Grundstücken ist nur mit Zustimmung des Nutzungsberechtigten zum Zugang zu Gewässer aufgrund des Gemeingebrauchs (Gemeingebrauch – § 59 BNatSchG)zulässig.

Auf den **Ufergrundstücken** wachsende Büsche, Sträucher oder Äste können insbesondere die Fischerei mit der Angel behindern. Andererseits ist die Uferbepflanzung sowohl für den Ausbau des Gewässers und dessen Unterhaltung als auch für Natur, Umwelt und Landschaftsbild von großer Bedeutung. Die Beseitigung derartige Hindernisse für die Fischerei ist daher nur begrenzt zulässig (§ 16 Abs. 3 FischG). Es können nur einzelne Büsche, Sträucher oder Äste maßvoll **zurückgeschnitten** werden. Nicht an jeder Stelle eines Gewässers muss ohne Behinderungen oder Einschränkung geangelt werden können. Und dieses Recht steht auch nur dem **Fischereiberechtigten und dem Fischereipächter, nicht jedoch dem Inhaber eines Erlaubnisscheines** zu. Die Schranken des Wasser – (s. S. 163) und die des Naturschutzrechts: Bäume, Hecken, Gebüsche in der Zeit vom 1. März bis 30. September abzuschneiden (d. h. mehr als unwesentlich einzugreifen) oder auf den Stock zu setzen, die natürliche und naturnahe Vegetation in natürlichen oder naturnahen Bereichen fließender oder stehender Gewässer zu zerstören oder sonst erheblich zu beeinträchtigen sowie besondere Verbote Schutzgebietsverordnungen sind dabei zu beachten. Vor Beginn des Zurückschneidens muss der Eigentümer oder sonstige Nutzungsberechtigte (Nießbraucher, Pächter) des Grundstücks, auf dem die betroffenen Pflanzen wachsen, zum Zurückschneiden aufgefordert werden.

Erst wenn dieser Aufforderung nicht innerhalb eines Monats nachgekommen wird, sind der Fischereiberechtigte oder der Fischereipächter zum Zurückschneiden befugt. Die abgeschnittenen Pflanzenteile hat dann der Fischereiberech-

Fragen zur Kontrolle

- Welche Grundstücke dürfen zur Fischereiausübung betreten werden?
- Unter welchen Voraussetzungen kann der Fischer den Durchgang über andere Grundstücke verlangen bzw. mit einem Kraftfahrzeug Straßen und Wege benutzen?
- Was muss der Fischer beim Zurückschneiden von Büschen, Sträuchern und Äste beachten?

tigte oder der Pächter zu entfernen, sofern dem durch den Eigentümer oder sonstigen Nutzungsberechtigten des Grundstücks nicht widersprochen wird. Werden durch das Zurückschneiden und Entfernen der Pflanzenteile Schäden am Grundstück verursacht (Schleifen auf dem Boden, Abfuhr mit einem Fahrzeug), muss entschädigt werden.

Fischnacheile

Tritt ein Gewässer über seine Ufer, suchen die Fische häufig auf den überfluteten Grundstücken Schutz vor der starken Strömung oder sie gehen dort auf Nahrungssuche. Daher gibt § 15 Abs. 1 FischG dem Fischereiausübungsberechtigten und seinen Helfern das Recht der **Nacheile**. Sie dürfen also die Fischerei auch auf den **überfluteten Grundstücken** ausüben und diese gegebenenfalls betreten. Der Eigentümer oder der sonstige Nutzungsberechtigte darf auf seinen überfluteten Grundstücken nicht fischen. In Gräben oder anderen Vertiefungen zurückgebliebene Fische kann sich der Fischereiausübungsberechtigte noch innerhalb von drei Tagen aneignen, nachdem die Vertiefung ihre Verbindung mit dem Gewässer verloren hat (§ 16 Abs. 1 und 3 FischG). Danach steht das Aneignungsrecht nur noch dem Grundstückseigentümer oder dem sonstigen Nutzungsberechtigten des Grundstücks zu.

Das Verbot von Maßnahmen, welche die Rückkehr der Fische in ein Gewässer oder das Fischen auf den überfluteten Grundstücken erschweren oder verhindern, soll von vornherein Fischereischäden und auch Fischwilderei verhindern (§ 15 Abs. 2 FischG).

Fragen zur Kontrolle

- Wie lange darf der Fischereiausübungsberechtigte auf den angrenzenden überfluteten Grundstücken fischen?

Schutz der Fische

Das Fischereirecht enthielt bereits im 19. Jahrhundert, also lange vor dem Erlass eines allgemeinen Naturschutzgesetzes, Bestimmungen zum Schutz der Fischbestände, indem Schonzeiten und Mindestmaße (Schonmaße) festgesetzt wurden. Aufgrund internationaler Vereinbarungen und EG-rechtlicher Vorgaben wurden in die Bundesartenschutzverordnung auch einige unter das Fischereirecht fallende Tierarten aufgenommen, für die neben den fischereirechtlichen Schutzbestimmungen nunmehr auch die **artenschutzrechtlichen**

Bestimmungen des Naturschutzrechtes gelten. Soweit dieselben Tierarten von beiden Schutzbestimmungen erfasst werden, besteht inhaltlich kein Widerspruch, so dass sich der Fischer verlässlich am fischereirechtlichen Artenschutz in § 1 LFischVO orientieren kann. Allerdings kommt dem naturschutzrechtlichen Artenschutz insoweit eigenständige Bedeutung zu, als das Fischereirecht keine entsprechenden Bestimmungen enthält (z. B. Verbot, Fische mutwillig zu beunruhigen, Laich- oder Zufluchtstätten zu beschädigen, zu zerstören oder wegzunehmen). Seit 1. April 1998 schützt das Naturschutzrecht zudem alle Störarten einschließlich der nicht einheimischen, was für die Teichwirtschaft von gewisser Bedeutung ist.

Schonzeiten und Mindestmaße (Schonmaße) können in der LFischVO, der BodFischVO, der Unterseefischereiordnung und der RheinauFischVO festgelegt werden, wenn dies zur natürlichen Erhaltung des Bestandes einer bestimmten Fischart erforderlich ist.

Durch die **Schonzeit** soll verhindert werden, dass die Fische durch die Ausübung der Fischerei beim Laichgeschäft gestört werden. Nur ohne solche Störungen kann eine zahlenmäßig gute Nachkommenschaft erwartet werden. Außerdem soll durch die Schonzeiten verhindert werden, dass geschlechtsreife Fische noch kurz vor dem Laichgeschäft weggefangen werden und so unnötige Verluste an natürlicher Nachkommenschaft entstehen. Die festgesetzten Schonzeiten sind nur Mindestanforderungen, die für die Fischereiausübung in einem bestimmten Gewässer durch die Fischereiberechtigten bzw. Fischereipächter verlängert werden können.

Das **Mindestmaß (Schonmaß)** bezweckt, dass die Fische erst gefangen werden, nachdem sie mindestens einmal und, was noch besser ist, mehrmals abgelaicht haben. Die festgesetzten Mindestmaße (Schonmaße) sind wie bei den Schonzeiten Mindestanforderungen. Es bleibt daher dem Fischereiberechtigten oder dem Fischereipächter unbenommen, für die Fischereiausübung durch die Inhaber der Erlaubnisscheine größere Mindestmaße (Schonmaße) vorzuschreiben. Dies darf allerdings nicht dazu führen, dass durch die Schonung allzu großer Fische eine Gefährdung des Jungfischbestandes und damit eines ausgewogenen Fischbestandes herbeigeführt wird. Zur einwandfreien Feststellung des Maßes eines gefangenen Fisches oder Krebses ist in § 1 Abs. 2 LFischVO, § 16 Abs. 2 BodFischVO, § 25 Abs. 2 Unterseefischereiordnung und in § 1 Abs. 3 RheinauFischVO die Meßmethode festgelegt worden: Von der Kopfspitze bis zum Ende der natürlich ausgebreiteten Schwanzflosse, bei Krebsen von der vorderen Spitze des Kopfpanzers bis zum Ende des Schwanzes bei flach ausgelegtem Hinterleib; abweichend davon ist nach § 16 Abs. 2 BodFischVO am Bodensee-Obersee die Fischlänge bei zusammengelegter Schwanzflosse zu messen. Nach § 16 Abs. 2 Satz 3 BodFischVO müssen beim Fischfang geeignete Hilfsmittel zur genauen Feststellung der Mindestmaße mitgeführt werden; für die übrigen Gewässer des Landes sei dies empfohlen.

Untermaßige oder in der Schonzeit gefangene Fische müssen unverzüglich nach dem Fang sorgfältig aus den Fanggeräten gelöst und in das **Gewässer zurückversetzt** werden, wenn sie noch lebensfähig sind. Dies ist der Fall, wenn der Fisch noch selbständig schwimmt sowie äußerlich und innerlich im wesentlichen unverletzt erscheint. Alle anderen gefangenen geschützten Fische sind wie der übrige Fang ordnungsgemäß zu behandeln. Häuft sich der Fang geschützter Fische, müssen die Fanggeräte verändert oder der Fangplatz gewechselt werden.

Die Bestimmungen über **Schonzeiten** und **Mindestmaße** (Schonmaße) im einzelnen sind in den wegen unterschiedlicher Bedingungen teilweise voneinander abweichenden §§ 1, 19 ff. FischVO, § 16 BodFischVO, § 25 Unterseefischereiordnung und § 1 RheinauFischVO enthalten (siehe Anhang 1).

Die Zeitangaben in den Bestimmungen über Beginn und Ende der Angelfischerei in § 3 Abs. 1 LFischVO, §§ 4, 12 und 16 BodFischVO und § 3 RheinauFischVO beziehen sich auf die Mitteleuropäische Zeit, wobei die jeweilige aktuelle Zeit (Normalzeit oder Sommerzeit) gilt. Die in der Unterseefischereiordnung enthaltenen Zeitangaben (§ 22) berücksichtigen bereit die Vorstellzeit.

Die **Anlandeverpflichtungen** für nichtheimische Arten, für die weder ein Mindestmaß (Schonmaß) noch eine Schonzeit festgesetzt ist sowie für Fische, die nach § 8 Abs. 1 und 2 LFischVO (s. Anhang 2) nicht ausgesetzt werden dürfen (§ 2 LFischVO), für Kaulbarsche und Hechte (§ 16 Abs. 4 BodFischVO) und für Brachsen und mit der Angel gefangene Barsche (§ 25 Abs. 5 Satz 3 Unterseefischereiordnung) sind zu beachten.

Im Interesse der Aufrechterhaltung des biologisch bedingten Ortswechsels der Fische, ihrer ungestörten Fortpflanzung und Überwinterungseigenarten kann die Fischereibehörde durch Rechtsverordnung Gewässer oder Gewässerteile zu **Schonbezirken**:

- Fischschonbezirke – für Wechsel der Fische von besonderer Bedeutung,
- Laichschonbezirke – besonders geeignete Laich- und Aufwuchsplätze,
- Winterlager – als Winterlager für Fische besonders geeignet

erklären. In der Rechtsverordnung kann insbesondere der Fischfang, die Räumung des Gewässerbetts, das Mähen, das Einbringen und die Entnahme von Pflanzen, Schlamm, Erde, Sand sowie das Fahren mit dem Boot, das Wasserskilaufen und der Eissport für bestimmte Zeiten beschränkt oder verboten werden.

Fragen zur Kontrolle

- Wo sind die Bestimmungen über Schonzeiten und Mindestmaße zu finden?
- Welche Zwecke verfolgen Schonzeiten und Mindestmaße?
- Wie wird das Mindestmaß nach der LFischVO und der BodFischVO gemessen?
- Was hat mit gefangenen untermaßigen Fischen zu geschehen?
- Für welche Fischarten bestehen Anlandeverpflichtungen?
- Für welchen Zweck kann ein Gewässer zum Fischschonbezirk erklärt werden?

Verbotene Fischerei, Fanggeräte und Fangmittel

Im Bereich der **Fischwege** massieren sich die wandernden Fische. Die Ausübung des Fischfangs in diesem Bereich würde daher die Fischbestände gefährden. In den Fischwegen sowie in einem Umkreis von 30 Metern, im Rhein von 50 Metern oberhalb und unterhalb der Ein- und Ausgänge ist jede Art des Fischfangs verboten (§ 7 LFischVO).

In § 38 Abs. 1 FischG sind eine Reihe von **Fanggeräten, Fangmittel** und **Fangmethoden** verboten worden, die mit den anerkannten fischereilichen Grundsätzen nicht vereinbar sind. Dazu zählen der Einsatz von Lampen, Fackeln und Feuer mit dem Ziel, einen Fangerfolg zu erreichen oder zu steigern. Die nach Schifffahrtsvorschriften vorgeschriebenen Lichter für Wasserfahrzeuge sind daher vom Verbot nicht umfasst. Ferner sind verboten explodierende Stoffe wie Sprengmittel, aber auch Schusswaffen, Harpunen, Fischgabeln, Schlingen sowie sonstige für Fische giftige oder betäubende Stoffe, wie z. B. Karbid, vergiftete Köder und sonstige für die Wassertiere schädliche Chemikalien. Beim Reißen einschließlich des Zockens, Schlenzens und dergleichen, die als Fangmethoden generell untersagt sind, werden die Fische in der Regel von außen gehakt. Darüber hinaus können den nicht gefangenen Fischen äußere Verletzungen zugefügt werden, an denen sie häufig verenden. Auch bei **Beköderung** darf die Angel nicht reißend, den Fisch von außen anhakend verwendet werden. Die Fischerei mit Hilfe des elektrischen Stromes ist nur mit besonderer Erlaubnis der Fischereibehörde zulässig.

Lockfutter darf nur in einer Menge verwendet werden, die keine signifikanten nachteiligen Auswirkungen auf den Zustand des Gewässers erwarten lassen.

Fragen zur Kontrolle

- Welche Abstände von Fischwegen sind für die Fischerei einzuhalten?
- Welche Fanggeräte, Fangmittel und Fangmethoden dürfen nicht verwendet werden?

Fischerei mit der Angel

§ 3 LFischVO, §§ 11 und 12 BodFischVO und § 18 Unterseefischereiordnung (siehe Anhang 2) enthalten Bestimmungen über die Fischerei mit der Angel, insbesondere über die Zahl der Angelgeräte und der Angelhaken, über die Beköderung der Haken, über den Zeitraum, in dem geangelt werden darf sowie über die Abstände zu den Fischereigeräten der Berufsfischer. Im Pacht- und Erlaubnisvertrag können davon abweichende Vereinbarungen getroffen werden, die allerdings nicht die gesetzlichen Bestimmungen einschränken dürfen. So können z.B. die einzuhaltenden Mindestmaße und Schonzeiten verlängert, die Anzahl der Angelhaken pro Angelgerät herabgesetzt – nur zwei oder ein Haken – und die Verwendung lebender Köderfische oder die Hälterung lebender Fische ganz untersagt werden.

Nach § 3 Abs. 1 LFischVO dürfen **gleichzeitig höchstens zwei Angelgeräte** mit jeweils **höchstens drei**

beköderten Angelhaken verwendet werden, sie müssen ständig beaufsichtigt sein. **Angelhaken** (Anbissstellen) sind nicht nur der einzelne Haken, sondern auch Systeme wie Blinker oder Wobbler, die mehrere Einzelhaken aufweisen. Diese Systeme gelten daher als ein Haken und sind als mit künstlichen Ködern versehene Angelhaken anzusehen. Lebende **Köderfische** dürfen mit Ausnahme des Bodensee-Obersees, wo dies verboten ist, nur verwendet werden, wenn dies nicht den §§ 1 und 17 TierSchG widerspricht, insbesondere wenn dafür ein vernünftiger Grund (z. B. Fang überständiger Fische, in stark verkrauteten oder in flachen nahezu zugewachsenen Gewässern, bei vielen Unterwasserhindernissen und in Bojenfeldern) gegeben ist; die Köderfische dürfen nur am Maul oder am Rücken angehängt werden und müssen sicher befestigt sein. Zehnfüßige Süßwasserkrebse oder deren Teile müssen als Köder zuvor abgekocht oder in sonstiger Weise keimfrei gemacht werden. Aus seuchenhygienischen Gründen sollen die Köderfische aus dem zu befischenden Gewässer oder angrenzenden Strecken stammen, nicht einheimische keinesfalls lebend. Gefährdete oder bedrohte Fischarten bzw. Fische, für die Schonzeiten und/oder Mindestmaße (Schonmaße) festgesetzt sind, dürfen nicht verwendet werden. Vor Verwendung des lebenden Köderfisches an einem bestimmten Platz ist eine fachliche Beratung angezeigt.

Die Fischerei mit der Angel mit Ausnahme des Aal-, Wels- und Krebsfischfangs ist in der **Nachtzeit** nicht gestattet, denn ein ordnungsgemäßes Angeln ist nur bei Tageslicht und in der Dämmerung möglich. Aus Rücksicht auf andere Tiere ist zudem eine Ruhezeit am Gewässer wichtig. Daher darf nur von einer Stunde vor Sonnenaufgang bis eine Stunde nach Sonnenuntergang gefischt werden, wobei der tatsächliche Sonnenstand am Fangort maßgebend ist. Abweichend davon ist das Fischen auf Aal, Wels und auf Krebse bis 24 Uhr, in der Sommerzeit bis 1 Uhr gestattet, wobei hier die mitteleuropäische Zeit gilt.

Wird beim **Angeln** kein genügender Abstand zu Netzen und Reusen eingehalten, können sich Haken in diesen Geräten verfangen. Da der Angler versucht sein kann, den Haken nicht zu verlieren, sondern ihn wieder frei zu bekommen, sind Schäden an Netzen und Reusen oftmals die Folge solcher Versuche. Um diese Gefährdung der Fischereigeräte insbesondere der Berufsfischer zu vermeiden, muss der Angler einen Abstand von den für ihn erkennbaren Netzen und Reusen von mindestens 50 Metern einhalten (§ 3 Abs. 5 LFischVO, § 12 Abs. 3 BodFischVO). An Fischwegen und in einem Umkreis von 30 m, im Rhein von 50 m oberhalb und unterhalb der Ein- und Ausgängen, ist der Fischfang verboten (§ 7 LFischVO).

Weitere Vorschriften für die Fischerei mit der Angel im Bodensee einschließlich des Untersees finden sich in § 12 BodFischVO und § 18 Unterseefischereiordnung. Für die **Leg- und Reihenangeln** finden die Vorschriften über die Angel teilweise keine Anwendung, teilweise bestehen abweichende Vorschriften.

Fängt der Angelfischer die von ihm verwendeten **Köderfische mit Netzen (Köderfischsenke)**, hat er die besonderen Vorschriften für den Köderfischfang (§ 4 Abs. 1 Satz 2 LFischVO, §§13 und 14 BodFischVO, § 19 Unterseefischereiordnung) zu beachten:

- § 4 LFischVO: Senknetz mit Seitenlänge bis 1 m und Maschenweite höchstens 14 mm, kein Abstand zu Netzen anderer Fischer,
- §§ 13 und 14 BodFischVO: Hamen mit Seitenlänge bis 1 m und Maschenweite höchstens 14 mm; nur Kaulbarsche sowie Weißfische ohne Mindestmaß oder Schonzeit; zuzüglich Köderflaschen bis je 10 Liter Rauminhalt und Kescher zur Anlandung,
- § 19 Unterseefischereiordnung: Nur Weißfische, Sportfischer: ständig beaufsichtigtes Stellnetz bis 10 m Länge, 1 m Höhe und Maschenweite bis 14 mm; anstelle Stellnetz auch Hamen mit Seitenlänge bis 1 m; zuzüglich Köderflaschen; zwischen Sonnenuntergang und Sonnenaufgang Setzen und Heben verboten.

Fragen zur Kontrolle

- Wie viel Angelgeräte und Angelhaken dürfen gleichzeitig höchstens verwendet werden?
- Was versteht das Fischereirecht unter einem Angelhaken?
- Wann dürfen lebende Köderfische verwendet werden und was ist dabei zu beachten?
- Zu welcher Tageszeit darf nicht geangelt werden?
- Was ist beim Angeln mit der Wurfrute gegenüber Netzen und Reusen zu beachten?
- Mit welchen Geräten darf der Angelfischer nach der LFischVO und der BodFischVO Köderfische fangen?

Fischerei mit Netzen und Reusen

Soll vom Freizeitfischer, der kein eigenes Fischereirecht besitzt, die Fischerei auch mit **Netzen** (ausgenommen den Köderfischfang für den eigenen Bedarf) und mit Reusen ausgeübt werden, muss ein Pachtvertrag abgeschlossen werden, für den § 18 Abs. 1, 3 und 4 FischG (Beschränkung der Zahl der Mitpächter, Schriftform, Anwendung der bürgerlich rechtlichen Vorschriften über die Pacht) Anwendung findet. Die Maschenweite der Netze muss mit Ausnahme der Fangsäcke beim Schokker sowie dem Scherbretthamen und dem Zugnetz mindestens 25 mm betragen (§ 4 Abs. 1 LFischVO).

Bei den **Reusen** – auch Pachtvertrag erforderlich – muss der erste Bügel am Reuseneingang unter Wasser stehen. Zu fremden Reusen ist ein Abstand von mindestens 20 m einzuhalten; die ausgelegten Reusen sind fischereigerecht zu warten (§ 5 LFischVO).

Im Bodensee einschließlich des Untersees darf mit Ausnahme des Köderfischfangs für den eigenen Bedarf nur der Berufsfischer mit Netzen und Reusen fischen.

Fragen zur Kontrolle

- Welche Mindestmaschenweiten müssen Netze nach der LFischVO aufweisen?
- Welcher Abstand ist mit Reusen zu fremden Reusen einzuhalten?

Elektrofischerei

Die Elektrofischerei darf nach § 38 Abs. 3 FischG und § 6 LFischVO nur mit **Erlaubnis der Fischereibehörde** durchgeführt werden, wobei die Verwendung von Impulsstrom ausdrücklich zugelassen werden muss. Die Verwendung von Wechselstrom ist verboten.

Die Erlaubnis, die schriftlich dem Anodenführer für bestimmte Zwecke, Gewässer und Geräte befristet und stets widerruflich erteilt wird, kommt **nur für fischereiliche Hegemaßnahmen**, zum **Aalfang**, zum **Fang von Laichfischen** und für **Untersuchungs- und Lehrzwecke** in Frage. Sowohl der Fischer, der das Elektrofischereigerät bedient, als auch das Gerät selbst müssen **besonderen Anforderungen** genügen. Der Fischer muss seine besondere Sachkunde durch den **Bedienungsschein**, der von einer amtlichen Stelle wie z. B. der Fischereiforschungsstelle Langenargen oder der Bayerischen Landesanstalt für Landwirtschaft – Institut für Fischerei Starnberg aufgrund der Teilnahme an einem Lehrgang über Elektrofischerei ausgestellt wurde, nachweisen. Die Sicherheit des Gerätes muss durch den **Zulassungsschein** dargetan werden, wobei ein solcher nur anerkannt werden kann, wenn er von einem Technischen Überwachungsverein oder einer anderen anerkannten Prüfungsstelle, z. B. des Verbands der Elektrotechnik, Elektronik, Informationstechnik e.V. ausgestellt ist und bestätigt, dass das Gerät einschließlich seines Zubehörs in vollem Umfang den anerkannten Regeln der Technik entspricht. Auf Grund von Zulassungsscheinen, die bei ortsfesten Geräten älter als ein Jahr, bei ortsveränderlichen Geräten älter als drei Jahre sind, sowie bei den Geräten bei denen die angegebene Gültigkeitsdauer überschritten ist, können Erlaubnisse für die Elektrofischerei nicht mehr erteilt werden. Außerdem ist im Hinblick auf die mit der Elektrofischerei verbundenen Risiken der Nachweis einer nach Zeit und Höhe abgeschlossenen **Haftpflichtversicherung** für Personen-, Sach- und Vermögensschäden erforderlich, wobei die Mindestdeckungssummen der Haftpflichtversicherung für Kraftfahrzeuge erreicht sein müssen (§ 6 Abs. 3 Nr. 3 LFischVO). Da mit der Elektrofischerei gleicheitig die Fischerei ausgeübt wird, benötigt der Fischer neben dem Fischereiausübungsrecht für das befischte Gewässer auch einen **gültigen Fischereischein auf Lebenszeit**.

Fragen zur Kontrolle

- Für welche Zwecke kann die Elektrofischerei erlaubt werden?
- Welche Voraussetzungen müssen für die Erlaubnis erfüllt sein?

Behandeln der gefangenen Fische

Im Regelfall sind die gefangenen Fische anzulanden und unmittelbar anschließend entweder

- zu töten oder zu betäuben und sofort anschließend zu schlachten oder,
- soweit gerechtfertigt, in einem geräumigen Setzkescher oder einem anderen geeigneten Behältnis zu hältern.

Die **Hälterung** im **Setzkescher** kann nur gerechtfertigt sein,

- wenn es sich um geschmacksbeeinträchtigte Fische handelt, die

ohne angemessenen Aufenthalt im Frischwasser nicht gegessen werden können,
- wenn Fische für Untersuchungszwecke benötigt werden.

Der Setzkescher sollte nur an Stellen ohne starke Strömung und Wellenschlag verwendet werden, er sollte vollständig unter Wasser liegen und den Fischen Sichtschutz bieten. Der Aufbau des Keschers muss aus knotenlosem Netzmaterial bestehen (kein Drahtkescher) und zur Vermeidung von Verletzungen und Qualitätsmängeln ausreichend groß sein.

Maßige und außerhalb der Schonzeit gefangene Fische dürfen aus Gründen des Tierschutzes nur dann zurückgesetzt werden, wenn dies im Hinblick auf die Erhaltung des Fischbestandes gerechtfertigt erscheint. Auch sind die verschiedenen Anlandeverpflichtungen zu beachten.

Das **Betäuben, Töten und Schlachten** hat nach der TierSchlV so zu erfolgen, dass nicht mehr als unvermeidbare Aufregung, **Schmerzen**, **Leiden** oder Schäden verursacht werden. Derjenige, der diese Tätigkeiten ausübt, muss die hierfür notwendigen Kenntnisse und Fähigkeiten besitzen.

Der Fisch ist unmittelbar vor dem Schlachten (Töten zur Verwendung als Lebensmittel mit in der Regel Blutentzug und Ausnehmen) oder Töten zu betäuben, wobei für die Angler in der Regel ein Schlag mit einem harten Gegenstand auf den Kopf des Fisches in Frage kommt. Der dadurch herbeigeführte Zustand der Empfindungs- und Wahrnehmungslosigkeit muss bis zum Töten oder Schlachten andauern. Ohne vorherige Betäubung dürfen Aale durch einen die Wirbelsäule durchtrennenden Stich (z. B. mit dem „Aaltöter“) direkt hinter dem Kopf und sofortiges Herausnehmen der Eingeweide einschließlich des Herzens geschlachtet oder getötet werden. Krebse dürfen nur in stark kochendem Wasser getötet werden, wobei das Wasser sie vollständig bedecken und nach ihrer Zugabe weiterhin stark kochen muss. Muscheln dürfen auch in über 100 °C Celsius heißem Dampf getötet werden.

Im übrigen dürfen lebende Speisefische nach § 10 TierSchlV nur in **Behältnissen** aufbewahrt werden, wenn deren Wasservolumen den Tieren ausreichende Bewegungsmöglichkeiten bieten. Unverträgliche Fische müssen voneinander getrennt werden. Ausreichender Wasseraustausch und Sauerstoffversorgung sowie die Wasserqualitäts-, Temperatur- und Lichtansprüche der einzelnen Arten müssen gewährleistet werden. Die lebende Abgabe von Fischen an den Endverbraucher, ausgenommen an Gaststätten und ähnliche Einrichtungen, ist nicht zulässig (§ 10 Abs. 3 TierSchlV). Die Be-

Fragen zur Kontrolle

- Wie sind im Regelfall die gefangenen Fische zu behandeln?
- Was ist beim Schlachten von Fischen zu beachten?
- Wann ist die Hälterung im Setzkescher gerechtfertigt?
- Wie muss ein Setzkescher beschaffen sein?
- Wie dürfen lebende Speisefische nach der TierSchlV in Behältnissen aufbewahrt werden?

stimmungen tierischen Lebensmittel-Hygiene-Verordnung vom 8. August 2007 (BGBl. I S. 1816), welche die hygienischen Anforderungen u.a. für das Behandeln und Inverkehrbringen von Fischen regelt, haben für den Angler keine Bedeutung, da dieser keine Fische an Dritte abgeben darf.

Mitführen von Fanggeräten und sonstigen Fangmitteln

Zum Schutz des Fischereirechts vor Fischwilderei ist das **Mitführen fangfertiger Fanggeräte** oder **sonstiger Fangmittel** an (auf Ufergrundstücken) oder auf (in Booten, auf Brücken, Stegen) Gewässern nur solchen Personen gestattet, die jeweils für das begangene oder befahrene Gewässer fischereiausübungsberechtigt sind. Darüber hinaus werden auch das Mitführen **unerlaubter Fanggeräte** oder sonstiger Fangmittel an oder auf Gewässern untersagt (§ 45 FischG, § 24 Unterseefischereiordnung). Fangfertig ist ein Gerät dann, wenn alle für seine Funktion unbedingt erforderlichen Teile miteinander verbunden sind (z. B. Angelhaken mit Schnur fest verbunden) und wenn es nicht mehr verpackt ist, also seinem sofortigen Einsatz geräteseits keine Hindernisse mehr entgegenstehen. Nicht fangfertig ist eine Angel mit zerlegter Rute oder eine eingezogene Teleskopangel mit festgebundenem (eingehängtem) Angelhaken.

Fragen zur Kontrolle

- Was ist beim Mitführen von Fanggeräten zu beachten?

Bezeichnung der Fischereifahrzeuge und Fischereigeräte

Soweit das Fischereifahrzeug nicht schon nach schifffahrtsrechtlichen Vorschriften zu kennzeichnen ist wie z.B. beim Bodensee, den Bundeswasserstraßen und weiteren Landesgewässern, kann die Fischereibehörde nach § 10 Abs. 1 LFischVO für ein bestimmtes Gewässer die Kennzeichnung mit Name und Anschrift des Fischers oder Eigentümers anordnen. Netze, Reusen, Reihenangeln und Legschnüre müssen gekennzeichnet werden (§ 10 Abs. 2 LFischVO, § 3 Abs. 5 BodFischVO, § 30 Unterseefischereiordnung). Diese Maßnahmen dienen insbesondere bei großen Gewässern zur Erleichterung und Verbesserung der Fischereiaufsicht. Auf die Verpflichtung zur Kennzeichnung und Plombierung der Netze und Reusen nach § 3 BodFischVO und § 30 Unterseefischereiordnung wird hingewiesen.

Fragen zur Kontrolle

- Wie müssen bei einer entsprechenden Anordnung Fischereifahrzeuge bezeichnet werden?

Anzeige von Fischsterben

Jeder Fischereiausübungsberechtigte hat **Fischsterben** in seinem Gewässer unverzüglich beim Bürgermeisteramt oder bei einer Polizeidienststelle **anzuzeigen** (§ 46 FischG). Dadurch soll insbesondere im Interesse des betroffenen Fischereirechts sichergestellt werden, dass so weit möglich die Ursache und bei menschlicher Verursachung auch der Verursacher ermittelt, zur Rechenschaft und zum Schadensersatz herangezogen werden kann. Auch soll die sofortige Einleitung von Gegenmaßnahmen (z. B. Sauerstoffzufuhr) ermöglicht werden. Die Kenntnis der Ursache ist auch wichtig für die Folgemaßnahmen (z. B. Wiederbesatz, wasserrechtliche Maßnahmen zur Verhinderung weiterer Fischsterben).

Ein **Fischsterben** liegt dann vor, wenn in einem Gewässer oder einer Gewässerstrecke tote Fische, die auf eine Gewässerverunreinigung, Sauerstoffmangel oder übertragbare Fischkrankheit schließen lassen, in größerer Anzahl gefunden werden. Anzeichen können besonders sein: Veränderungen an der Haut, den Kiemen und Kiemendeckeln, den Augen, den Flossen und am Maul. Vereinzelte tote Fische lösen die Anzeigepflicht noch nicht aus. Die ordnungsgemäße Beseitigung der toten Fische obliegt dem zur Gewässerunterhaltung Verpflichteten. Da in den meisten Fällen Gefahr in Verzug ist (die mit schädlichen Stoffen verunreinigte Wasserwelle fließt ab, das belastete Wasser verdünnt sich), ist insbesondere an Wochenenden und außerhalb der üblichen Dienststunden von Behörden zur Vermeidung von für die Aufklärung schädlichen zeitlichen Verzögerungen die **Anzeige unmittelbar bei einer Polizeidienststelle** (z. B. örtliches Polizeirevier) geboten.

Ist der Fischereiausübungsberechtigte entsprechend ausgestattet, ist es empfehlenswert, wenn er **zusätzlich** selbst **Wasserproben** (in Glasflaschen, möglichst zwei Liter je Probe) zieht und gegebenenfalls eine erste Analyse unternimmt. Dabei können bestimmte Erscheinungen an den toten Fischen Hinweise auf mögliche Ursachen geben (z. B. krampfhaftes Springen/Umherschießen → Säuren und Chlor; Notatmung → Sauerstoffmangel, Säuren, Chlor und Schwermetalle; offene Kiemendeckel → Sauerstoffmangel und Ammoniak). Bei der Entnahme von Wasserproben und der empfehlenswerten sofortigen Besichtigung des Gewässers (auch Fotos sind zu empfehlen) ist von der Stelle aus, wo das Fischsterben zuerst beobachtet worden ist, zuerst gewässerabwärts bis zum Ende des Fischsterbens, sodann gewässeraufwärts bis zum vermuteten Beginn des Fischsterbens zu untersuchen. Wichtig ist auch, dass die Beobachtungen alsbald schriftlich niedergelegt werden, damit sie den Ermittlungsorganen unmittelbar übergeben werden können. Ein enges Zusammenwirken von Fischereiausübungsberechtigten und den Ermittlungsorganen ist im Interesse der Ursachenaufklärung für das Fischsterben geboten.

Auch aus Verhaltensanomalien der Fische kann der Fischer möglicherweise erkennen, dass ein alsbaldiges Fischsterben droht, denn neben der Konzentration wird die toxische Wirkung von der Zeit der Einwirkung beeinflusst. Solche Verhaltensanomalien können sein:

- Erhöhung oder Erniedrigung der Atemfrequenz,
- Spei- und Schluckbewegungen,
- Über- oder Unterempfindlichkeiten,
- beschleunigtes oder verlangsamtes Schwimmen,

- Umherschießen oder Scheuern,
- Verlust des Orientierungsvermögens und Lähmungen.

Fischsterben können aber auch durch **Fischseuchen** ausgelöst werden, wobei hier im Gegensatz zu Fischsterben infolge Sauerstoffmangels oder Vergiftungen ein zeitlich längerer und zuerst oft unbemerkter Verlauf besteht. Deshalb sollte bereits beim Auftreten einzelner toter Fische, wo noch keine Anzeigepflicht wegen eines Fischsterbens besteht, auf verdächtige Symptome geachtet und gegebenenfalls der zuständige **Fischgesundheitsdienst** z. B. durch die Einsendung toter Fische eingeschaltet werden.

Fragen zur Kontrolle

- Wann liegt ein Fischsterben vor?
- Von wem sind Fischsterben bei wem anzuzeigen?
- Was ist bei der Ermittlung der Ursachen eines Fischsterbens zu beachten?

Fischkrankheiten

Nach dem Tierseuchengesetz und nach der Verordnung über **anzeigepflichtige Tierseuchen** müssen auch die Fischereiausübungsberechtigten, die Fische in Teichen und sonstigen geschlossenen Gewässern im Besitz haben, anzeigepflichtige Seuchen bei Ausbruch oder, wenn sich Erscheinungen zeigen, die den Ausbruch einer solchen Seuche befürchten lassen, dem Landratsamt (Veterinäramt) unverzüglich Anzeige machen. Bei den Fischen sind dies die ansteckende Blutarmut der Lachse, die Koi-Herpesvirus-Infektion der Karpfen, die **Infektiöse Hämatopoetische Nekrose** der Salmoniden **(IHN)** und die **Virale Hämorrhagische Septikämie** der Salmoniden **(VHS)**. Nach der Verordnung über **meldepflichtigen Tierkrankheiten** müssen Tierärzte und Untersuchungseinrichtungen zusätzlich die Listeriose, Salmonellose/Salmonella und Verotoxin bildenden Escherichia coli melden.

Durch die **Binnenmarkt-TierseuchenschutzVO** wird das **Verbringen von Fischen** innerhalb der Europäischen Union sowie deren Einfuhr und Durchfuhr geregelt. Insbesondere bei für IHN und VHS empfänglichen Arten gelten einige Sonderbestimmungen. Auch an die **Transportmittel** und die **Transportbehältnisse** für Fische werden aus seuchenhygienischen Gründen konkrete Anforderungen gestellt; sie müssen sauber, desinfiziert und so beschaffen sein, dass Wasser während der Beförderung nicht austreten kann.

Die **FischseuchenVO** enthält Schutzmaßregeln bei Ausbruch oder Verdacht des Ausbruchs der ISA, IHN, der Koi-Herpesvirus-Infektion und VHS in **Fischhaltungsbetrieben**: Insbesondere amtliche Beobachtung, Verbringung von Tieren nur mit Genehmigung, verendete Tiere unverzüglich unschädlich beseitigen, Tötung bzw. Anordnung der Tötung seuchenkranker oder seuchenverdächtiger Fische. Besondere Regeln gelten für die Zulassung von Fischhaltungsbetrieben nach der Richtlinie 2006/88 EG vom 24. Oktober 2006 (ABl. L 328 S. 14) mit Gesundheits- und Hygienvorschriften für Tiere in Aquakultur und Aquakulturerzeugnissen und zur Verhütung und Bekämpfung bestimmter Wasserkrankheiten sowie für die Haltung und das Verbringen bestimmter Süßwasserfischarten in einer inzwischen größeren Anzahl von Gemeinden in Baden-Württemberg nach der Fischseuchen-Schutzverordnung IHN/VHS. Auskunft und Beratung können bei dem Fischereigesundheitsdienst des Landes Baden-Württemberg (Staatliches Tierärztliches Untersuchungsamt Aulendorf und Chemische und Veterinäruntersuchungsämter Freiburg, Heidelberg und Fellbach) sowie bei der Fischereiforschungsstelle des Landes Baden-Württemberg in Langenargen eingeholt werden.

Fragen zur Kontrolle

- Welche anzeigepflichtigen Fischseuchen müssen von wem unverzüglich gemeldet werden?
- Welche meldepflichtigen Fischkrankheiten müssen von wem zusätzlich gemeldet werden?
- Wie müssen Transportbehältnisse für Fische beschaffen sein?

Fischereibehörde, Fischereiaufsicht

Fischereibehörde ist das **Regierungspräsidium**, oberste Fischereibehörde das **Ministerium für Ländlichen Raum und Verbraucherschutz** (§ 50 FischG). Untere Fischereibehörden wurden nicht eingerichtet.

Der Umfang der **Kontrollbefugnisse der staatlichen und ehrenamtlichen Fischereiaufseher** nach Fischereirecht ist in § 50 Abs. 3 und 4 FischG umschrieben. Danach sind die Fischer verpflichtet, den Fischereiaufsehern auf Verlangen jederzeit die Personalien anzugeben, den bei der Fischereiausübung stets mitzuführenden Fischereischein oder Jugendfischereischein und, sofern die Fischerei auf Grund eines Erlaubnisvertrags ausgeübt wird, auch den Erlaubnisschein zur Prüfung auszuhändigen sowie die mitgeführten Fanggeräte, die Fische und Fanggeräte in Fischereifahrzeugen und die Fischbehälter vorzuzeigen. Dies gilt bei der Ausübung der Elektrofischerei auch für die erteilte schriftliche Erlaubnis zur Elektrofischerei. Die Führer von Wasserfahrzeugen, von denen aus Fischfang betrieben wird, haben auf Anruf sofort ihre Fahrzeuge anzuhalten und auf Verlangen den Fischereiaufseher an Bord zu holen. Die Weiterfahrt ist erst zulässig, wenn der Fischereiaufseher dies gestattet. Der Fischereiaufseher hat sich beim dienstlichem Einschreiten auf Verlangen durch Vorzeigen seines Dienstausweises zu legitimieren, es sei denn, dass ihm dies aus Sicherheitsgründen (z. B. Ablenkung in gespannter Situation) nicht zugemutet werden kann.

Die Fischereiaufseher sind ferner befugt, Personen, die unberechtigt fischen oder die auf oder an Gewässern, in denen sie nicht zur Ausübung der Fischerei berechtigt sind, mit fangfertigen Fanggeräten angetroffen werden oder eine sonstige Zuwiderhandlung gegen fischereirechtliche Vorschriften begehen, die **gefangenen Fische und Fanggeräte abzunehmen**; über das Weitere hat die zuständige Bußgeldbehörde (§ 51 Abs. 4 FischG), bei Straftaten die zuständige Strafverfolgungsbehörde (Staatsanwaltschaft bzw. Strafgericht) zu entscheiden. Die ehrenamtlichen Fischereiaufseher übergeben die abgenommenen Fische und Fanggeräte einer Polizeidienststelle (§ 50 Abs. 5 FischG). Diese verfährt mit den übergebenen Fischen nach § 3 Abs. 2 der Verordnung zur Durchführung des Polizeigesetzes vom 16. September 1994 (GBl. S. 567): Verwertung durch öffentliche Versteigerung oder, was die Regel sein dürfte, durch freihändigen Verkauf. Der Erlös tritt dann an die Stelle der verkauften Fische.

Die Fischereiaufseher einschließlich der ehrenamtlichen Fischereiaufseher haben bei der Ausübung der Fischereiaufsicht die **Stellung von Polizeibeamten** im Sinne des Polizeigesetzes (PolG) für Baden-Württemberg in der Fassung vom 13. Januar 1992 (GBl. S. 1). Dies bedeutet, dass ihre Befugnisse nach FischG,

- mit Fanggeräten auf oder an Gewässern angetroffene Personen zu überprüfen,
- Wasserfahrzeuge, von denen aus Fischfang betrieben wird, anzuhalten, zu betreten und die Weiterfahrt aufzuhalten,
- unberechtigt fischenden Personen die gefangenen Fische und Fischereigeräte abzunehmen,
- im übrigen die Einhaltung der fischereirechtlichen Vorschriften zu überwachen, und
- Zuwiderhandlungen gegen diese Vorschriften zu verhüten und zu verhindern,

auch durch die entsprechenden Eingriffsbefugnisse des PolG unterstützt werden. Es sind dies z. B.

- die Feststellung der Identität einer Person, wenn der Verdacht des Mitführens unerlaubter Fanggeräte nach § 45 FischG besteht (§ 26 PolG),
- die Durchsuchung von Personen auf Sachen, die nach § 50 FischG abgenommen werden können (§ 29 PolG),
- die Durchsuchung eines Fischerboots (§ 30 PolG).

Der Fischereiaufseher kann bei gehäuften Fängen untermaßiger oder geschonter Fische zu einem Wechsel des Fangplatzes (§ 27a PolG) oder zur Veränderung des Fanggeräts auffordern und dazu nach Androhung auch einfache körperliche Gewalt ohne Hilfsmittel (z. B. Abdrängen, am Arm Fassen, Wegnahme der Angel) anwenden. Stets muss er aber das mildeste zum Erfolg führende Mittel einsetzen und den Grundsatz der Verhältnismäßigkeit beachten. Die Fischereiaufseher sind ferner berechtigt, Grundstücke zu betreten und Gewässer zu befahren, soweit anderweitige Bestimmungen nicht entgegenstehen. Die Durchsuchung von Wohnungen, wozu alle Räume gehören, die dem Aufenthalt oder der Arbeit des Menschen dienen, also auch Keller, Geschäfts- und Büroräume, Garagen, Ställe, Scheunen, Schuppen, nicht jedoch Kraftfahrzeuge, allgemein zugängliche Geschäftsräume, Garagen, bedarf in der Regel einer richterlichen Anordnung. Bei Gefahr im Verzug kann die Anordnung auch durch die Staatsanwaltschaft, einen Hilfsbeamten der Staatsanwaltschaft oder die Polizeibehörde erfolgen.

Die staatlichen und die ehrenamtlichen Fischereiaufseher sind Amtsträger im Sinne des § 11 Abs. 1 Nr. 2 des Strafgesetzbuches (StGB). Wer ihnen bei ihren Diensthandlungen mit Gewalt oder durch Drohung mit Gewalt (z. B. Prügel androht) Widerstand leistet oder sie dabei tätlich angreift, wird mit einer Freiheitsstrafe bis zu zwei Jahren oder mit einer Geldstrafe bestraft. In besonders schweren Fällen bedeutet dies Freiheitsstrafe von sechs Monaten bis zu fünf Jahren (§§ 113, 114 StGB). Beleidigungen, üble Nachreden und Verleumdungen der Fischereiaufseher werden auf Antrag der Betroffenen, aber auch der Fischereibehörden verfolgt und können mit Freiheits- oder Geldstrafen bestraft werden (§§ 185 ff. StGB).

Weitergehende Rechte und Pflichten der staatlichen Fischereiaufseher als Ermittlungspersonen der Staatsanwaltschaft nach der Strafprozessordnung sowie die Befugnisse des Polizeivollzugsdienstes (d. h. der einzelnen Polizeidienstellen bis hin zu den Polizeirevieren und den Polizeiposten einschließlich der dort tätigen Beamten) bleiben unberührt.

Den Fischereiberechtigten und ihren Pächtern (z. B. Fischereivereinen) bleibt es unbenommen, **Privatpersonen** mit dem Schutz ihrer Fischgewässer zu beauftragen. Diesen Aufsichtspersonen stehen die aus dem Besitz am Fischereirecht folgenden (Abwehr gegen verbotene Eigenmacht z. B. gegenüber nicht berechtigten Fischern – §§ 858 ff. BGB) sowie jedermann zustehenden Rechte (Befugnis zur vorläufigen Festnahme, wenn jemand bei der Fischwilderei auf frischer Tat ertappt wird – § 127 StPO) zu. Gegenüber einem vom Fischereiberechtigten oder Pächter ermächtigten Fischereiausübungsberechtigten stehen diese Rechte bei Verstoß gegen vertragliche oder vereinsrechtliche Bestimmungen erst dann zu, wenn im Erlaubnisvertrag vereinbart ist, dass bei derartigen Verstößen der Erlaunisvertrag erlischt. Im übrigen verbleibt es bei einer Ermahnung und Meldung an den Fischereiberechtigten bzw. den Pächter mit dem Ziel, den Erlaubnisvertrag zu beenden. Auch durch den Erlass einer einstweiligen Verfügung (§ 935 ZPO) und, sofern in der Vereinssatzung bestimmt, durch eine Vereinsstrafe kann der Fischer „auf den rechten Weg“ gebracht werden.

Fragen zur Kontrolle

- Welche Behörden sind Fischereibehörden?
- Welche Pflichten haben die Fischer gegenüber den Fischereiaufsehern?
- Wann sind die Fischereiaufseher berechtigt, gefangene Fische und Fanggeräte abzunehmen?
- Welche Befugnisse haben die Fischereiaufseher als Polizeibeamte?
- Welche Befugnisse haben Personen, die vom Fischereiberechtigten oder Pächter mit dem Schutz seines Fischereigewässers beauftragt sind?

Fischereibeiräte

Zur Beratung in fischereifachlichen Fragen, wozu auch die Art und Weise der Verwendung der Fischereiabgabe gehört, bestehen beim Ministerium der **Landesfischereibeirat** und bei den Regierungspräsidien jeweils ein **Fischereibeirat** (§ 49 Abs. 1 FischG). Die Zusammensetzung der Beiräte ist in § 13 LFischVO geregelt, wobei u. a. der Landesfischereiverband Baden-Württemberg e. V., die kommunalen Landesverbände und der Landesnaturschutzverband Baden-Württemberg e.V. Vorschlagsrechte besitzen. Die Berufsfischer müssen in jedem Beirat vertreten sein.

Die Beiratsmitglieder, die ehrenamtlich tätig, unabhängig und nicht an Weisungen gebunden sind, werden auf die Dauer von jeweils fünf Jahren berufen; für jedes Mitglied ist ein Stellvertreter zu bestellen. Bei Vorliegen eines wichtigen Grundes können Beiratsmitglieder vorzeitig von ihrer Mitgliedschaft entbunden werden.

Die Beiräte sind mindestens einmal im Jahr einzuberufen. Den Vorsitz führt der vom Ministerium bzw. der Fischereibehörde bestellte Vertreter.

Fragen zur Kontrolle

- Welche Organisationen haben ein Vorschlagsrecht für die Fischereibeiräte?

Landesfischereiverband Baden-Württemberg e. V.

Dieser Verband ist ein Zusammenschluss natürlicher und juristischer Personen, insbesondere von Fischereivereinen, Vereinigungen der Angel-, Sport- und Berufsfischer. Er nimmt u. a. die Interessen der Fischer in Baden-Württemberg gegenüber Parlament, Landesregierung, den Ministerien und deren nachgeordneten Behörden sowie gegenüber der Öffentlichkeit wahr. Er ist eine nach § 3 des Umwelt-Rechtsbehelfsgesetz in der Fassung vom 8. April 2013 (BGBl. I S. 753) anerkannte Vereinigung, der auf dem Gebiet des Naturschutzes in verschiedenen Bereichen gewisse Mitwirkungsrechte (z.B. Stellungsnahme und Einsicht in Sachverständigengutachten) und Klagerechte zusteht (§§ 63f. BNatSchG, §§ 49f. NatSchG). Als Beliehener ist er bis zum 31. Dezember 2018 mit der Durchführung der Fischerprüfung beauftragt.

Verfolgung und Ahndung fischereirechtlicher Ordnungswidrigkeiten

Das FischG, die LFischVO, die BodFischVO, die RheinauFischVO und das Gesetz zu dem Vertrag zwischen dem Land Baden-Württemberg und der Schweizerischen Eidgenossenschaft über die Fischerei im Untersee und Seerhein (Unterseefischereiordnung) in der Fassung vom 24. November 1992 (GBl. 1993 S. 27) enthalten eine Reihe von Fischereiverstößen, die bei vorsätzlicher oder fahrlässiger Begehung als Ordnungswidrigkeiten mit einer Geldbuße bis zu 5 000 Euro geahndet werden können. Darüber hinaus können Fischereigeräte und Fangmittel, die zur Vorbereitung oder Begehung der Ordnungswidrigkeit benutzt worden sind, sowie die dabei erlangten Fische eingezogen werden.

Zuständig für die Verfolgung und Ahndung sind teils die Gemeinden, teils die Fischereibehörden.

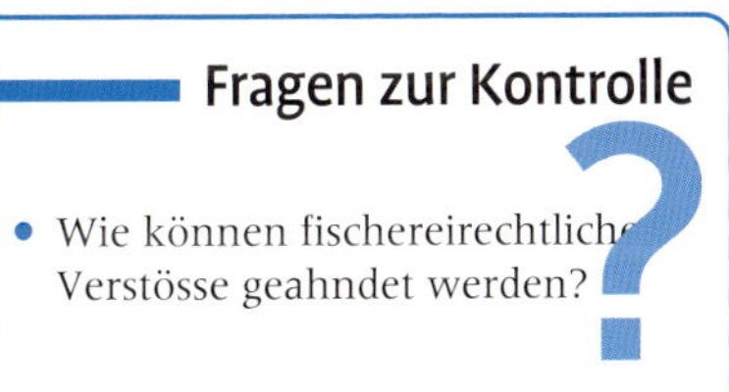

Fragen zur Kontrolle

- Wie können fischereirechtliche Verstösse geahndet werden?

Strafrechtlicher Schutz der Fischerei

Auch das StGB enthält einige die Binnenfischerei betreffende Strafnormen:

Wer unter Verletzung fremden Fischereirechts fischt oder eine Sache, die dem Fischereirecht unterliegt, sich oder einem Dritten zueignet, beschädigt oder zerstört, wird wegen **Fischwilderei** mit Freiheitsstrafe bis zu zwei Jahren oder Geldstrafe bestraft. Fischereigeräte, die der Täter oder Teilnehmer bei der Tat mit sich führte oder verwendete, können eingezogen werden (§ 295 StGB). Die gefangenen Fische oder der Erlös aus Verwertung stehen dem Fischereiausübungsberechtigten zu. Die Fischwilderei wird dann nur auf Antrag verfolgt, wenn sie von einem Angehörigen oder dort begangen wurde, wo der Täter die Fischerei in beschränktem Umfang ausüben durfte.

Im übrigen wird die Fischwilderei von amtswegen verfolgt, wobei in der Regel eine Anzeige des Fischereiausübungsberechtigten das Ermittlungsverfahren in Gang setzt.

Fischen ist jede auf Fang oder Erlegen gerichtete Tätigkeit, auch wenn sie letztlich keinen Erfolg hat. Wer tote Fische, die noch nicht in den Besitz eines Fischereiausübungsberechtigten gelangt sind, endgültig in Besitz nimmt, eignet sich diese zu. Unberechtigt fischt, wer kein Fischereiausübungsrecht besitzt oder wer den Umfang des ihm übertragenen Fischereiausübungsrechts überschreitet (z. B. erlaubt ist der Fang von Forellen, es wird jedoch auf Aale geangelt). Wer sich jedoch als Fischer im Rahmen seines Ausübungsrechtes hält, dabei jedoch fischereirechtliche Vorschriften z. B. über Schonzeiten oder Mindestmaße (Schonmaße) verletzt, begeht keine Fischwilderei. Der Täter der Fischwilderei muss vorsätzlich handeln.

Fische in Teichen und sonstigen geschlossenen Privatgewässern, die wie ein Teich auf natürliche Weise oder durch andere gleichwirkende Sicherungsmittel gegen den Fischwechsel abgesperrt sind und die in ihrem gesamten Umfang demselben Eigentümer gehören (z. B. bewirtschaftete Anlage der Teichwirtschaft oder der Fischzucht), stehen im Eigentum (§ 960 Abs. 1 BGB), so dass an ihnen nur **Diebstahl und Unterschlagung** (§§ 242, 246 StGB) möglich sind.

Die vorsätzliche Beschädigung fremder Sachen, zu denen z. B. Fischereigeräte (Netze, Boote, Reusen), aber auch im Eigentum Dritter stehende Fische zählen, kann als **Sachbeschädigung** mit Freiheitsstrafe bis zu zwei Jahren oder mit Geldstrafe bestraft werden. Daneben kann der Eigentümer vom Täter sowohl bei vorsätzlicher als auch fahrlässiger Sachbeschädigung Schadensersatz verlangen (§ 823 BGB).

Wer falsche Fischerei- oder Erlaubnisscheine, Zeugnisse über bestandene Fischerprüfungen sowie Pachtverträge herstellt bzw. echte verfälscht, z. B. durch Verlängerung oder Erweiterung, kann wegen **Urkundenfälschung** mit Freiheitsstrafe bis zu fünf Jahren oder mit Geldstrafe bestraft werden; das Gleiche gilt, wenn falsche oder verfälschte Urkunden verwendet werden (§ 267 StGB).

Fragen zur Kontrolle

- Welche Straftaten gegen die Fischereiausübung können durch das Strafgesetzbuch bestraft werden?
- Wer „fischt" im Sinne des Strafbestandes der Fischwilderei?

Grundsätze für die Angelfischerei

Angelfischer sind Umweltschützer und verhalten sich dementsprechend. Sie nehmen stets Rücksicht auf die Tier- und Pflanzenwelt einschließlich ihrer Lebensgemeinschaften in und am Gewässer. Nistplätze brütender Vögel sind vor Störungen zu bewahren. Auf die Ufervegetation, Röhrichtbestände und Riede, Verlandungsbereiche, naturnahe Uferbereiche und Flachwasserzonen ist besondere Rücksicht zu nehmen. Nicht an jeder Stelle eines Gewässers muss geangelt werden können. Im übrigen gelten auch für den Angler die allgemeinen gesetzlichen und die besonderen Schutzgebietsvorschriften des Naturschutzrechts.

Die Angelfischerei darf nur nach den anerkannten fischereilichen Grundsätzen ausgeübt werden. Es besteht in der Regel kein vernünftiger Grund, einen außerhalb der Schonzeit gefangenen und das Mindestmaß (Schonmaß) aufweisenden Fisch nicht als Beute zu behalten. Ausgenommen sind insbesondere solche noch lebensfähigen Fische, die für die Hege, den Erhalt eines ausgewogenen Fischbestandes auf natürliche Weise, benötigt werden.

Die rechtmäßige Ausübung der Angelfischerei erfordert, dass der Angler

- im Besitz eines gültigen Fischereischeins ist,
- als Inhaber des Fischereirechts, Fischereipächter oder Inhaber eines Erlaubnisscheins zur Ausübung der Fischerei im betreffenden Gewässer berechtigt ist,
- sich innerhalb der räumlichen und sachlichen Grenzen seines Ausübungsrechts verhält, also auch die vertraglichen Fangbeschränkungen beachtet,
- die fischereirechtlichen und sonstigen die Fischereiausübung berührenden Vorschriften einhält.

Die vom Gesetzgeber verlangten Ausweispapiere zur Ausübung der Fischerei sind stets mitzuführen und dem Inhaber des Fischereirechts, dem Fischereipächter und dem Fischereiaufseher auf deren Verlangen zur Prüfung auszuhändigen, ebenso die gefangenen Fische und die benutzten oder mitgeführten Fanggeräte. Den Anweisungen des Fischereiaufsehers ist Folge zu leisten. Die Fischereiaufseher haben sich auf Verlangen auszuweisen, es sei denn, dass ihnen dies aus Sicherheitsgründen nicht zugemutet werden kann.

Angler verschmutzen keine Angelstelle. So weit zumutbar beseitigen sie sogar vorgefundene Verunreinigungen. Abgerissene oder abgeschnittene Schnüre sind stets schadlos zu entsorgen, da sie eine Gefahr für Tiere, insbesondere für Vögel darstellen.

Werden an einer Stelle mehrfach zu schonende Fische gefangen, ist das Angelgerät so zu verändern, dass keine geschonten Fische mehr gefangen werden können, oder der Angelplatz ist zu verlassen und ein anderer aufzusuchen, von dem angenommen werden kann, dass keine geschonten Fische mehr gefangen werden. Untermaßige oder während der Schonzeit gefangene Fische sind besonders schonend zu behandeln, damit sie im überlebensfähigen Zustand unverzüglich zurückversetzt werden können. Nicht mehr lebensfähige Fische sind alsbald zu töten.

Vor jedem Einsatz ist das Angelgerät auf seine Funktionstüchtigkeit zu überprüfen. Auch sollte der Angler höchstens zwei Handangeln gleichzeitig benutzen, die ständig zu beaufsichtigen sind. Die Angelgeräte, Schnüre und Haken sind so zu wählen, dass das fischwaidgerechte Angeln gewährleistet ist. Die Verwendung lebender Köderfische ist nur in Ausnahmefällen zulässig und teils von einer behördlichen Erlaubnis abhängig.

Angefüttert werden darf höchstens in sehr geringem Maß. Dabei muss jede Gewässerbelastung ausgeschlossen sein.

Der Fisch ist nach dem Biss so schnell wie möglich ordnungsgemäß anzulanden. Die Freude am Drill rechtfertigt nicht, die Anlandung zu verzögern.

Die Bestimmungen über die Behandlung und die Tötung der gefangenen Fische sind einzuhalten. Nach der Anlandung ist der Fisch unmittelbar vor dem Schlachten oder Töten mit einem Schlag auf den Kopf zu betäuben. Die Lebendhälterung in einem ausreichend geräumigen Setzkescher oder einem anderen geeigneten Behältnis kann nur ausnahmsweise gerechtfertigt sein. Erst wenn der Fisch getötet ist, darf der Angelhaken entfernt werden.

Von den Fanggeräten der Berufsfischer ist beim Angeln ein ausreichender Abstand einzuhalten. Auch die Angelfischer dürfen sich nicht gegenseitig stören, sie nehmen aufeinander Rücksicht.

Fischsterben und bestimmte Fischseuchen müssen, das Auftreten von Fischkrankheiten und Fälle von Fischwilderei sollen unverzüglich angezeigt werden.

Die Kleidung des Anglers soll der Jahreszeit, dem Wetter und der Umgebung angepasst sein. Polarisationsbrillen (Fischerbrille) schützen nicht nur gegen starkes Sonnenlicht, sondern gewähren auch eine bessere Sicht in das Wasser.

Anhang 1

LFischVO § 1: Schonzeiten und Mindestmaße

(1) Für die nachgenannten Fisch-, Krebs- und Muschelarten gelten folgende Schonzeiten und Mindestmaße:

Tierart	Schonzeit	Mindestmaß
Seeforelle (*Salmo trutta* f. *lacustris* L.)	1. Oktober bis 28. Februar	50 cm
Bach-/Flussforelle (*Salmo trutta* f. *fario* L.)		
– im Hochrhein	1. Oktober bis 28. Februar	35 cm
– in Fließgewässern oberhalb 800 m ü. NN.	1. Oktober bis 28. Februar	20 cm
– im übrigen	1. Oktober bis 28. Februar	25 cm
Regenbogenforelle (*Oncorhynchus mykiss* WALBAUM)	1. Oktober bis 28. Februar	–
Huchen (*Hucho hucho* L.) (gilt nur in der Donau und ihrem Gewässersystem	1. Februar bis 31. Mai	70 cm
Seesaibling (*Salvelinus alpinus* L.)	1. Oktober bis 28. Februar	25 cm
Bachsaibling (*Salvelinus fontinalis* MITCH.)	1. Oktober bis 28. Februar	–
Äsche (*Thymallus thymallus* L.)	1. Februar bis 30. April	30 cm
Felchen (*Coreganus* spec.)	15. Oktober bis 10. Januar	30 cm
Aal (siehe Anmerkungen S. 209)		
Hecht (*Esox lucius* L.)	15. Februar bis 15. Mai	50 cm
Zander (*Sander lucioperca* L.)	1. April bis 15. Mai	45 cm
Hecht und Zander im Main	1. Februar bis 30. April	50 cm
Quappe, Trüsche (*Lota lota* L.)	1. November bis 28. Februar	30 cm
Karpfen (*Cyprinus carpio* L.)	keine	35 cm
Schleie (*Tinca tinca* L.)	15. Mai bis 30. Juni	25 cm
Barbe (*Barbus barbus* L.)	1. Mai bis 15. Juni	40 cm
Rapfen (*Aspius aspius* L.) (gilt nur in der Donau und ihrem Gewässersystem)	1. März bis 31. Mai	40 cm
Nase (*Chondrostoma nasus* L.)	15. März bis 31. Mai	35 cm
Aland (*Leuciscus idus* L.)	1. April bis 31. Mai	25 cm
Edelkrebs (*Astacus astacus* L.)		
– Weibchen	1. Oktober bis 10. Juli	12 cm
– Männchen	1. Oktober bis 31. Dezember	12 cm
Steinkrebs (*Austropotamobius torrentium* SCHRANK)	1. Oktober bis 10. Juli	8 cm

(2) Für folgende Arten gilt ganzjährige Schonzeit:

Alle Neunaugen (*Cyclostomata*),
Atlantischer Stör (*Acipenser sturio* L.),
Lachs (*Salmo salar* L.),
Meerforelle (*Salmo trutta* f. *trutta* L.),
Wandermaräne (Nordseeschnäpel) (*Coregonus oxyrhynchus* L.),
Maifisch (*Alosa alosa* Cuvier),
Finte (*Alosa fallax* Lacepede),
Frauennerfling (*Rutilus pigus virgo* Lacepede),
Strömer (*Leuciscus souffia agasizzi* Cuvier & Valenciennes),
Schneider (*Alburnoides bipunctatus* Bloch),
Zährte (*Vimba vimba* L.),
Bitterling (*Rhodeus sericeus amarus* Bloch),
Schlammpeitzger (*Misgurnus fossilis* L.),
Steinbeißer (*Cobitis taenia* L.),
Schrätzer (*Gymnocephalus schraetzer* L.),
Streber (*Zingel streber* Siebold),
Zingel (*Zingel zingel* L.),
Groppe (*Cottus gobio* L.),
Dohlenkrebs (*Austropotamobius pallipes* Lereboullet),
Flussperl-, Fluss- und Teichmuscheln (Gattungen *Margaritifera, Unio, Anodonta, Pseudanodonta*).

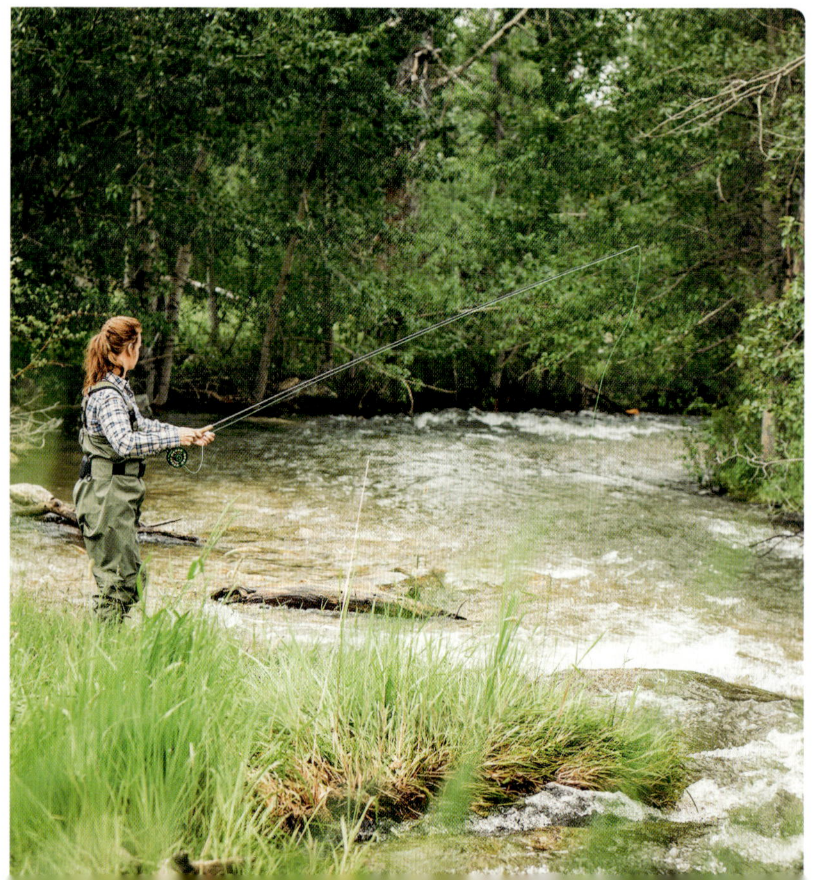

BodFischVO § 16: Schonzeiten und Mindestmaße, sonstige Einschränkungen

(1) Für die nachgenannten Fischarten gelten folgende Schonzeiten und Mindestmaße:

Fischart	Schonzeit	Mindestmaß
Alle Felchenarten	15. Oktober bis 10. Januar	30 cm
Äsche	1. Februar bis 30. April	30 cm
Regenbogenforelle	keine	–
See-/Bachforelle	1. November bis 10. Januar	50 cm
Seesaibling (Rötel)	1. November bis 31. Dezember	25 cm
Aal	keine	50 cm
Zander	1. April bis 31. Mai	40 cm
Barsch	20. April bis 10. Mai	–
Karpfen	keine	25 cm
Schleie	keine	20 cm
Hecht	keine	–

Unterseefischereiordnung § 25: Schonzeiten, Mindestmaße und sonstige Einschränkungen

(1) Für die nachgenannten Fischarten gelten folgende Schonzeiten und Mindestmaße:

Fischart	Schonzeit	Mindestmaß
Aal	keine	50 cm
Äsche	1. Februar bis 30. April	30 cm
Barsch	15 Tage nach besonderer Festsetzung	–
Felchen (einschl. Gangfisch)	15. Oktober bis 18. Dezember	30 cm
Forellen	1. Oktober bis 31. Dezember	35 cm
Hecht	15. März bis 15. Mai	40 cm
Wels	keine	100 cm
Zander	keine	35 cm
Edelkrebs	1. Oktober bis 31. Juli	12 cm
Steinkrebs	1. Oktober bis 31. Juli	8 cm

zu BodFischVO § 16:
Mit für Angelfischerei zugelassenen Fanggeräten dürfen je Tag höchstens 50 Barsche und 12 Felchen gefangen werden; Anlandeverpflichtung für alle Barsche in der Zeit vom 10. Mai bis 15. Oktober für Barsche mit mehr als 13 cm, in der übrigen Zeit sind alle Barsche anzulanden.

zu Unterseefischereiordnung § 25:
Tagesfangzahl für Sportfischer bei Felchen höchstens 10 Stück und beim Barsch höchstens 50 Stück. Gefangene Brachsen und mit der Angel gefangene Barsche sind anzulanden.

Anhang 2

LFischVO
§ 3: Fischerei mit Angeln

(1) Das Angelgerät darf höchstens drei Angelhaken haben, die beim Fang mit natürlichen oder künstlichen Ködern versehen sein müssen. Jeder Fischer darf gleichzeitig höchstens mit zwei Angelgeräten fischen. Die Angelgeräte müssen ständig beaufsichtigt werden. Die Verwendung des Zockers ist verboten. Der Fischfang ist nur eine Stunde vor Sonnenaufgang bis eine Stunde nach Sonnenuntergang, der Aal-, Wels- und Krebsfang bis 24 Uhr, für den Zeitraum der Einführung der mitteleuropäischen Sommerzeit bis 1 Uhr gestattet.
(2) Absatz 1 findet für die Leg- und Reihenangeln keine Anwendung.
(3) Das Fischen mit dem lebenden Köderfisch ist unzulässig, soweit es den §§ 1 und 17 des Tierschutzgesetzes widerspricht, insbesondere wenn kein vernünftiger Grund vorliegt. Soweit die Verwendung lebender Köderfische zulässig ist, dürfen sie nur am Maul oder am Rücken angehängt werden; sie sind sicher zu befestigen.
(4) Zehnfüßige Süßwasserkrebse oder Teile davon dürfen nur als Köder verwendet werden, wenn sie zuvor abgekocht oder in sonstiger Weise keimfrei gemacht wurden.
(5) Von Netzen und Reusen muss beim Angeln ein Abstand von mindestens 50 m eingehalten werden.

§ 8: Beschränkungen für das Aussetzen von Fischarten

(1) Nicht ausgesetzt werden dürfen
1. Fische, die genetisch verändert worden sind, insbesondere durch Kreuzen verschiedener Arten, Vervielfachen des Chromosomensatzes oder gentechnische Veränderungen, soweit nicht eine Genehmigung zum Aussetzen nach dem Gentechnikgesetz vorliegt; dies gilt auch für die Nachkommen solcherart veränderter Fische,
2. Aale in Fließgewässer der Forellen- und Äschenregion und in Gewässer mit einem sich selbst erhaltenden Edel-, Dohlen- oder Steinkrebsbestand,
3. Regenbogenforellen und Bachsaiblinge in die Zuflüsse des Bodensee-Obersees,
4. Fische mit Krankheitsanzeichen oder einem erkennbaren Parasitenbefall und
5. Fischarten, die in der jeweiligen fischereibiologischen Gewässerregion des Aussetzungsgebietes nicht standortgerecht sind.

(2) Fischarten der Gewässersysteme Donau und Rhein, die im jeweils anderen Gewässersystem natürlicherweise nicht vorkommen, dürfen nur in ihrem

natürlichen Gewässersystem sowie in Gewässern ausgesetzt werden, denen es an einer für jede Art des Fischwechsels geeigneten Verbindung mit anderen Gewässern fehlt.
(3) Der Besatz mit den in § 1 genannten Arten bedarf der Genehmigung der Fischereibehörde.

BodFischVO
§ 12: Angelgeräte

(1) Das Angelgerät darf höchstens zwei Angelhaken haben. Abweichend von Satz 1 dürfen
1. die Hegene höchstens fünf Angelhaken haben;
2. bei der Schleppfischerei insgesamt höchstens acht Angelhaken als Einfachhaken mit oder ohne Widerhaken oder als Zwillings- oder Drillingshaken ohne Widerhaken verwendet werden.

Die Angelhaken müssen beim Fang mit natürlichen oder künstlichen Ködern versehen sein; § 11 Abs. 2 und 3 findet Anwendung.
(2) Ein Fischer darf mit Ausnahme des Fischfangs mit der Hegene und der Schleppfischerei gleichzeitig höchstens zwei Angelgeräte, neben der Hegene jedoch kein weiteres Angelgerät verwenden.
(3) Die Angelgeräte müssen ständig beaufsichtigt sein. Beim Fischen mit der Wurfrute (Spinnangel) ist von Netzen, Reusen und Legschnüren ein Abstand von mindestens 50 m einzuhalten. Das Werfen mit der Hegene ist untersagt.
(4) Von einem unter Segel fahrenden Boot aus ist die Schleppfischerei untersagt.
(5) Vom 1. November, 12.00 Uhr, bis 10. Januar, 12.00 Uhr, ist die Schleppfischerei untersagt.

§ 11 Köderfische

(2) Als Köderfische dürfen nur Kaulbarsche und Weißfische verwendet werden, die aus dem Bodensee stammen und für die weder Schonmaß noch Schonzeit festgesetzt sind.
(3) Das Mitführen und die Verwendung lebender Köderfische sind unzuläsig.

Unterseefischereiordnung § 18: Fischerei mit der Angel

(1) Das Angelgerät darf höchstens drei Angelhaken haben, die beim Fang mit natürlichen oder künstlichen Ködern versehen sein müssen. Die Verwendung des Kosacks, des Zockers, des Pilkers und der Juckschnur sowie das Reißen (Schlenzen) sind untersagt.
(2) Die Fischerei mit dem Angelgerät darf nur in der Zeit von Sonnenaufgang bis Sonnenuntergang ausgeübt werden. In der Zeit vom 16. Mai bis 31. Oktober ist der Aalfang täglich bis 24.00 Uhr gestattet, nach Sonnenuntergang jedoch nur vom Ufer aus. Nach Sonnenuntergang dürfen die Fangplätze nur über Land aufgesucht werden.
(3) Ein Fischer darf höchstens zwei Angelgeräte gleichzeitig auslegen. Die Angel muss ständig beaufsichtigt sein. Das Fischen mit freitreibender Angel ist nicht gestattet. Verfängt sich ein Angelhaken in einem fremden Netz oder einer Reuse, darf die Angel nicht eingezogen werden. Die Angelschnur muss vielmehr entsprechend der Wassertiefe abgeschnitten werden. Wird die Schnur mit Namen und Anschrift des Fischers versehen, ist der Inhaber des Netzes oder der Reuse verpflichtet, den Angelhaken unverzüglich nach der Bergung zurückzugeben.
(4) Von Netzen und den Wehrpfählen eines Reises muss beim Fischen mit der Wurfrute ein Abstand von mindestens 50 m eingehalten werden.

Anhang 3

Schonzeiten und Mindestmaße aller Bundesländer (Stand 1. 1. 2017)

Die Tabelle enthält die Schonzeiten (z. B. 1. 4.–31. 5.) Fangverbot und die Mindestmaße bzw. Schonmaße (z. B. 25 cm) der Fischarten, die für den Angelfischer bundesweit von besonderer Bedeutung sind. Es handelt sich bei den 21 berücksichtigten Fischarten damit nur um einen Auszug aus den in den einzelnen Schutzvorschriften über einhundert enthaltenen Fischarten. Da diese Bestimmungen häufig geändert werden, für einzelne Gewässer auch abweichende Bestimmungen durch Rechtsnorm (z. B. Bodensee einschließlich Untersee, Mosel, Sauer und Our), behördliche Vorschriften oder Festsetzung durch den Fischereiberechtigten bestehen können, wird empfohlen, **sich vor Beginn der Angelfischerei über die für das jeweilige Gewässer geltenden Schutzbestimmungen eingehend zu informieren**.

Auf die inzwischen bundesweiten Einschränkungen des Aalfangs wird besonders hingewiesen.

Anmerkungen zur folgenden Tabelle:

1 Aal: Ganzjährige Schonzeit bis 31. Dezember 2017

- im Rheinhauptstrom aber der Staumauer des Kraftwerks Eglisau im Hochrhein (Fluss-km 78,650) bis zur Landesgrenze gegen Hessen (Fluss-km 437), in den vom Rheinwasser durchströmten Nebenarmen, Kanälen iund Gießen entlang dieser Strecke und in den Altwässern und Baggerseen entlang dieser Strecke mit für Fischwechsel geeigneter Verbindung mit dem Rhein
- im Neckar und seinen Kanälen ab der Staumauer des Kraftwerks Neckarsteinach (Fluss-km 39,2) bis zur Mündung in den Rhein

Schonzeit 1.10.–1.3. und Mindestmaß 50 cm im übrigen Rhein einschließlich seiner Nebenarme und Kanäle

Schonzeit 1.11.–1.3. und Mindestmaß 50 cm im übrigen Einzugsgebiet des Rheins mit für Fische passierbarer Anbindung an den Rhein

2 Hochrhein 35 cm, Fließgewässer oberhalb 800 m N.N. 20 cm, sonst 25 cm

3 nur für Donau-Gewässersystem

4

Edelkrebs	männl.	1.10.–31.12.	12 cm
	weibl.	1.10.–10.7.	12 cm
Steinkrebs		1.10.–10.7.	8 cm

5 Abweichungen durch Bezirksverordnungen möglich

6 im Aaleinzugsgebiet Rhein

7 Bachsaibling 20 cm, Seesaibling 1.10.–31.12. 30 cm

8 männl. keine, weibl. 1.10.–31.7., Edelkrebs 12 cm, Stein-Krebs 10 cm

9 Bei Besatz mit Fischen, die das Schonmaß erreicht haben, ist das Angeln auf die eingesetzte Fischart für 8 Wochen untersagt.

10 als Besatzfisch eingebracht, in Fließgewässern ganzjährige Schonzeit

11 in stehenden Gewässern nach Besatz, in Fließgewässern ganzjährig

12 als Besatzfisch eingebracht, sonst ganzjährige Schonzeit bzw. Fangverbot

13 für bestimmte Gewässer Winterschonzeit vom 1. Oktober bis 31. Dezember, für Küstengewässer gelten besondere Vorschriften

14 nur bei Fischbesatz bestandsschützende Maßnahmen, sonst ganzjährige Schonzeit

15 in bestimmten Gewässern ganzjähriges Fangverbot

16 Wildform

17 in bestimmten Gebieten ab 28 cm

18 im Rheinhauptstrom ohne Nebengewässer

19
- Frühjahrsschonzeit 15.4.–31.5. für bestimmte Gewässer mit bestimmten Angelgeräten
- Winterschonzeit 15.10.–15.3. für Gewässer ohne Frühjahrsschonzeit
- besondere Vorschriften für die Grenzgewässer Mosel, Sauer und Our mit Stausee Vianden

20 in Gewässern ohne Winterschonzeit

21 in allen Gewässern außer Rhein, Mosel und Lahn

22 besondere Vorschriften für die Grenzgewässer Mosel, Sauer und Our mit Stausee Vianden

23 in der Elbe, sonst ganzjährige Schonzeit

24 Friedfischfang nur außerhalb der Gewässer der Salmonidenregion mit der Friedfischhandangel

25 bei gemeinsamem Vorkommen mit Bachforellen in einer Fließgewässerregion Schonzeit 1.10.–31.3.

Fischart	(Landesfischerei-verordnung)[1]	Baden-Württemberg (Bodenseefischerei-verordnung)	(Unterseefischerei-verordnung)	Bayern[5]
Aal	– 50	– 50	– 50	1.11.–28.6. 50
Aaland, Nerfling	1.4.–31.5. 25	– –	– –	– 30
Äsche	1.2.–30.4. 30	1.2.–30.4. 30	1.2.–30.4. 30	1.1.–30.4. 35
Bachforelle (See-)	1.10.–28.2. 25 (20,35)[2]	1.11.–10.1. 50	1.10.–31.12. 35	1.10.–28.2. 26
Bachsaibling (See-)	1.10.–28.2. –	1.11.–31.12 25	– –	1.10.–28.2.[7] 20
Barbe	1.5.–15.6. 40	– –	– –	1.5.–15.6. 40
Blaufelchen, Große Maräne	15.10.–10.1. 30	15.10.–10.1. 30	15.10.–18.12. 30	15.10.–31.12. 30
Hecht	15.2.–15.5. 50	– –	15.3.–15.5. 40	15.2.–15.4. 50
Karpfen	– 35	– 25	– –	– 35
Kleine Maräne	– –	– –	– –	– –
Lachs	ganzjährig	– –	– –	ganzjährig
Meerforelle	ganzjährig	– –	– –	ganzjährig
Nase	15.3.–31.5. 35	– –	– –	1.3.–30.4. 30
Quappe, Rutte, Trüsche	1.11.–28.2. 30	– –	– –	– 30
Rapfen, Schied	1.3.–31.5.[3] 40	– –	– –	1.4.–31.5. 40
Regenbogenforelle	1.10.–28.2. –	– –	– –	15.12.–15.4. 26
Schleie	15.5.–30.6. 25	– 20	– –	– 26
Seeforelle	1.10.–28.2. 50	15.7.–15.9.u. 1.11.–10.1.50	1.10.–31.12. 35	1.10.–28.2. 60
Wels, Waller	– –	– –	– 100	–
Zander	1.4.–15.5. 45	1.4.–31.5. 40	– 35	15.3.–30.4. 50
Edelkrebs, Steinkrebs, Flusskrebs	1.10.–31.12.[4] 12	– –	1.10.–31.7. 12	–[8] 12

Berlin[9]	Brandenburg	Bremen[13]	Hamburg[15]	Hessen
– 50	– 50	– 45	– 45	1.10.–1.3. 50
– 30	– 30	– –	– –	– –
1.12...31.5 30	1.12.–31.5. 30	1.3.–15.5. 35	1.1.–15.5. 35	1.3.–15.5. 30
1.10.–30.4. 30	16.10.–15.4. 30	15.10.–15.3.[14] 30	15.10.–15.2. 30	1.10.–31.3. 25
1.10.–30.4. 25	– –	– –	– –	– –
ganzjährig	1.5.–31.7. 40	– –	– 35	– 40
1.10.–31.12[10] 30	1.10.–31.12.[11] 30	– –	– –	– –
1.1.–30.4. 45	1.2.–31.3. 45	1.2.–15.5. 60	1.1.–15.5. 50	1.2.–15.4. 50
– 35	– 35	– –	– 35	15.3.–31.5.[16] 45
– 15	– 15	– –	– –	– –
ganzjährig	16.10.–15.4.[12] 60	15.10.–15.3.[14] 60	15.10.–15.2.[12] 60	ganzjährig
ganzjährig	16.10.–15.4.[12] 60	15.10.–15.2.[14] 50	15.10.–15.2.[12] 35	1.10.–31.3. 25
ganzjährig	ganzjährig	– –	– –	15.3.–30.4. 25
– 30	– 30	– 35	– 35	ganzjährig
1.4.–30.6. 40	1.4.–30.6. 40	–[11] 40	– 40	– –
1.10–30.4. 25	– –	– –	– –	– –
– 25	– 25	– –	– 25	1.5.–30.6. 25
1.10.–31.5. 60	16.10.–15.4.[12] 60	– –	– –	1.10.–31.3. 25
– 75	– –	– –	1.5.–30.6. 70	– –
1.1.-315. 45	1.4.–31.5. 45	1.2.–15.5. 40	1.1.–15.5. 40	– 50
ganzjährig	ganzjährig	1.11.–30.6. [14] 11	ganzjährig	ganzjährig

Fischart	Mecklenburg-Vorpommern[13]	Niedersachsen[13]	Nordrhein-Westfalen	Rheinland-Pfalz[19]
Aal	1.12.–28.2. 50	– 35[17]	1.10.–1.3.[18] 50	– 50
Aaland, Nerfling	– 25	– –	– 25	ganzjährig –
Äsche	– 30	1.3.–15.5. 30	1.3.–30.4. 30	15.2.–30.4. 30
Bachforelle	1.10.–31.3. 30	15.10.–15.2. 25	20.10.–15.3. 25	15.10.–15.3.[20] 25
Bachsaibling	– –	– –	20.10.–15.3. 25	15.10.–15.3.[20] 25
Barbe	ganzjährig	– 35	15.5.–15.6. 35	1.5.–15.6. 35
Blaufelchen, Große Maräne	1.10.–31.12. 30	– –	– –	– 25
Hecht	– 45	1.2.–15.4. 40	15.2.–30.4. 45	1.2.–15.4. 50
Karpfen	– 40	– –	– 35	– 35
Kleine Maräne	– –	– –	– –	– –
Lachs	1.9.–31.3. 60	15.10.–15.3.[12] 50	ganzjährig	ganzjährig
Meerforelle	1.9.–31.3. 45	15.10.–15.2.[12] 40	ganzjährig	ganzjährig
Nase	ganzjährig	–[12] 25	1.3.–30.4. 30	15.3.–30.4.[21] 20
Quappe, Rutte, Trüsche	1.1.–15.2. 30	– 35	ganzjährig	ganzjährig –
Rapfen, Schied	– 35	–[12] 40	– –	– –
Regenbogenforelle	– –	– 25	20.10.–15.3.[11b] –	15.10.–15.3.[20] 25
Schleie	– 25	– –	– 25	– 25
Seeforelle	– –	– –	20.10.–15.3. 50	15.10.–15.3.[20] 60
Wels, Waller	1.5.–30.6. 70	– 50	– 50	– 60
Zander	– 45	15.3.–30.4. 35	1.4.–31.5. 40	1.4.–31.5. 45
Edelkrebs, Steinkrebs; Flusskrebs	ganzjährig	1.11.–30.6. 11	ganzjährig	ganzjährig

Saarland[22]	Sachsen	Sachsen-Anhalt[24]	Schleswig-Holstein[13]	Thüringen
– 50	– 50	– 50	– 45	– 45
– –	– 20	– –	– –	ganzjährig
1.3.–30.4 30	1.1.–15.6. 35	1.12.–15.5. 30	– 35	1.2.–31.5 30
1.10.–31.3. 25	1.10.–30.4. 28	15.9.–31.3. 25	1.10.–28.2. 30	1.10.–31.3. 25
– –	1.10.–30.4. 28	– –	– –	1.10.–31.3. 25
15.3.–15.6. 40	15.4.–30.6. 50	1.4.–30.6. 45	ganzjährig	ganzjährig
– –	1.10.–31.12. 30	– 30	– 30	– –
15.2.–31.5. 50	1.2.–30.4. 50	15.2.–30.4. 50	15.2.–30.4. 45	15.2.–30.4. 45
– 35	– 40	– 35	– 35	– 35
– –	– –	– 12	– –	– –
ganzjährig –	1.10.–30.4. 60	ganzjährig	1.10.–28.2. 60	ganzjährig
ganzjährig –	1.10.–30.4. 60	ganzjährig	1.10.–28.2. 40	ganzjährig
15.3.–15.5. 35	1.1.–15.6.[23] 40	ganzjährig	– –	ganzjährig
ganzjährig	1.1.–31.3.[23] 30	– 30	1.1.–28.2. 35	ganzjährig
– –	1.1.–31.5. 40	– 40	– 50	ganzjährig
– –	1.10.–30.4. 25	– 25	– –	1.2.–31.3.[25] 25
– 25	– 25	– 25	– 25	– 25
– –	1.10.–30.4. 60	– –	– –	– –
– 30	– –	– –	1.5.–30.6. 70	– 50
15.2.–31.5. 45	1.2.–31.5. 50	15.2.–31.5. 50	1.4.–31.5. 45	1.4.–31.5. 45
ganzjährig	ganzjährig	ganzjährig	ganzjährig	ganzjährig

Anhang 4

aerob: Lebensweise von Organismen, die Sauerstoff benötigen.

AFTMA: American-Fishing-Tackle-Manufacturers-Association = Normung durch amerikanische Gerätehersteller

Algen-, Wasserblüte: Massenentwicklung von Algen bei hohem Nährstoffgehalt.

anadrom: Zum Laichen vom Meer flussaufwärts wandernd.

anaerob: Lebensweise von Organismen, die keinen Sauerstoff benötigen.

Assimilation: Aufbau körpereigener Substanz bei grünen Pflanzen und Algen mit Hilfe von Kohlendioxid, Wasser und Licht, bei gleichzeitiger Sauerstoffabgabe.

Benthal: Bodenzone eines Gewässers.

Benthon: Lebensgemeinschaft des Gewässerbodens.

biogene Entkalkung: Verringerung des Kalkgehaltes im Wasser durch Pflanzen und Algen.

Biomanipulation: Nahrungskettenmanipulation. So führt z. B. die Zunahme an Raubfischen zur Abnahme von planktonfressenden Fischen und somit zur Zunahme von Algen und umgekehrt.

Biomasse: Alle lebenden Organismen auf einer bestimmten Fläche oder in einem bestimmten Volumen.

Biotop: Lebensraum von Pflanzen und Tieren.

Biozönose: Gesamtheit einer Organismengemeinschaft = Lebensgemeinschaft in einem Biotop.

Blank: Rohling einer Angelrute.

Carotinoide: Fettlösliche, gelbe oder rote Pigmente. Im Tier- und Pflanzenreich weit verbreitet.

Chitin: Hornartiger, stickstoffhaltiger Hauptbestandteil des Außenskeletts von Krebsen und Insekten.

Cyste: Blasenartiges Geschwulst mit flüssigem oder breiigem Inhalt.

DAV: Deutscher Angel-Verband.

Denitrifikation: Nitrat wird durch Bakterien bei Sauerstoffmangel über Nitrit zu Ammonium reduziert.

Detritus: Abgestorbenes, organisches Material.

Epilimnion: Warme Oberflächenschicht in Seen oberhalb der Sprungschicht.

Eutroph: Nährstoffreich; hohe Produktion.

Fäulnis: Zersetzung organischer Stoffe durch Bakterien bis zu Kohlendioxid, Ammoniak, Wasser und Salz.

Fische: Fische und deren Laich, Neunaugen einschließlich deren Larven, zehnfüßige Krebse und Muscheln, in einzelnen Bundesländern auch Fischnährtiere und Tintenfische.

Fischereirecht: Gesamtheit der die Binnenfischerei speziell betreffenden Rechtsvorschriften. Privatrechtliche Berechtigung, die Fischerei einschließlich der Hege in einem bestimmten Gewässer oder Gewässerabschnitt auszuüben.

Fischereiberechtigter: Eigentümer des privatrechtlichen Fischereirechts an einem Gewässer oder einer Gewässerstrecke.

Fischereiausübungsberechtigter: Der Fischereiberechtigte und der Fischereipächter sowie der von diesen zur Ausübung der Angelfischerei Ermächtigten (Inhaber eines Erlaubnisscheins).

Gewässer: Alle ständig oder zeitweilig in Betten fließenden oder stehenden Gewässer. Dazu gehören Flüsse, Bäche, Kanäle, Seen, Weiher, Teiche einschließlich der bewirtschafteten Anlagen der Teichwirtschaft und der Fischzucht, Baggerseen, Hochwasserrückhaltebecken, Be- und Entwässerungsgräben.

Hege: Maßnahmen zur Erhaltung, Vermehrung oder Verbesserung des Fischbestandes einschließlich der Förderung und Begünstigung seiner Ernährungs-, Vermehrungs- und Aufenthaltsmöglichkeiten unter Berücksichtigung der in und am Wasser lebenden Tier- und Pflanzenwelt einschließlich ihrer Lebensgemeinschaften und Lebensstätten.

Hypolimnion: Kalte Tiefenschicht in Seen unterhalb der Sprungschicht.

IGFA: Internationale Big-Game-Fish-Association.

immun: Unempfindlich gegen Krankheitserreger, auch gegen bestimmte Stoffe.

katadrom: Zum Laichen flussabwärts ins Meer wandernd.

LFV: Landesfischereiverband.

Litoral: Uferzone; durchlichteter Teil des Benthals.

Metalimnion: Sprungschicht; Zone stärkerer Temperaturänderung in Seen. Liegt zwischen Epi- und Hypolimnion.

Nahrungskette: Verknüpfung von Pflanzen und Tieren in einem Lebensraum. Phytoplankton-Zooplankton-Friedfisch-Raubfisch.

Nekrose: Absterben von Zellen und Gewebe.

Nitrifikation: Oxidation des Ammoniums zu Nitrat über Nitrit durch Bakterien.

Ökologie: Lehre von den Beziehungen der Lebewesen untereinander und mit ihrer Umwelt.

oligotroph: Nährstoffarm; geringe Produktion.

Parasiten: Alle Lebewesen einschließlich Viren und Bakterien, die auf Kosten anderer leben.

Pelagial: Freiwasserzone.

Plankton: Schwebende und schwimmende Organismen im Wasser, die beliebig verfrachtet werden können.

Profundal: Lebensraum der lichtlosen Tiefe in Seen.

Protein: Eiweißkörper.

Säurestellung: Schrägstellung des Fisches, Kopf an der Wasseroberfläche, in stark saurem Wasser.

Selbstreinigung: Abbau und Mineralisierung von Stoffen durch Mikroorganismen.

toxisch: Giftig.

VDSF: Verband Deutscher Sportfischer.

Vollkerf: fertig entwickeltes Insekt.

Vollzirkulation: Umwälzung der gesamten Wassermasse von Seen bei Temperaturgleichheit.

Vorfluter: Fließgewässer, die abfließendes Wasser aufnehmen und wegführen.

Fischereiverband und Regionalverbände in Baden-Württemberg:

- Landesfischereiverband Baden-Württemberg e.V.
Goethestraße 9
70174 Stuttgart
Tel. 0711 25294750

- Badischer Sportfischerverband e.V.
Feldstraße 130
68259 Mannheim
Tel. 0621 7179430

- Südwürttemberg-Hohenzollern
Hauptstraße 32
72488 Sigmaringen-Laiz
Tel. 07571 52526

- Landesanglerverband Baden-Württemberg e.V.
Weiherstraße 11
75173 Pforzheim
Tel. 07231 290602

- Südbaden
Bernhardstraße 8
79098 Freiburg
Tel. 0761 23224

Sonstige Regional- und Landesverbände

- Landesverband Sächsischer Angler e.V.
Rennersdorfer Straße 1
01157 Dresden
Tel. 0351 4222570

- Angelverband „Elbflorenz" Dresden e.V.
Rennersdorfer Straße 1
01157 Dresden
Tel. 0351 43878490

- Angelverband Leipzig e.V.
Engelsdorfer Straße 377
04319 Leipzig
Tel. 03416523570

- Angelverband Südsachsen Mulde/Elster
Bernsdorfer Straße 132
09126 Chemnitz
Tel: 0371 5300770

- Landesanglerverband Sachsen-Anhalt e.V.
Mansfelder Straße 33
06108 Halle
Tel: 0345 8058005

- Interessengemeinschaft Fließgewässerschutz Sachsen e.V.
Pfarrhübel 40
09125 Chemnitz
Tel. 0371 5308393

- DAV Landesverband Berlin e.V.
Hausburgstraße 13
10249 Berlin
Tel. 030 4271728

- Landesverband Berlin-Brandenburg e.V.
Hugo-Cassirer-Straße 46
13587 Berlin
Tel. 030 7820575

- Landesanglerverband Brandenburg e.V.
Zum Elsbruch 1
14558 Nuthetal/Saarmund
Tel. 033200 52390

- Landesanglerverband Brandenburg e.V.
Sachsendorfer Straße 2C
03051 Cottbus/Groß Gagelow
Tel. 0355 3819614

- Landesanglerverband Mecklenburg-Vorpommern e.V.
Siedlung 18a
19065 Görslow
Tel. 03860 56030

- Angelsport-Verband Hamburg e.V.
Basedowstraße 12
20537 Hamburg
Tel. 040 41469310

- Landesanglerverband Niedersachsen e.V.
Lüner Weg 49
21337 Lüneburg
Tel. 04131 709736

- Hanseatischer Angler-Verband e.V.
Hortensienweg 13b
22049 Hamburg
Tel. 040 69454595

- Landessportfischerverband Schleswig-Holstein e.V.
Papenkamp 52
24114 Kiel
Tel. 0431 676818

- Anglerunion Nord e.V.LAV Schleswig-Holstein
Ahornweg 26
25436 Uetersen
Tel. 04122 3153

- Sportfischerverband im Landesfischereiverband Weser-Ems e.V.
Mars-la-Tour-Straße 6
26121 Oldenburg
Tel. 0441 801335

- Landesfischereiverband Bremen e.V.
Grambker Heeerstraße 141
28719 Bremen
Tel. 0421 6449994

- Angler-Union Bremen, LV Bremen e.V.
Am Depot 8
28777 Bremen
Tel. 0421 682067

- Landesfischereiverband Niedersachsen e.V.
Bürgermeister-Stümpel-Weg 1
30457 Hannover
Tel. 0511 3572660

- VDSF Landesanglerverband Sachsen-Anhalt e.V.
Kirchenwinkel 178
39387 Oschersleben/Hordorf
Tel. 0152 53966190

- Landesfischereiverband Westfalen und Lippe e.V.
Spraker Straße 409
48159 Münster
Tel. 0251 482710

- Angler und Gewässerschutzbund Nordrhein-Westfalen e.V.
Rochusstraße 77
53123 Bonn
Tel: 0228 24250734

- Rheinischer Fischereiverband von 1880 e.V.
Wahnbachtalstraße 13a
53721 Siegburg
Tel. 02241 147350

- Fischer-Union-West e.V.
Kirchgasse 2
54536 Kröv
Tel. 06541 1581

- Landesfischereiverband Rheinland Pfalz e.V.
Gaulsheimer Straße 11A
55437 Ockenheim
Tel. 06725 95996

- Landesverband Westfälischer Angelfischer e.V:
Vereinsstraße 39
58099 Hagen
Tel. 02331 3964495

- Landesanglerverband Hessen e.V.
Bergstraße 15
65366 Geisenheim

- Verband Hessischer Fischer
Rheinstraße 36
65185 Wiesbaden
Tel. 0611 302080

- Verband Hessischer Fischer Nord
Kölnische Straße 48-50
34117 Kassel
Tel. 0561 780444

- Verband Hessischer Fischer Süd
Hindenburgstraße 3
64405 Fulda
Tel. 06166 8996

- Landesanglerverband Saarland e.V.
Zum Lindscheid 18
66663 Merzig/Besseringen
Tel. Mobil 0170 7009378

- Fischereiverband Saar KöR
Feldstraße 49
66763 Dillingen
Tel. 06831 74776

- Landesfischereiverband Bayern e.V.
Mittenheimer Straße 4
85764 Oberschleißheim
Tel. 089 642726-0

- Verband für Anglen und Naturschutz Thüringen e.V.
Lauwetter 25
89527 Suhl
Tel. 03681 308876

- Landesanglerverband Thüringen e.V.
Magdeburger Allee 34
99086 Erfurt
Tel. 0361 6464233

Bildquellen

BAUMEISTER, W., Stuttgart: Seite 73, 74
MAURITIUS IMAGES: Seite 204
SCHNEIDER, M.; FISCHER, A., Tübingen: Seite 202
SHUTTERSTOCK: Seite 4, 6, 7, 8, 9, 219
WIESEHÖFER, G., Sinzheim: Seite 113

Alle anderen Fotos stammen von den Autoren.

Die Zeichnungen fertigte Christiane Gottschlich, Berlin, nach Vorlagen der Autoren.

Weiterführende Literatur

BAUR, W.: Gewässergüte bestimmen und beurteilen. 3. Aufl. 1998. Parey-Verlag
BAUR, W. und J. RAPP: Gesunde Fische. 1988. Parey-Verlag.
BERG, R. und R. RÖSCH: Tierschutz in der Fischerei. 1993. Fischereiforsschungsstelle Langenarg.
BURSCHE, E.: Wasserpflanzen. Neumann-Verlag.
DEUFEL, J. und W. SCHRÖDER: Handbuch für den Vereinsgewässerwart. 1995. VDSF-Offenbach.
GÖLLNER, A.: Fliegenfischen. 1991. Verlag Eugen Ulmer.
GÖLLNER, A.: Grundfischen. 1995. Verlag Eugen Ulmer.
HÜTTER, L.: Wasser und Wasseruntersuchung. 6. Aufl. 1994. Salle und Sauerländer-Verlag.
KARREMANN R. und R. LAIBLIN: Das Fischereirecht in Baden-Württemberg. Kohlhammer-Verlag.
LADIGES W. und D. VOGT: Die Süßwasserfische Europas. 1965. Parey-Verlag.
LUDORFF W. und V. MEYER: Fische und Fischerzeugnisse. 1973. Parey-Verlag.
MUUS B. und P. DAHLSTÖHM: Meeresfische der Ostsee, der Nordsee, des Atlantiks. BLV-Verlag.
TESCH F. und L. WEHRMANN: Die Pflege der Fischbestände. 1982. Parey-Verlag.

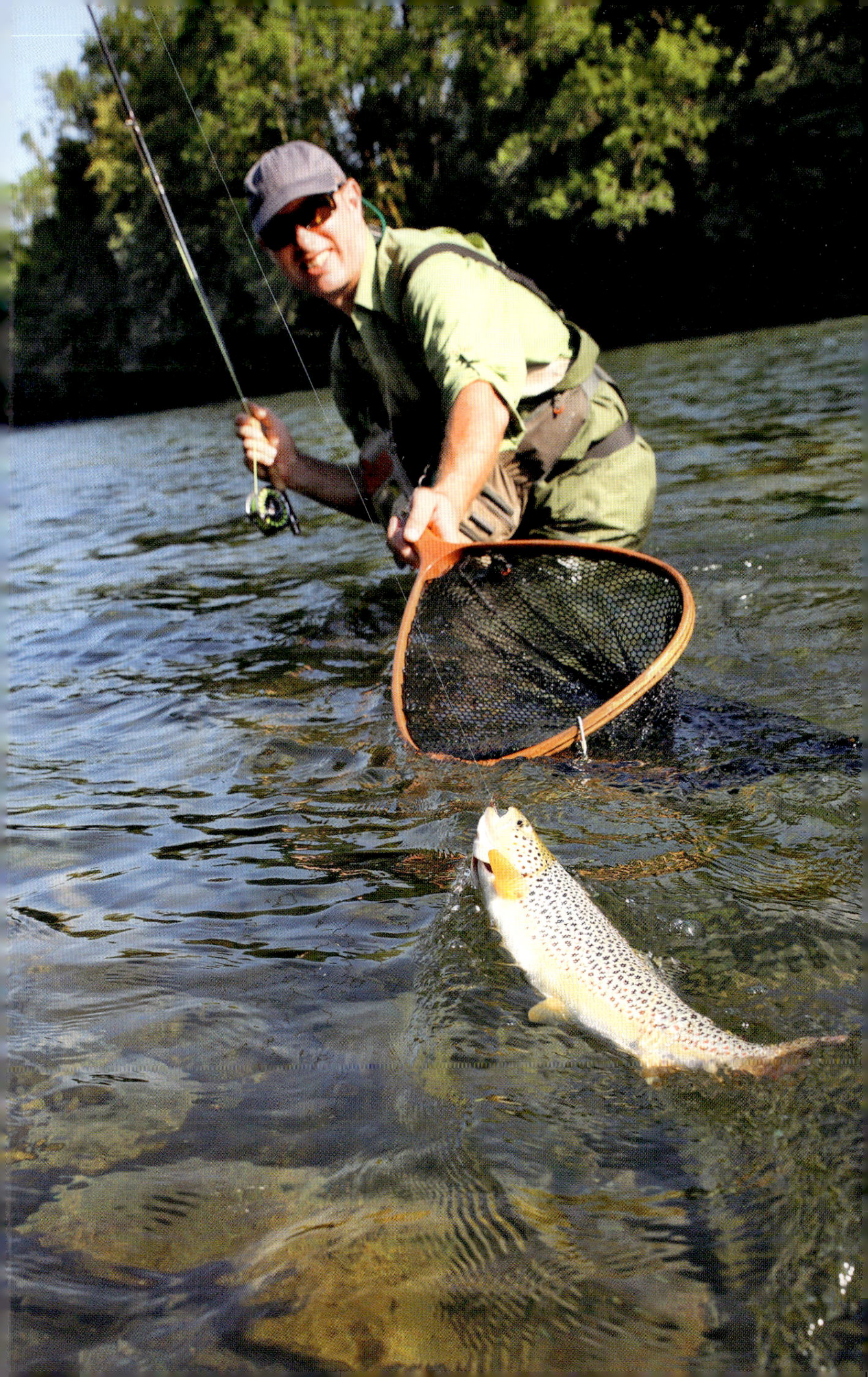

Register

Aalglöckchen 138
Abfallrecht 158
Afterflosse 13
Aitel 49
Aland 55
Allroundruten 116
alpha-meso-saprob 100
Alter 26
– der Besatzfische 108
Altersbestimmung 15
Ammoniak 89
Ammonifikation 88
Ammonium 89
Anflugnahrung 98
Angelfischer
– Grundsätze 201
Angelhaken 131
Angelrollen 120
Angelrute 114
Angelschnur 124
Angelschnurpflege 125
Angeltechnik 146
Angelteiche 177
Anhieb 147
Anlandeverpflichtung 185
Äsche 44
Äschenregion 101
Assimilation 87
Atmung 17
Atmungsorgane 17
Aufbewahren, Fische 154
Aufwuchs 93
Ausnehmen, Fische 154

Bachforelle 39
Bachneunauge 72
Bachsaibling 42
Bachschmerle 66
Bakterienkrankheiten 32
Bambusrute 115
Barbe 51
Barbenregion 102
Barteln 12
Bauchflossen 13
Bauchspeicheldrüse 20
Behandlung gefangener Fische 152, 190
Benthal 104
Beringung der Ruten 117
Bestandsförderung 105
beta-meso-saprob 100
Bezahnung 12
Bezeichnung, Fischereifahrzeuge und -geräte 192
Bibberspitze 117, 138
Big-Game-Fischen 116
Biotop 99
– besonders geschütztes 99
biozönotisches Gleichgewicht 99
Bissanzeiger 136
– Grundfischen 138
Bitterling 66
Blaubandbärbling 71
Blei 46
Bleie 138
Bleigewichte (engl.) 139
Blicke 47
Blinker 141
Blinkertypen 141
Blut 20
Blutkreislauf 20
Bodenzone 104
Boilies 146
Brachsen 46
Brachsenregion 102
Brachsensee 102
Brandungsangeln 151
Brandungsfischen 116
Brustflossen 13
Brutpflege 25
Bundesnaturschutzgesetz 157
Bürgerliches Gesetzbuch 162
Bürstenzähne 12

Carbonathärte 88
Catch and Release 177

Darmkanal 19
Denitrifikation 89
Destruenten 99
Dichte des Wassers 84
Dissimilation 88
Döbel 49
Dohlenkrebs 75
Drill 153
Durchbiegevermögen, Rute 116

Edelkrebs 75
Egel 97
Eingeweidemuskulatur 16
Einhandruten 116
Einhänger 140

Eintagsfliegen 97
Eiweißgehalt 28
Elektrofischerei 190
Elritze 66
Endring 117
Entwicklung 26
Epilimnion 87
Erlaubnis, – Schein 170/171
– Vertrag 170
Eutrophierung 98

Fanggeräte und Gebrauch 114
– verbotene Fanggeräte, Fangmittel, Fangmethoden 187
Fangstatistik 109
Färbung 16
Farbzellen 16
Felchen 44
Felchensee 102
Fertigungstechniken, Rute 115
Feststellschwimmer 136
Fettflosse 13
Fettgehalt 28
Fetzenköder 146
Finte 62
Fischarten, nicht einheimische 179
Fischartenschutz 78, 166, 184
Fischbesatz 106, 178
Fische 159
Schmerzen u. Leiden 23, 178
Fischerei, mit Angeln 187ff., 206
– mit Netzen 189
– mit Reusen 189
Fischereiabgabe 176
Fischereiaufsicht 195
Fischereiausübung 159
– Grundsätze 201
Fischereiausübungsberechtigter 15, 159
Fischereibehörde 195
Fischereibeiräte 198
Fischereiberechtigter 159
Fischereibezirk 172
Fischereifahrzeug 192
Fischereigesetz 156
Fischereiliche Grundsätze 177, 201
Fischereirecht 156
– Ausübungsübertragung 170
– beschränktes 161
– Inhalt 161
– nicht beschränktes 161
– Rechtsübertragung 170
Fischereischein 173
Fischereivorrichtungen
– Ständige 166
Fischerprüfung 175
Fischfang 109
Fischhaut 14
Fischhege 105
Fischkrankheiten 30, 194
Fischnacheile 183
Fischschädlinge 110
Fischsterben 192
– Anzeige 192
Fischtransport 108, 154
Fischwechsel, Fischwege 165
Fischwilderei 199
Fliegen 145
Fliegenfischen 116, 149
Fliegenformen 144
Fliegenrolle 123
Fliegenschnur 125
Flohkrebse 94
Flossen 13
Flugangeln 149
– leicht 150
– mittel 150
– schwer 150
Flugrollen 123
Flugschnur 125
Flugschnurformen 126
Flugvorfächer 128
Flussaal 59
Flussbarsch 57
Flussmuschel 77
Flussneunauge 73
Flussperlmuschel 77
Forellenbarsch 71
Forellenregion 101
Forellensee 102
Fortpflanzung 24
Frauennerfling 63
Freilaufsystem, Rolle 122
Freiwasserzone 104
Friedfische 19
Frischegrad 29

Galizischer Sumpfkrebs 76
Ganoidschuppen 15
Gefährdungsursache 78
gefangene Fische 190
Gehirn 21
Gehörsinn 22
Gelegegürtel 89
Gemeingebrauch 165, 169
– Naturschutzrecht 169
– Wasserrecht 165
Geruchsinn 23
Gesamthärte 88
Geschlechtsmerkmale 25
Geschlechtsorgane 25
Geschmackssinn 23
Gesetzeskunde 156
Gesichtssinn 23

Gewässer 156
– Ablassen 163
– Ausbau 162
– Unterhaltung 162, 163
– Veränderungen 160
– Verzweigung 160
– Zugang zum 182
Gewässerformen 101
Gewässergüteklassen 99
Gewässerökologie 83
Gewässerpflege 105, 112
Giebel 53
Glasfaserrute 114
Gleichgewichtssinn 22
Gleitschwimmer 136
Grasfisch 71
Greenhartrute 115
Groppe 68
Grundangeln 147
Grundbuch 159
Grundfischen, leicht 147
– mittel 148
– schwer 148
Gründling 66
Grundwasser 83
Gummifische 142
Güster 47
Güteindikatoren 100

Hakenaufbau 132
Hakenformen 133, 135
Hakengrößen 132
Hakenöse 116
Handteil, Rute 120
Hasel 50
Hechelzähne 12
Hecht 58
Hecht-Schleie-See 102
Hegene 148
Hegepflicht 178
Herz 21
Hohlglasrute 114
Holzrute 114
Huchen 43
Hypolimnion 87

IGFA 116
Inhaber, Fischereirecht 159
Insekten 97

Käfer 97
Kamberkrebs 76
Kammschuppen 15
Karausche 52
Karpfen 45
Karpfenfischen 148
Katzenwels 71
Kaulbarsch 68
Kiemen 17
Kleinfischarten 64
Klemmblei 138
Knochenfische 38
Knorpelfische 36
Knoten 128, 129
– am Öhrhaken 130
– am Plättchenhaken 130
Köcherfliegen 98
Köder 140
Köderfisch, lebend 146
Ködersystem 146
Kohlefaserrute 114
Konsumenten 99
Kopf 11
Körperbau 10
Körperform 10
Krankheitssymptome 30
Krebse 74
Krebstierkrankheiten 34
Kunstköderformen 143
künstliche Köder 140

Lachs 38
Laichplatz 24
Laichwanderung 24
Laichwiesen 102
Laichzeit 24
Landesfischereiverband 198
Landesfischereiverordnung 156
Laube 66
Laufblei 139
Laufringe 120
Lebensmittel 27
Leber 19
Lederhaut 15
Leitring 120
Libellenlarven 97
Lockmittel 145, 187

Magen 19
Maifisch 62
Mairenke 63
Maräne 44
Marmorkarpfen 71
Maulstellung 11
Meeresfischen, leicht 150
– schwer 150
Meerforelle 40
Meerneunauge 73
Metalimnion 87
Metallrute 114
Milchner 25
Milz 21
Mindestmaße (Schonmaße) 185, 203, 210
Mineralstoffe 28
Mitführen von Fanggeräten 192
Moderlieschen 66
Multirolle 122
Muscheln 76, 94
Muskulatur 15
Myomere 15

Nahrung 19
Nase 50
natürliche Köder 145
Naturschutzgesetz 157
Naturschutzrecht 166
Nervensystem 21
Niederschlagswasser 83
Niere 5
Nitrat 89
Nitrifikation 89
Nitrit 89

Oberflächengewässerverordnung 164
Oerflächenwasser 83
Oberhaut 14
oligosaprob 108
Ordnungswidrigkeiten 198
Orfe 55

Pachtvertrag 171
Pankreas 20
parabolische Aktion 116
Paternoster 148
Pelagial 104
Perlfisch 63
pflanzliches Plankton 91
Pflugscharbein 12
pH-Wert 84
Phytoplankton 91
Pilzkrankheiten 33
Placoidschuppen 15
Plasmoidschuppen 15
Plötze 53
polysaprob 100
Posenmerkmale 136
Produktionsschicht 86
Produzenten 99
Profundal 104

Quappe 60
Quellwasser 83
Querder 72

Rapfen 46
Raubfische 19
räumliche Einschränkungen der Fischerei 180
Rechtsvorschriften 155ff.
Regenbogenforelle 41
Rheinaufischereiverordnung 156
Renke 44
Reusenzähne 12
Richtwerte Hakengrößen 134
– Schnüre 134
– Vorfächer 134
Rollenbremse 121
Rollenkurbel 122
Rotauge 53
Rotfeder 54
Rückenflossen 13
Rumpfmuskulatur 16
Rundschuppen 15
Rutenaktion 116
Rutenbau 115
Rutengrundtypen 117
Rutenringe 120
Rutentypen 118, 119
Rutte 60

Saiblingssee 102
Samtzähne 12
Sauerstoff 87
Saugscheiben 13
Säurebindungsvermögen (SBV) 88
Schlachten, Fische 153, 191
– Krebse 154
Schlammfliegen 97
Schlammpeitzger 66
Schlammröhrenwürmer 94
Schleie 48
Schlundzähne 12
Schmerzsinn 23
Schnecken 94
Schnurlaufringe 120
Schnurlaufröllchen 122
Schnurreibung 117
Schnurstärken 124
Schnurverbinder 140
Schonbezirke 186
Schongebiet 106
Schonmaß 105
Schonzeit 106
Schonzeiten 185, 203, 210
Schrätzer 64
Schuppen 15
Schuppentasche 15
Schutz des Fischereirechts 162
– Triebwerke 165
– Anlagen zur Wasserentnahme 165
Schwanzflosse 14
Schwarzbarsch 71
Schwimmblase 18
Schwimmblattpflanzen 89
Schwimmer 136
Schwimmertypen 137
Schwimmgeschwindigkeit 16
Schwingspitze 117, 138
Seefische 77
Seeforelle 39
Seesaibling 41
semiparabolische Aktion 116
Setzkescher 153, 190
Signalkrebs 76

Silberkarpfen 71
Sinnesorgane 22
Skelett 11
Sonnenbarsch 71
Spezialblei 139
Spinner 142
Spinnfischen 116, 148
– leicht 149
– mittel 149
– schwer 149
Spitzenaktion 116
Spitzenring 117
Sprungschicht 86
Stahlvorfach 117
Stationärrolle 121
Steckruten 117
Steinbeißer 68
Steinfliegen 97
Steingressling 66
Steinkrebs 75
Sterlet 62
Stichling 68
Stickstoffkreislauf 88
Stint 66
Stippfischen 116, 148
Stopperknoten 131
Stör 61
Streber 68
Strömer 66
Strömungssinn 22
Strömung 84
Sumpfkrebs, amerikanischer 78

Tastsinn 22
Teichmuschel 77
Teleskopruten 117
Temperatur 85
Temperatursinn 22
Therapie, Fischkrankheiten 111
Tiefenzone 104
Tiergesundheitsgesetz 158
Tierkörperbeseitigung 158
Tierschutzrecht 157
Tierschutz-Schlachtverordnung 157
Tonkinrohrruten 115
Tragkraft, Schnur 124
Transport, Fische 154
Trübung 84
Trüsche 60
Tunkköder 144
Twister 142

Überwasserpflanzen 89
Ufer 166
Ufergrundstücke 183
Ukelei 66
umweltbedingte Erkrankungen 35
Unterhaut 15
Unterseefischereiverordnung 156
Unterwasserpflanzen 91
Urtierkrankheiten 33
verbotene Fanggeräte, Fangmittel, Fangmethoden 187

Verbuttung 109
Verhalten bei Fischsterben 110, 193
Verzeichnis, Fischereirechte 159
Viruskrankheiten 31
Vitamingehalt 28
Vollglasrute 114
Vollzirkulation 86
Vomer 12
Vorfacharten 127
Vorfächer 127
Vorfachmaterial 127

Wachstum 26
Wasser 83
Wassergesetz 158
Wasserasseln 94
Wasserhaushaltsgesetz 157
Wasserpflanzen 89
– entfernen 163
Wasserrecht 162
– für Fischerei eingebrachte Gegenstände 162
Wassertiere 94
Wasserwanzen 97
Wels 56
Wettfischen 177
Wickelblei 138
Wirbel 140
Wobbler 142
Wollhandkrabbe 76
Wurfblei 139
Wurfgewicht der Rute 116
Wurmkrankheiten 34

Zährte 62
Zander 58
Zandersee 102
Zingel 64
Zobel 63
Zocker 144
Zooplankton 98
Zope 63
Zubehör – nützliches 152
Zübehör – wichtiges 151
Zugang zum Gewässer 182
Zurücksetzen gef. Fische 153, 185
Zweiflügler 98
Zweihandruten 116
Zwergstichling 68
Zwergwels 71